선생님, 걱정 말아요

초등교사를 위한 성효샘의 따뜻한 고민처방전

선생님, 걱정 말아요

김성효 지음

해냄

삶의 터닝 포인트가 찾아오거든

신규 교사로 발령 받기 하루 전의 일입니다. 학교에 가서 미리 인사를 드려야 한다는 말을 어디에선가 들은 터라 학교를 물어물어 찾아갔습니다. 교장 선생님은 마치 KFC 할아버지처럼 인상이 좋아 보였습니다.

"3학년 담임이고, 업무는 생활하고 농악만 맡으면 돼요."

순간 멍했습니다. 생활? 농악? 뭐라고 물어보기도 전에 곁에 섰던 교무 선생님은 저를 농악부 연습실로 안내했습니다. 상모와 꽹과리, 장구 등이 어지럽게 널려 있었습니다.

"음, 이 교실은 정리를 좀 해야 하는데 그 정도야 금방 할 수 있지요? 생활은 공문철을 줄 테니까 따라와요."

그러고는 겉표지에 '생활'이라고 적힌 노란색 공문철을 정말로 한 아름 안겨주었습니다.

"생활이 뭐예요?"

"그냥 이것저것 다. 해보면 알아요."

"선생님, 저는 농악을 전혀 모르는데 어떻게 하지요. 한 번도 안 해봤는데요."

"누군 처음부터 잘해서 하나. 하다가 정 힘들면 읍내에 가르치는 데 있으니까 거기 가서 장구를 배워도 되고."

집에 왔는데 미처 정리하지 못한 짐들이 가득 쌓여 있고, 당장 내일 아침을 해 먹을 쌀도 없었습니다. 교대에 들어가 자취를 시작하던 것과는 차원이 다른 암담함이 엄습해 왔지요.

드디어 날이 밝았습니다. 운동장에서 교장 선생님의 긴 이야기를 한참 들은 뒤, 저는 3학년 스물세 명의 담임교사가 됐습니다.

그렇게 원하던 선생님이 되어 매일 설레는 마음으로 출근했지만 정작 교실은 가관이었습니다. 교실은 아무리 치워도 더럽고, 여학생과 남학생들은 끝없이 싸우는데다 다쳐서 찢어지고 꿰매는 학생이 하루에도 서넛이었습니다. 거기다가 공문은 왜 그리 자주 오는 건지.

결정적으로 괴로운 것은 꽹과리를 가까이에서 본 적도 없는데 마흔여덟 명의 농악부 학생들을 지도해야 한다는 것이었습니다. 점심시간마다 아이들이 전에 배운 가락을 연습하는 걸 우두커니 앉아서 보고만 있었습니다. 교대에서는 나름 우수한 학생이었는데, 막상 교단에 나와보니 그렇게 무력할 수가 없었습니다.

아이들을 사랑하는 것 말고는 잘하는 게 없던 스물셋 어린 선생은 조금씩 지쳐갔습니다. 선생 참 힘들구나, 생각했을 무렵 여름방학이 시작됐습니다. 뭔가 특단의 조치를 취해야 한다고 생각하고 '학급 경영 연수'를 신청했습니다. 인생의 터닝 포인트가 기다리고 있는 줄은 꿈에도 모르고 말이지요.

당시 많은 교사들이 보던 월간《우리교육》잡지를 보고 신청했는데, 연수 장소가 제주도라는 겁니다. 여행도 하고 연수도 받으면 재미있겠다 싶어서 제주도까지 찾아갔습니다. 그리고 그곳에서 교사 인생에 가장 큰 영향을 준 정기원 선생님을 만났습니다.

정기원 선생님은 150명의 제주도 선생님들 앞에서 학급 경영을 강의하셨습니다. 무대에서 자신에 차 말씀하시던 모습이 지금도 눈에 선합니다. '아, 교사가 저렇게 멋있을 수도 있구나' 생각했습니다. 우물 안 올챙이 같던 새내기 교사에게는 가슴이 쿵쾅거릴 만큼 충격적인 강의였습니다. 그때 저는 처음으로 좋은 교사를 넘어 위대한 교사가 되고 싶다는 꿈을 꾸었습니다.

정기원 선생님은『365일 열린교실을 위한 학급경영』이라는 책으로 빅히트를 친 학급 경영의 대가입니다. 제가 교직 생활 14년차에『학급 경영 멘토링』을 쓴 것과는 차원이 달랐습니다. 선생님은 그와 관련된 모든 구상을 교대 4학년 때 이미 끝냈다고 합니다. 학급 운영의 다양한 비법들을 아낌없이 나누는 선생님을 보면서 무한한 감동을 느꼈고 마음 깊이 탄복했습니다.

그때 연수에는 협동학습, 프로젝트 학습, 교육 과정 재구성, NIE 수업 등이 강의 내용으로 구성돼 있었습니다. 지금은 평이하지만 무려 20년 전 대한민국에 그런 교육 방법을 도입해서 시도하던 선생님들이 강사로 오셨습니다. 정말 대단한 분들이었지요. 그분들과 숙소를 같이 쓰면서 일주일을 꼬박 묻고 답을 듣고, 또 묻고 들었습니다. 제가 궁금한 것을 물어보면 선생님들은 어떤 것이든 하나하나 친절하게 가르쳐주셨습니다.

돌아와서 배운 모든 것들을 교실에 투입해 보았습니다. 그 선생님들이 정말 대단한 분들이었다고 인정할 수밖에 없는 것이, 연수 이전의 교실과 이후의 교실은 180도 달랐습니다. 교실은 안정적이고 따뜻하고 행복해졌습니다. 여전히 아이들은 천방지축이고 업무는 쏟아지고 농악부는 저를 기다리고 있었지만, 질적으로 전혀 다른 삶을 살게 되었습니다. 저에게도 위대한 교사가 되고 싶다는 꿈이 생겼으니까요.

만약 그 시절에 정기원 선생님을 만나지 않았더라면, 전 아마 지금의 모습과는 많이 다른 삶을 살았을 것입니다. 누가 제 인생의 터닝 포인트를 물어오면, 저는 그 연수를 가장 먼저 말합니다. 그만큼 좋은 연수와 좋은 책은 교사에게 큰 영향을 끼친다는 이야기도 꼭 합니다.

교사는 정말로 책과 연수를 목숨처럼 소중히 여기고 자기 연찬에 힘써야 합니다. 저는 옆 반 선생님이 한참 어린 후배여도 배워야 할 게 있으면 주저하지 않고 물어봤습니다. 저 역시 경험이나 노하우를 나누는 것이 중요하다고 믿기에 지금도 꾸준히 강의하고 책을 씁니다. 매일같이 책을 읽고 강의를 듣고 공부도 합니다. 이 모든 것들이 결국은 나 자신을 발전시키고 다른 교사들도 돕는다는 것을 잘 알기 때문입니다.

그동안 제가 썼던 『학급 경영 멘토링』, 『교실 속 변화를 꿈꾸는 기적의 수업 멘토링』, 『행복한 진로교육 멘토링』, 『선생 하기 싫은 날』 등은 모두 직접 경험하고 느꼈던 것을 바탕으로 했습니다. 이렇게 해보니 어려운데 저렇게 하니 쉽더라, 이렇게 하니 마음이 복잡했는데 저렇게 하니 한결 가벼워지더라, 하는 것들 말입니다.

꿈꾸던 위대한 선생까지는 못 돼도 친절하게 고민을 상담하는 선배 누나나 언니는 될 수 있다고 생각합니다. 지금도 선생님들이 고민을 상담해오면 제가 할 수 있는 최선을 다해 돕습니다. 힘들 때 누군가가 해줬던 따뜻한 조언들이 지금의 저를 만들었다는 것을 너무나 잘 아니까요.

얼마 전에 담양에 갈 일이 있었습니다. 담양 입구에는 메타세쿼이아 길이 있습니다. 참 멋지지요. 세쿼이아는 수십 미터씩 자라는 몸통에 비해 그 뿌리가 1~2미터로 매우 얕습니다. 그런데도 결코 강풍에 쓰러지지 않는다고 합니다. 곁에 있는 세쿼이아의 뿌리들이 서로 단단하게 얽혀 있기 때문이랍니다.

결국 교사의 삶도 그런 게 아닐까요. 누군가의 경험과 노하우가 내게 도움이 되고, 내 경험이 누군가의 고민에 열쇠가 되어주는 것. 그렇게 서로 돕고 나누면서 함께 가는 것 말이에요.

이 책은 선생님들의 고민을 듣고 또 듣고 또 들어서 쓴 책입니다. 그래서 이 책에는 신규 교사부터 막 1급 정교사 자격연수를 마친 선생님, 전에 교생 실습을 지도했던 선생님뿐 아니라 심지어 경력 20년 차 베테랑 교사의 고민도 들어 있습니다. 토토로클래스라는 소박하고 작은 비공개 교사 고민 상담 사이트를 2016년 한 해 동안 운영하면서 들었던 고민들도 있고요.

책을 쓰다가 막히면 곁에 있는 훌륭한 선생님들에게 물어보았습니다. 정신과 의사에게도 물었고, 상담을 전문으로 하는 선생님에게도 물었고, 연극을 오래 해온 선생님에게도 물었습니다. 전에 썼던 제 책들도 다시 읽어봤고, 지난 시절의 교단 일기도 찾아봤습니다. 결국 저 혼자 쓴 책이 아니라 제 곁의 모든 선생님들과 같이 쓴 책이기도 한 것입니다.

책은 크게 다섯 장으로 구성돼 있습니다.

1장은 학급 운영과 관련된 행복한 교실 만들기 편입니다. 2장은 수업과 평가를, 3장은 인성 지도와 상담을 다뤘으며, 나머지 4장과 5장에서는 학교 안팎에서 맺게 되는 인간관계, 그리고 교사의 자존감과 성장을 각각 다뤘습니다. 오롯이 교사의 고민에서 나오고 교사의 경험에서 나온 답인 만큼 같은 고민을 하고 계실 선생님들에게 도움이 될 것이라고 믿습니다.

그리하여 이제 선생님들 곁에 또 한 권의 책을 내놓습니다.

세쿼이아의 나무들이 서로 깊이 연대하듯이, 교사와 교사도 함께 손잡고 걸어가야 하니까요. 언제나 대한민국 모든 선생님들의 삶을 마음 깊이 응원합니다.

오늘은 창밖으로 봄꽃이 앞다투어 꽃망울을 여는 소리가 들립니다. 좋은 날입니다. 마치 인생의 새로운 터닝 포인트가 찾아온 것처럼.

2017년 4월

김성효 씀

목차

1장 행복한 교실을 만드는 학급 운영

2장 교사가 행복한 수업, 아이들이 즐거운 평가

3장 아이의 마음 어루만지기

4장 학교 안의 관계, 학교 밖의 관계

5장 교사도 성장한다

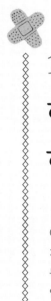

1장

행복한 교실을 만드는 학급 운영

1장은 학급을 운영하면서 교사들이 부딪치는 다양한 문제 상황과 그에 대한 조언으로 이루어져 있습니다. 학급 운영은 교육 과정과 평소 생활 가운데 이루어지는 것이므로 비법 몇 가지만으로는 교실이 달라지지 않습니다. 교육 과정, 수업, 학급 운영이 하나로 녹아들어야 행복한 교실이 만들어집니다. 무엇보다 크게 바라보고 넓게 생각하는 힘을 키워나가야 할 것입니다.

Q

아이들이 싸우지 않는
평화로운 교실이 되었으면 좋겠어요

고학년 담임을 맡고 있습니다. 아이들끼리 다투는 일이 많은데, 그때마다 일일이 개입하려니 몹시 피곤합니다. 어떻게 하면 교사가 개입하지 않고도 평화로운 교실을 만들 수 있을까요?

A '평화로운 교실 만들기 5단계'를 추천합니다. 이 방법에 익숙해지면 아이들끼리 충분히 문제를 해결할 수 있습니다.

선생님, 고백하자면 저는 오랜 시간을 교실 안에서 정의의 사도이자 해결사로 살았습니다. 학생을 혼내고 야단하는 것은 물론이고, '그렇게 하면 가만 안 둔다'는 협박부터 '이렇게 하면 잘 해줄게' 하는 회유까지 온갖 방법을 동원했습니다.

그런데 선생님도 잘 아시겠지만 아이들은 국제 평화나 인류 발전을 위해 싸우지 않습니다. 아이들은 당장 샤프심을 빌려줄 거냐 말 거냐의 문제로 크게 화를 내고 다투지요. 이 부분이 바로 교사가 생각하는 '교실 정의'의 함정이라는 것을 시간이 한참 지난 다음에야 알았습니다.

저에겐 별것 아닌 문제가 아이들에겐 무척이나 심각한 문제였습니다. 아이들에겐 심각한 문제를 어른의 기준으로 보고 별것 아닌 것처럼 덮어버리면 아이들은 문제를 원점으로 되돌려 놓습니다. 이것이 교실에서 같은 문제로 반복해서 싸움이 벌어지는 이유입니다. 아이들은 문제를 자신들의 방식으로 해결하기를 원하니까요.

수많은 아이들을 만나고, 두 아이의 엄마로 살아가면서 천천히 깨닫게 되었습니다. 고인 물은 스스로 흐르고 흘러 맑아진다는 것을. 많은 시행착오를 거치면서 아이들의 세계에서 어떤 식으로 자정 작용이 일어나는지 배우게 됐습니다. 그리고 자연스럽게 나름의 해결 방법도 찾아냈지요.

그것은 교사가 매번 정의로울 필요도 없고, 아이들 앞에서 팔짱을 끼고 소리 지르면서 야단할 필요도 없는 방법입니다. 저는 이걸 '평화로운 교실을 만드는 다섯 단계'라고 부릅니다.

평화로운 교실을 만드는 다섯 단계

첫째, 침착하기

문제 상황에서 그 누구보다 교사가 침착해야 합니다. 교사가 놀라거나 당황해하는 걸 아이들이 눈치채면 아이들은 더 불안해합니다.

둘째, 문제를 객관화시키기

가장 중요한 단계입니다. 우리 교실에서만 일어나는 특수한 사건이 아니라 다른 교실에서도 얼마든지 일어날 수 있는 일이라고 생각하는 게 좋습니다. 아무리 심각한 문제라도 문제 상황에서 한 걸음 떨어져서 보는 것만으로도 해결의 실마리가 보입니다.

셋째, 교사의 감정 설명하기

침착하게 교사가 어떤 감정을 느꼈는지 다른 학생들에게 말해 줍니다. 아이들은 교사가 문제 상황에서 어떤 감정을 갖는지 매우 민감하게 반응합니다. 교사가 문제를 일으킨 학생에게 화가 나 있음을 암시하면, 다른 아이들도 덩달아 화를 냅니다. 이때 아이들의 분노는 교사의 감정을 그대로 투영한 것이라고 할 수 있지요.

넷째, 아이의 감정에 공감하기

해당 학생은 물론이고 다른 아이들도 문제 상황에서 당혹스러움, 실망감, 안타까움, 속상함 등의 감정을 느낍니다. 이를 적절하게 말과 글로 표현할 기회를 주는 게 좋습니다. 벽에 부딪힌 감정이 자연스럽게 흘러갈 구멍을 틔워주는 것이지요. 이때 교사는 학생들의 감정에 긍정적으로 공감해 주는 자세를 보이는 것이 좋습니다.

다섯째, 아이들 스스로 해결 방법 찾게 하기

학급에서 일어나는 문제를 해결하는 가장 좋은 방법은 상황이 빨리 종료되고, 문제를 일으킨 학생이 아무렇지 않게 다시 학급 공동체에 스며드는 것입니다. 그러려면 아이들이 토론을 통해 발전적인 해결 방법을 찾게 하는 것이 좋습니다. 교사는 학생들의 의견을 공감하고 지지해 주면 됩니다.

위 방법에는 시간이 필요합니다. 교사가 그 자리에서 바로 야단하는 것보다 시간이 한참 걸리지요. 그러나 침착하게 각 단계를 거치다 보면 교사가 기대하는 것 이상으로 좋은 해결 방안을 학생들이 먼저 찾아냅니다.

채팅방에서 욕하고 싸운 아이들

한번은 고학년 담임을 할 때입니다. 인터넷 채팅방에서 아이들끼리 이야기를 하다가 서로 욕을 하고 몇몇이 강제퇴장을 당한 일이 벌어졌습니다. 다음 날 한 아이가 와서 이 문제를 이야기해 주었습니다.

이는 고학년 여학생들 사이에 종종 일어나는 일인데, 예전 같으면 우리 교실에서 있어선 안 될 일이라고 불같이 화를 냈을 것입니다. 이야기를 듣는 순간 가슴이 쿵 내려앉는 것 같았지만 차분하게 머릿속을 정리했습니다. 그리고 이렇게 말했습니다.

"말해 줘서 고마워."

잠시 호흡을 가다듬었습니다.

"그런데 지금 두 가지 생각을 하게 된다. 하나는 네가 이 말을 나한테 해준 이유가 뭘까. 남은 하나는 이 이야기를 네가 했다는 것을 알면 그 아이들은 어떤 반응을 보일까, 하는 거야."

잠시 시간을 두고 말을 이었습니다.

"네 이야기를 듣고 나니 선생님은 당황스럽기도 하고, 마음이 안 좋아. 아이들에게 실망하는 마음이 들거든. 니는 왜 이 이야기를 나에게 하는 거니? 넌 어떤 생각을 했는데?"

"선생님이 걔네들 전부 혼내주세요."

"화가 많이 났구나. 네 마음 충분히 이해해. 선생님도 그 말 들으니까 속상해. 내가 모두 혼내주면 좋겠어? 왜 그렇게 생각해?"

"나쁜 행동이잖아요. 혼나야 돼요."

"그래, 네가 하고 싶은 말이 뭔지 알겠어. 어제 그 일로 네가 많이 기분 나빴을 것 같아서 선생님도 마음이 안 좋다. 그런데 네가 바라는 게 정확하게 뭐니? 그 아이들과 다시 잘 놀고 싶은 거야, 아니면 그 아이들을 다시는 안 보고 싶은 거야?"

아이가 잠시 머뭇거리더니, 대답했습니다.

"다시 잘 놀고 싶어요."

"그럼 내가 어떻게 해주면 좋겠어? 곰곰이 생각해 보고 다시 와. 기다리고 있을게."

한참 후에 아이가 다시 왔습니다.

"선생님, 이 문제와 관련 있는 아이들하고 우리 반 아이들 모두가 함께 이야기해 보면 좋겠어요."

"그래, 좋아. 그렇게 하자."

아이들을 모두 앉혀놓고 조용한 목소리로 이야기했습니다.

"어제 이러이러한 일이 있었다는 걸 알게 됐어. 선생님도 조금 놀랐어. 하지만 괜찮아. 이건 다른 교실에서도 얼마든지 있을 수 있는 일이야. 선생님이 알고 있는 것에 틀린 부분이 있는지 말해 줘."

먼저 칠판에 사실을 하나하나 정리했습니다.

"이 문제는 일종의 사이버 학교 폭력에 해당한다고 생각하는데 선생님 생각이 맞니? 그렇다면 선생님이 이 일에 개입하는 순간 선생님은 매뉴얼대로 처리할 거야. 사이버 폭력도 똑같이 학교 폭력이라고 설명해 준 적 있지? 오늘 이 부분에 대해 상처받고 마음이 아팠던 친구가 있으니까, 이와 관련해서 처벌을 원한다면 그렇게 처리할 거야.

학교 폭력의 가해자가 되는 학생은 그에 맞는 처벌을 할 거고, 피해 학생이지만 그 원인을 제공한 학생도 매뉴얼에 따라 적절하게 지도하겠지. 그게 교사로서 당연히 해야 하는 일이니까. 그 과정에서 난 화가 나고 너희들에게 실망도 할 거 같아.

그러나 나는 이 일을 다른 방식으로도 충분히 해결할 수 있을 거라고 믿어. 너희들은 인격을 가진 훌륭한 사람들이라는 점이야. 인간은 처벌과 폭력이 아니어도 얼마든지 문제를 해결해 내는 힘이 있어.

선생님이 개입하면 빠르게 해결할 수 있지만 그 안에서 많은 친구들이 마음을 더 다칠 수 있어. 선생님이 나서서 빠르게 해결하는 것과 힘들더라도 너희들이 직접 해결하는 것, 둘 중 하나를 선택해야겠지."

아이들은 자신들이 해결할 수 있도록 시간을 달라고 했습니다. 아이들은 한참을 정말 치열하게 이야기했습니다. 고성이 오가고 울면서 다시 싸우기도 했지요. 점심시간까지 넘겨가며 이 일을 어떻게 해결할지 그리고 다시는 이런 일이 없으려면 어떻게 할지 매우 진지하게 토론했습니다. 저는 잠자코 지켜보았습니다. 결국 아이들이 합의점에 도달하더군요.

"우리는 친구입니다. 그리고 그 이전에 인권을 가진 인간입니다. 서로 미워할 수 있지만 어떤 경우에도 인격적으로 모독해서는 안 됩니다. 서로 공개 사과하고 앞으로 채팅방에서는 욕을 하거나 강퇴하는 일이 없도록 약속하겠습니다."

그 후에는 그런 사건이 더 이상 일어나지 않았습니다. 다들 사이좋게, 그리고 재미있게 지내면서 무사히 졸업했습니다.

아이들끼리 감정을 이야기하고 해결하는 다섯 단계

위의 대화를 자세히 살펴보면 다음과 같은 단계를 거치고 있습니다.

침착하기—문제 상황 객관화시키기—교사의 감정 설명하기—아이의 감정에 공감하기—아이들 스스로 해결 방법 찾게 하기

만약 이 문제를 교사들이 흔히 하는 방식으로 해결했다면 어땠을까요? 그 자리에서 잘못한 아이들을 불러서 혼내고, 반성문을 쓰게 한 다음, 서로 사과하게 했을 것입니다. 깔끔해 보이고 빠른 방법이지요. 그러

나 아이들 스스로 문제를 점검하고 해결하게 만들기는 어렵습니다.

반면, 위와 같이 다섯 단계를 거치는 일은 더딘 방법이지만 아이들 스스로 문제를 해결하게 만듭니다. 아이들끼리 감정을 이야기하고 해결 방안을 찾게 하면 교사가 생각하는 것보다 큰 변화가 일어납니다. 아이들은 훨씬 많은 이야기를 나누고 발전적인 방법을 찾으려 노력하니까요.

그 후로 아이들이 채팅방에서 벌어지는 일로 다투지 않은 것도 함께 약속한 것을 지켜야 한다는 내면의 다짐 때문이었습니다. 자신들끼리 합의를 거친 약속은 외부에서 교사가 강제하는 것보다 내면의 구속력이 몇 배나 더 큰 셈이지요.

아이들이 심하게 싸우고서도 언제 그랬냐는 듯 어깨동무하고 다시 노는 것을 많이 보셨을 겁니다. 어른의 싸움은 다신 안 볼 것처럼 선을 긋지만 아이들은 그렇지 않습니다. 아이들은 아무 일 없었다는 듯 교실이 평화로워지길 기대하지요.

저는 이런 과정을 거치면서 정의의 사도 대신 존중하고 지지하는 지원군이 되자고 생각하게 됐습니다. 아이들이 왜 그럴까 생각하는 대신 내가 어떻게 해야 할까를 고민했습니다. '왜'와 '어떻게'의 차이는 무척이나 컸습니다. 그 안에서 아이들이 스스로 자정 작용을 해나가는 모습을 보게 되었으니까요.

물론 자정 작용이 이뤄지기까지는 한참 시간이 필요합니다. 그러니 아이들에게 시간을 주세요. 서로에게 진심으로 사과하는 방법을 가르쳐주고, 잘못된 행동을 하지 않기 위한 방법을 찾아내도록 꾸준하게 지도해주세요. 그 과정이 답답하게 느껴질 수도 있을 거예요. 하지만 조금만 익숙해지면 아이들이 서로를 존중하고 인격체로 대우하는 것을 보게 됩니다. 그때 그 기쁨과 보람은 이루 말할 수 없을 만큼 큽니다.

Q

저학년 학급은
어떻게 운영해야 할까요

저학년 담임을 맡고 있습니다. 학생들이 어리고 말을 잘 이해하지 못해서 지도하기가 힘들어요. 저학년 수준에 맞는 재미있는 학급 운영 방법이 궁금합니다.

A 저학년은 아이들 눈높이에 맞는 학급 운영이 중요합니다. 특히 교사가 아이들의 변화와 성장에 크게 기뻐할수록 아이들도 쑥쑥 자라납니다. 또한 학부모와 좋은 관계를 맺기 위해 꾸준히 노력해야 해요.

선생님, 아이들이 하는 행동에는 반드시 그만한 이유가 있습니다. 갓 태어난 아기가 울 때조차 기저귀를 갈아달라고 우는 울음과 배가 고파서 우는 울음이 다르듯이 말이에요. 다만 아이의 각기 다른 울음을 어른이 이해하기까지 시간이 걸리듯이, 아이들을 이해하고 그에 맞는 지도를 할 때까지 교사에게도 시간이 필요하지요.

놀이처럼 재미있는 수업

몇 년 전 2학년 아이들을 담임했을 때입니다. 5, 6학년 아이들을 주로 맡다가 2학년 아이들을 맡으니 어찌나 답답하던지요. 칠판을 닦으라고 하면 칠판 앞에서 이름을 적겠다고 다투고, 쉬는 시간에는 아무렇지 않게 교실 바닥을 뒹굴면서 놀고요. 한숨이 저절로 나오곤 했죠. 그뿐인가요.

"선생님, 화장실 가도 돼요? 아, 화장실 가고 싶다."

"미로 찾기 학습지는 다 풀면 어디에 놔요?"

"선생님, 얘가 자꾸 제 것 봐요."

안 해도 될 이야기를 끝없이 해댑니다. 이쯤 되면 수업은 저 멀리 안드로메다로 날아가 버리지요. 매 시간 이런 식이다 보니 하루하루가 몹시 피곤했습니다.

그때 옆 반에 경력이 많은 선생님이 한 분 계셨습니다. 하루는 아이들에게 화를 잔뜩 내고 마음이 답답해서 복도로 나왔는데, 옆 반에서 아이들 웃음소리가 들리는 겁니다. 교사들은 옆 반 웃음소리를 가장 싫어한다고 하잖아요. 웃음소리가 귀가 아닌 가슴에 박히는 것 같았습니다.

다음 시간에도 살짝 가보았는데, 이럴 수가! 모든 아이들이 빨려들듯 웃으면서 수업에 집중해 있는 겁니다. 그 모습에 살짝 충격을 받았습니다. 고민 끝에 선생님께 직접 물어보기로 마음먹고 교실로 찾아갔습니다.

"선생님, 저는 저학년 담임이 왜 이렇게 힘들지요? 화내면 아이들 기 죽이는 것 같고, 화를 내지 않으면 말을 안 들어요. 교과서는 그림 한 장으로 40분을 가르쳐야 하는데 어떻게 해야 할지 모르겠고, 학부모들은 선생님이 무섭다고 해요."

옆 반 선생님은 잠시 생각하더니 이런 이야기를 해주었습니다.

"성효쌤, 저학년은 수업을 가르치기 어려워서 힘든 게 아니라 아이들을 이해하기 어려워서 힘들어. 어른이 아이를 이해하는 건 결코 쉬운 게 아니잖아. 그 어려운 걸 해내기 때문에 교사를 전문가라고 부르는 거지. 그렇지만 중요한 건 그 어떤 전문가라 해도 익숙해지려면 시간이 필요하

28

다는 거야.

교과서도 저학년은 여러 번 반복해서 가르치되, 이렇게 사소한 것까지 가르쳐야 하나 싶을 정도로 자세하게 가르쳐줘야 돼. 같은 말 반복하는 걸 지겨워하면 저학년 담임은 못 하지.

대신 저학년 아이들은 작은 것을 해놓고도 자신들은 큰 것을 했다고 생각하거든. 우리 눈에 시시한 종이접기도 아이들에겐 대단한 작품이 되지. 그걸 조금만 알아주고 칭찬한다면?"

저도 모르게 아, 하는 소리가 흘러나왔습니다.

"그래. 이제 답이 나오지? 간단해. 저학년은 담임도 저학년이 되면 돼."

그때 얻은 교훈을 바탕으로 제가 그 해에 실천했던 지도 방법들을 알려드릴게요.

저학년 교실을 행복하게 만드는 지도 방법

1. 수업을 녹화해서 살펴보기

수업을 녹화해서 꾸준히 살펴보면 수업이 눈에 띄게 발전합니다. 자신이 모르고 있던 단점을 보게 되기 때문이지요. 화면 속에서 무뚝뚝한 얼굴로 재미없는 이야기를 빠르게 말하는 저를 만난 후로 제 수업도 많이 달라졌답니다.

2. 익숙해질 때까지 반복하기

무엇을 하든 마치 게임하듯이 반 학생 모두가 익숙해질 때까지 몇 번이고 연습했습니다.

"전체가 침묵 신호를 하기까지 35초 걸렸어. 다음에는 15초 내기할까?

선생님이 이기면 쓰레기 두 개씩 줍고, 너희들이 이기면 한 개만 줍기!"

어차피 주울 쓰레기였지만 아이들은 놀이라고 여기면서 즐거워했습니다.

3. 형식을 바꾸기

꼭 필요하지만 아이들이 좀처럼 실천하지 않는 것들은 그 형식을 살짝 바꾸었습니다.

✎ 전체가위바위보로 줄 서기 전체가위바위보(교사와 전체 학생이 가위 바위보를 합니다. 진 학생은 게임을 이어서 계속하고, 이긴 학생은 나가서 줄을 서게 합니다)를 해서 이기는 순서대로 줄을 서게 했습니다. 아이들이 함박웃음을 지으면서 눈 깜짝할 사이에 줄을 다 서게 됐지요.

✎ 조용한 아이 이름 적기 조용한 아이를 적으면 학생들은 칠판에 이름이 적혔다고 자랑스러워했습니다. 떠든 아이를 적는 것보다 조용한 아이를 적는 것이 효과가 열 배는 좋았습니다.

4. 수수께끼처럼 묻기

칠판에 활동 하나를 적어도 "자, 여기 봐"가 아니라, 수수께끼를 하듯이 물었습니다.

"오늘은 어떤 선택 활동을 할지 맞춰볼까? 다 같이 짜잔~ 해주면 보여줄게."

이때 칠판을 보지 않는 아이는 한 명도 없었습니다.

5. 아이의 방식으로 말하기

설명은 구체적이고 재미있게 아이들이 좋아하는 방식으로 했습니다.

"선생님이 칠판에 글씨를 쓰는 동안 여러분도 공책 첫 줄에 예쁜 글씨로 따라서 썼으면 좋겠어. 그런데 안 적는 어린이를 보면 선생님이 속상할 거야. 흑흑."

처음엔 이런 말투가 쑥스러웠지만 몇 번 해보니 아이들이 무척 좋아한다는 걸 알았습니다. 어른의 눈에는 한없이 유치한 대화지만, 아이들은 이렇게 말하면 정말로 집중을 잘 해준답니다.

6. 움직일 기회 주기

저학년 아이들은 같은 자리에 가만히 앉아 있는 것을 매우 힘들어합니다. 저학년 아이들에게 가장 큰 벌은 '생각하는 의자' 같은 것입니다. 수업 시간에도 될 수 있으면 움직이고, 말하는 기회를 많이 주는 게 좋습니다. 수업 중에 다음과 같은 작은 움직임만 하게 해도 집중도가 훨씬 높아집니다.

- ✎ 반짝반짝 손 흔들기 수업 시간에 손을 들 때는 반짝반짝 흔들게 했습니다.
- ✎ 운동장에서 수업하기 읽기나 수학 시간에 운동장에서 수업했습니다.
- ✎ 손으로 짚으면서 읽기 친구가 글을 읽을 때 손으로 짚으면서 속으로 따라 읽게 했습니다.
- ✎ 밑줄 긋기 중요한 단어에 자를 대고 반듯하게 줄을 긋게 했습니다.

7. 몸으로 말해요

저학년 아이들은 머리를 쓰다듬는 것, 악수하는 것, 웃어주는 것, 다치고 아팠을 때 꼭 끌어안아주는 것 등 직접적이고 신체적인 감정의 교류를 좋아합니다. 그래서 이런 표현을 잘하는 선생님을 아주 잘 따르지요. 저는 아이들과 하교 인사를 할 때면 한 명씩 안아주었습니다.

"안녕, 안녕. 우리 모두 안녕. 헤어지기 전엔 안아주세요. 우리 모두 안녕."

그 해에 2학년 학생들이 지은 〈헤어질 때 부르는 노래〉입니다. 마지막에 '안아주세요'를 부를 때 옆에 있는 친구나 선생님을 안아주게 했습니다. 쑥스러워하는 아이들은 하이파이브로 힘차게 인사했지요.

8. 학부모와의 좋은 관계는 별표 세 개

부모와 자녀의 유대관계가 매우 밀접한 시기이므로 저학년 학급 운영에서는 특별히 학부모와의 소통에 관심을 가져야 합니다. 저는 1주일 1칭찬전화, 1일 1칭찬쪽지나 문자, 1개월 1통신문, 학급게시판을 활용한 책선물 이벤트(교사가 서평을 올리면 댓글 단 학부모 중 추첨하여 책을 선물) 등을 적극 활용했습니다.

어떤 부모든지 아이가 부모 닮아서 잘 한다는 말을 가장 좋아했습니다. 평소에 껄끄럽고 어려운 학부모일수록 "누구 닮았나 했더니 엄마 닮아서 행동이 바르고 훌륭했군요. 잘 키우셨네요. 고맙습니다"로 통화를 마무리했습니다. 다음에 학교에 오실 때 그 학부모의 태도가 달라진 것은 말할 것도 없었지요.

가장 중요한 것은 학부모가 아이의 성장 방향을 고민하게 하는 것입니다. 아이의 지금 상태나 성취 결과보다 노력하고 힘쓴 과정을 교사와 학부모가 함께 칭찬하고 격려할 수 있도록 꾸준히 노력해야 할 것입니다.

9. '꼬마선생님'이 진행하는 학급 조회

저학년이어도 즐겁고 행복한 학급을 만드는 데에 자신들이 직접 참여하고 있음을 느끼면 아이들의 태도가 확연히 달라집니다. 한 달에 한 번 '꼬마선생님'을 뽑았는데, 학생들이 여학생, 남학생 각 한 명씩을 뽑고, 나머지 한 명은 교사가 추천했습니다. 저는 장난꾸러기 위주로 추천했습니다. 그래야 장난꾸러기도 학급 일에 책임감 있게 참여하니까요.

학교생활이 익숙해질수록 학생들은 안정감을 느낍니다. 학급 조회는 학생들이 안정적이고 편안한 분위기 속에서 생활하는 데 크게 도움이 됩니다. 저학년 교실에서 학급 조회는 그 순서를 누구나 외울 수 있을 정도로 간단하고 짧게 진행하는 게 좋습니다.

- 급훈 암송(우리 반 급훈을 함께 외웠습니다.)
- 두레 알림(두레별로 알릴 내용을 간단하게 전달했습니다.)
- 오늘의 굿뉴스(좋은 소식을 함께 나누었습니다. 아이들은 개가 새끼를 낳았다, 아빠 생신이다, 같은 이야기를 했습니다.)
- 선생님 말씀(아침에 5분 남짓 짧고 교훈적인 이야기들을 들려주었습니다.)

10. 서점으로 데이트 가요!

저학년 학급을 운영할 때는 아이들과 도서관이나 서점에서 두레 데이트를 했습니다. 학부모와 약속을 정해서 서점이나 도서관으로 데려오고 다시 데려가게 했는데, 안전하게 와서 안전하게 귀가하니 큰 부담이 없었습니다. 학생과 학부모 모두가 좋아했지요.

선생님, 저학년 학급은 고학년 학급보다 훨씬 아기자기하고 재미있습니다. 색칠하기, 색종이 접기, 미로 찾기, 수수께끼, OX 퀴즈 같은 간단한 활동도 기대 이상으로 아이들이 좋아합니다. 토토로클래스 자료실에 올려둔 학습지들을 다운 받아 활용하세요(http://totoroclass.kr).

저학년은 아주 작은 것으로도 기뻐합니다. 활동을 잘하는 어린이에게 간식으로 마른 멸치를 한 마리씩 주거나 쌀알 하나를 씹게 했다는 선생님도 보았습니다. 그걸로 될까, 싶겠지만 정말로 그것으로도 충분하답니다. 칭찬해 주고 격려해 주고, 가끔 무서운 이야기를 해주는 것만으로도 저학년 교실은 활기가 돈답니다.

선생님의 교실을 응원합니다.

새 학기 첫날을
어떻게 준비해야 할까요

새 학기에 학생들을 자신 있고 당당한 모습으로 맞이하려면 무엇을 준비하고, 어떤 활동을 해야 할까요?

A 새 학기 첫날은 학생들의 마음이 최고로 열려 있답니다. 앞으로 행복하고 즐거운 교실에서 생활하게 될 것임을 알려주세요.

선생님, 새 학기 첫날은 말 그대로 아이들에게 마법을 부릴 수 있는 날입니다. 그러나 아이들 마음으로 통하는 강력한 마법의 문은 이날이 지나면서 거짓말처럼 서서히 닫히기 시작하지요. 그래서 문이 닫히기 전에 해야 할 일들을 꼼꼼히 챙겨야 합니다.

새 학기 첫날을 위해 '준비하기—첫날 즐겁게 보내기—돌아보기'의 세 단계로 체크리스트를 작성했습니다. 차분하고 안정적인 교실을 만드는 것에 중점을 두어 준비해 보세요. '학기 초 학급 세우기'라는 본질에 집중할 수 있습니다.

1단계 : 준비하기

- ☑ 교사 수첩 준비하기
- ☑ 학생 이름 외우기
- ☑ 학생용 네임 스티커 제작하기
- ☑ 교실 환경 구상하기
- ☑ 신발장, 옷걸이, 사물함에 번호표와 이름표 붙이기
- ☑ 학급 홈페이지 정비하기
- ☑ 학부모 통신문, 준비물 안내장 작성하기
- ☑ 『에스퀴스 선생님의 위대한 수업』『에스메이의 일기』『학급 경영 멘토 링』 등 학급 운영 관련 도서 정독하기

준비가 끝났으면 부담도 한결 줄었을 겁니다. 다음은 새 학기 첫날 해야 할 활동입니다. 학급에서 활용하기 쉽도록 학급 운영, 학생 지도, 업무 등으로 나누었습니다.

2단계 : 첫날 즐겁게 보내기

학생 지도

☑ 자리 배치는 나중에

첫날부터 자리를 배정하면 학생들이 더욱 긴장합니다. 처음 며칠이라도 같은 반이었던 친구 옆에 원하는 대로 앉게 하면 마음이 편하겠죠.

☑ 신발장과 사물함 정리하게 하기

교사가 옆에서 "참 꼼꼼하게 잘하는구나. 선생님이 원하는 바로 그 모습이야" 같은 칭찬을 합니다. 일찍 온 학생들에게 "다른 친구들이 정리할 때 도와주렴" 하고 부탁하면 교사 못지않게 잘 챙긴답니다.

☑ 잘 듣는 학생 칭찬하기

학생들 대부분이 귀로 흘려서 듣는 것에 익숙합니다. 귀로 듣기─눈으로 듣기─마음으로 듣기 등 듣기의 세 단계를 설명하고, 자세가 좋은 학생들을 칭찬합니다.

"선생님을 아주 잘 쳐다보는구나. 원래 그렇게 태도가 좋았니?"처럼 칭찬하면 태도가 좋지 않았던 아이들도 자세를 고치려고 노력하지요.

☑ 강력한 희망의 메시지 주기

"과거에 너희들이 어떻게 행동하고 어떻게 공부했는지 궁금하지 않아. 오직 나를 만난 이 순간부터의 모습만 기억할 거야"라고 말해 줍니다. 공부에 자신 없는 아이, 문제를 자주 일으켰던 아이, 자신감이 부족한 아이들이 새롭게 시작할 수 있지요.

☑ 줄 서는 방법 지도하기

키대로 서기, 번호대로 서기, 한 줄로 서기, 여학생과 남학생이 나누어 서기 등을 지도합니다. 학기 초에 이를 지도해 두는 것과 아닌 것의 차이가 매우 크답니다.

☑ 출석 부르기

아이들은 교사가 첫날부터 이름을 외울 거라고 생각하지 않습니다. 그래서 "선생님이 안 틀리고 이름을 다 외우면 선생님 소원을 한 가지 들어줘야 돼" 하면 아이들 모두가 선생님이 지는 데에 내기를 걸 것입니다. 이때 교사가 자신 있게 반 학생 이름을 모두 외우면 학생들의 기대가 하늘을 찌르지요.

☑ 교사가 바라는 학생상 이야기하기

학생들은 교사가 원하는 행동을 하고 싶어 합니다. 교사가 바라는 학생의 모습에 대해 정확하게 설명해 주어야 학생들도 그런 학생이 되려고 노력합니다. 저는 예의바르게 말하고 행동하는 어린이, 자신의 행동에 책임지는 어린이, 약속을 잘 지키는 어린이 등 학생 누구나 동의할 수 있는 내용을 이야기했습니다.

☑ 학부모 통신문 나눠주기

A4의 3분의 2 분량으로 학급 운영 철학, 수업 방식 등을 소개한 뒤, 학생의 병력이 있을 경우 알려주기를 당부하고, 나머지 3분의 1은 학부모가 답변을 적는 빈 칸으로 남겨둡니다.

다른 반 학생이 지병이 있었는데 운동회 때 달리기를 하다가 갑자기 쓰러져 뇌사에 빠진 경우가 있었습니다. 이때 담임교사가 겪은 마음고생이 이루 말할 수 없이 컸습니다. 학생의 개인정보를 지나치게 수집할 필요는 없지만, 교사가 꼭 알고 있어야 하는 정보마저 놓쳐서는 안 됩니다.

☑ 선배의 편지 읽기

저는 학년 말 마지막 시간에 '선배의 편지'를 작성하게 했습니다. 우리 교실의 좋은 점, 선생님의 장점, 자랑거리, 후배들에게 들려주고 싶은 말 등 긍정적인 내용 위주로 A4 색지에 정성껏 쓰게 하고, 잘 보관했다가 다음 해 담임하는 학생들에게 새 학기 첫날 나누어주었습니다.

이 과정을 몇 년 반복하면 꽤 많은 편지가 쌓입니다. 선배의 편지보다 우리 교실을 설명하는 데 더 좋은 자료도 없었지요.

☑ 우유 급식하기

너무 바쁜 나머지 첫날 우유를 먹이지 않고 보내는 경우도 많습니다. 우유 박스를 누가, 언제 가져와서, 다 먹고 나면 어떻게 정리할지 안내합니다.

☑ 작은 선물로 마음 두드리기

4색 볼펜, 네임 스티커, 별 모양 포스트잇처럼 비싸지 않은 작은 선물을 하면 아이들이 무척 좋아합니다. 교사의 첫인상이 좋아지는 것은 말할 것도 없고요.

☑ 학습 준비물 안내하기

꼭 필요한 학습 준비물을 적은 안내장을 나눠줍니다.

✎ 사물함 보관용 : 색연필, 크레파스, 사인펜, 양치도구, 손걸레, 개인용 두루마리 휴지, 원고지 등

✎ 기타 준비물 : 스프링 공책, 필통(빨간 색연필, 형광펜, 15cm 자, 연필 세 자루, 지우개, 네임펜 등), 연습장, 편지봉투 등

☑ 주변 정리하기

첫날 주변 정리를 깨끗하게 하고 귀가하도록 약속해 두어야 계속해서 지킬 수 있습니다.

☑ 즐겁게 마무리하기

전체가위바위보, 이름빙고, 하이파이브는 저학년 학생이든 고학년 학생 이든 누구나 할 것 없이 좋아합니다. 웃으면서 귀가하는 학생들을 보면 교사의 마음도 가벼워질 것입니다.

☑ 교육 과정, 교과서, 지도서 2주 분량 미리 연구하기

3월 첫 주는 정말 빠르게 지납니다. 적어도 2주 분량은 연구를 마쳐두어야 바쁜 가운데에서도 수업을 제대로 할 수 있습니다. 교과서와 지도서를 충분히 읽어보고 수업에서 뺄 것과 더할 것을 고민해 두세요.

☑ 공문 처리하기

전년도 3월 한 달치 공문을 출력해서 충분히 읽어둡니다. 전 업무 담당자에게 관련 파일을 인계받고, 이해되지 않을 때는 직접 찾아가서 도움을 요청합니다.

☑ NEIS 꼼꼼히 살펴보기

학생 번호는 제대로 부여됐는지, 교육 과정 관련 내용이 빠짐없이 올라와 있는지 살펴봅니다. 잘못된 부분은 담당자에게 수정해 달라고 해서 학기 초에는 학생 지도에만 전념할 수 있어야 합니다.

☑ 학급 홈페이지 정비하기

요즘은 학급 홈페이지 대신 밴드, 블로그, 카페 등을 운영하는 경우도 많습니다. 학기 초에는 학급 홈페이지를 찾는 학부모들이 많기 때문에 학급 홈페이지에 학급 운영과 관련된 기본 사항을 안내해 두는 게 좋습니다.

☑ 스마트폰 어플 안내하기

클래스팅, 학교종이 같은 어플을 활용하면 학생과 학부모에게 문자를 보내거나 설문조사를 할 수 있고, 학급통신도 편리하게 보낼 수 있습니다.

선생님, 새 학기 첫날을 바쁘게 보냈다면 마무리도 잘 해야겠지요. 더

나은 내일을 위해 돌아보는 시간도 꼭 가져보길 바랍니다.

새 학기 첫날을 보냈다면 스스로에게 세 가지만 물어보세요. 그 답을 교단일기로 정리해 두면 훌륭한 노하우로 남을 것입니다.

☑ 학생들에게 많이 웃어주었는가

☑ 준비한 만큼 자신 있는 하루를 보냈는가

☑ 눈에 띄지 않은 아이는 없었는가

여유 있게 웃어주지 못했다면 다음 날이라도 웃을 수 있도록 최선을 다해야 합니다. 준비가 제대로 되었다면 자신감도 생겼겠죠. 이 부분을 체크해 두면 다음 학기에는 조금 덜 실수할 수 있을 거예요. 또한 첫날 눈에 띄지 않은 아이들이야말로 교사가 앞으로 좀 더 사랑해야 할 대상입니다. 내일이라도 이름과 얼굴이 잘 떠오르지 않는 아이에게 손을 내밀어야겠지요.

선생님, 새 학기 첫날을 보낸 다음은 꼭 스스로를 다독여주세요. 집에 일찍 가서 푹 쉬고 따뜻한 목욕을 하면서 하루를 가만히 돌아보면 내일이 더 행복해질 것입니다.

일 년을 함께할 아이들을 만나는 것은 교사에게도 정말 기대되는 일입니다. 부드럽고 따뜻하며 안정적인 교실에서 아이들에게 두 팔 벌려 환영의 인사를 건네는 교사에게 "싫어요"라고 말하는 아이는 없답니다.

교사를 위한 새 학기 준비물은 무엇이 있을까요?

제가 교실에서 활용하던 것들을 위주로 정리해 보았습니다. 교실에 이런 준비물들을 갖춰두면 든든해요. 바퀴 달린 커다란 투명 플라스틱 상자에 넣어두면 보관도 간편하답니다.

✎ **구급상자** : 일회용 밴드, 손톱깎기, 면봉, 소독약, 항생제 연고 같은 기본적인 약품은 구급상자에 구비해 둡니다. 작은 상처 정도는 교사가 직접 소독해 주고, 기본적인 응급 처치를 한 다음 보건실로 보내는 게 좋아요.

✎ **손톱깎기** : 손톱이 길면 친구들과 놀다가 할퀴어서 상처가 나는 일도 종종 생깁니다. 일주일에 한 번은 날을 정해두고 손톱 검사를 하는 게 좋겠지요. 교사가 직접 손톱을 깎아주면 아이들이 참 좋아합니다. 일부러 손톱을 깎지 않는 아이들이 있을 정도죠.

✎ **건타카** : 나무에 쓸 수 있는 큰 스테이플러입니다. 교실에는 1년 내 부착해야 하는 물건이 많습니다. 이럴 때 건타카를 이용하면 1년은 거뜬히 쓸 수 있어요.

✎ **핑킹가위** : 동그라미 하나를 오려도 핑킹가위로 오리는 것은 다릅니다. 아이들에게 꽃 한 송이라도 더 예쁘게 오려줄 수 있지요.

✎ 가위 : 테이프가 잘 붙지 않는 가위로 여러 개 준비해 두면 좋아요.

✎ A4 라벨지 : 아무것도 그려져 있지 않은 A4 라벨지에 그림을 그려서 오려내면 선생님만의 멋진 스티커가 됩니다. 아이들에게 선물하면 두고두고 간직한답니다.

✎ 고무자석 : 돌돌 말려 있는 것과 A4 용지 모양으로 된 것이 있어요. 여러 개 사놓으면 유용하게 쓸 수 있어요.

✎ 투명테이프와 물레방아 : 물레방아는 환경 정리할 때 필수품이지요.

✎ **플라스틱 바구니** : 학습 준비물 모둠 바구니, 우유 바구니, 분실물 바구니, 학습지 바구니로 활용합니다. 같은 크기로 준비해 두어야 정리하기 편해요.

✎ **색색 칠판 자석** : 학생 수만큼 동그라미 자석을 준비하고, 자석에 매직으로 이름을 적어둡니다. 칠판에 〈다 했어요〉 표시판을 만들어서 붙이고, 활동을 마친 학생은 그 아래에 이름 자석을 붙이게 합니다. 그러면 누가 활동을 마쳤는지 쉽게 파악할 수 있어요.

✎ **작은 동그라미 모양의 색 스티커** : 공책 정리를 할 때 꼭 필요한 스티커입니다. 미리 넉넉하게 준비했다가 선물로 나눠주세요.

✎ **다양한 모양의 포스트잇** : 학습일지나 공책을 잘 정리한 학생에게 은행잎, 나뭇잎, 별 등 다양하고 예쁜 모양의 포스트잇을 몇 장씩 선물했어요. 사소하지만 꼭 필요한 것을 선물하면 아이들이 좋아합니다. 작은 것의 소중함도 배우고요.

✎ **손코팅지** : 앞면은 비닐이고 뒷면은 접착면으로 되어 있어요. 교실에서 부착하는 물건들은 한 면만 코팅해도 충분합니다.

✎ 글루건과 심 : 한 번 살 때 좋은 것으로 사야 오래 쓸 수 있어요.

✎ 4절 우드락(연한 노란색) : 우드락 몇 개 정도는 교실에 비치해 두면 좋아요. 연한 노란색 우드락은 아무 데에나 쓸 수 있어서 무난해요.

✎ 우드락 커터기 : POP 글씨나 캐릭터 그림을 우드락에 붙이고 오릴 때 우드락 커터기로 오리면 편해요. 가느다란 철사여도 전류가 통할 때는 몹시 뜨거우니 손 조심!

✎ 머메이드지 : 머메이드지는 두껍고 색감이 좋습니다. 색연필로 칠하면 특히 예뻐요.

✎ 아크릴 물감 : 유화 느낌도 나고 수채화 느낌도 나는 신통한 물감이에요. 진한 녹색과 검정색을 섞어서 탁상용 달력의 두꺼운 면에 칠하면 멋진 작은 칠판이 되지요.

✎ 원고지 : 원고지 쓰기는 아이들에게 꼭 지도해야 하는 중요한 일입니다. 교사가 원고지를 가지고 있다가 나눠주고 수시로 지도하면 좋아요.

✎ 편지봉투 : 알림장 공책 앞면에 붙이게 합니다. 학교에서 나눠주는 수많은 알림장이 가정까지 전달되지 않는 이유는 아이들이 아무데나 안내장을 구겨 넣기 때문이에요. 이때 반듯하게 접어서 공책 앞에 붙인 편지봉투에 넣게 하면 집까지 제대로 전달이 된답니다.

✎ 십자드라이버 등 기본 공구세트 : 옆 반 남자 선생님에게 사물함을 고쳐달라고 하지 마세요. 교실에 있는 사물함, 책상 같은 기본 물품은 여자 교사 혼자서도 고칠 수 있어야 해요. 저는 사물함 손잡이나 걸쇠 등은 스스로 고쳐서 썼습니다. 당연히 형광등도 제가 갈았고요.

✎ 건전지(AAA, AA 등) : 시계용 건전지는 몇 개만 있어도 충분합니다. 교사 책상

한편에 넣어두면 1년 동안 쓸 수 있지요.

✎ **숫자가 잘 보이는 큼지막한 벽시계** : 교실 어디에서든 눈에 잘 띌 정도로 큼지막한 숫자와 초침, 분침이 분명하게 보이는 벽시계가 좋아요. 교실에서 시간 약속을 생명처럼 여기게 하려면 잘 보이는 시계가 필수품이지요.

✎ **타이머(칠판 부착용)** : 교사나 학생 모두 느슨해지지 않고 기획한 시간 안에 활동을 마무리할 수 있도록 다잡아주는 역할을 하지요.

✎ **외장하드** : 기타 등등의 자료들은 외장하드에 들어 있어야 해요. 단, 외장하드를 잃어버리지 않도록 자료를 백업해 두어야겠지요.

Q

숙제를 안 해오는
아이들이 많아요

저희 교실은 평소 무척 유쾌하고 분위기가 좋은데, 숙제를 내주면 안 해오는 학생이 반이 넘을 정도로 많습니다. 숙제를 하지 않는 아이들을 어떻게 지도해야 할까요?

A 숙제가 왜 필요한지 학생과 함께 이야기해 보세요. 매일 내는 숙제보다 일주일, 열흘, 한 달 등 계획을 세워서 해야 하는 숙제가 습관을 갖게 하는 데에는 더 좋아요.

선생님, 숙제 참 고민되지요. 내야 하나 말아야 하나 하는 문제부터 무엇을 어떻게 내야 하나 하는 문제까지 말이에요. 그래서 먼저 숙제의 의미를 깊이 생각해 봐야 합니다. 숙제가 정말 필요한 것일까, 숙제를 왜 내야 할까 같은 원론적인 문제들을 곰곰이 되짚어보는 것이지요.

저에게는 딸이 둘 있습니다. 아홉 살 유진이와 열네 살 성연이. 아이들을 키우다보면 생각지도 않았던 것과 마주하는 날이 가끔 찾아온답니다.

숙제를 왜 해야 돼요?

유진이가 초등학교에 입학하고 얼마 되지 않았을 때입니다. 하루는

유진이 가방을 열었는데, 글쎄 아무것도 안 들어 있는 거예요. 학생이
종이 한 장 없는 빈 가방을 들고 다닌다니, 깜짝 놀라서 물었지요.

"유진아, 가방에 왜 아무것도 없어?"

"갖고 다닐 게 없으니까."

슬슬 불안해지기 시작했습니다. 설마 숙제가 있었던 건 아니겠지.

"그동안 숙제가 있었던 건 아니지?"

"아니. 있었지."

"그럼 숙제를 안 했던 거야?"

"응. 안 했어."

"그래도 너만 안 하는 건 아니겠지?"

"아, 나랑 남자애들 몇 명만 안 하고 다른 여자애들은 잘 해와. 그런데
내가 왜 숙제를 해야 해?"

순간 할 말이 없어졌습니다. 선생님의 얼굴이 떠오르면서 몹시 미안해
지더군요. 솔직히 이야기하면 제가 가르쳤던 아이들은 숙제를 내면 당
연히 해오는 것인 줄 알았습니다. 유진이처럼 물었던 아이는 없었습니
다. 그날 유진이와 숙제에 관해 이야기를 나누었습니다.

마침 숙제를 안 해오는 아이들이 많다는 질문이 토토로클래스에도
올라왔습니다. 이와 관련해 그날 적었던 이야기를 들려드릴게요.

저는 숙제가 다음과 같은 의미를 가지고 있다고 생각합니다.

숙제는 왜 해야 할까

첫째, 자신이 해야 할 일이 무엇인지 알고 스스로 챙기는 습관을 갖게 합니다.

정해진 시간에 일정 분량의 공부를 습관처럼 하게 하는 데에 숙제보다

좋은 것도 없습니다. 학생이 숙제를 꼭 해야 하는 것이라고 여기기만 한다면, 자연스레 일정 시간에는 앉아서 공부할 수밖에 없는 것이지요. 학습 성취와 관련된 다양한 연구에서도 같은 장소에서 같은 분량의 공부를 일정하게 하는 것이 효과적이라는 점을 이미 입증했습니다. 그래서 어느 날 갑자기 많은 분량의 숙제를 내는 것보다 일정한 분량을 꾸준히 내는 것이 좋습니다.

둘째, 배운 것을 돌아볼 수 있습니다.

배우기만 하고 익힐 시간을 갖지 못하면 학습으로 이어지지 않습니다. 숙제를 하면서 배운 것을 돌아보게 하면 자신의 것으로 남게 할 수 있습니다. 그러므로 단순하게 반복하는 숙제가 아니라 문제의 해결을 위해 고민하는 방식이어야 합니다. 즉 수학 문제 20개 풀기보다 '교과서나 인터넷에 나오지 않은 문제 푸는 방법 2가지 생각해 보기' 같은 숙제가 더 좋은 것이지요.

셋째, 무언가를 해냈다는 성취감을 맛보게 합니다.

분량이 많아지면 아이들은 숙제를 힘들고 괴로운 것으로 여깁니다. 약간의 노력을 기울이면 충분히 해낼 수 있는 분량을 주면, 학생들이 '나도 해낼 수 있어' 같은 성취를 맛보게 됩니다.

우리의 뇌는 성취를 좋아합니다. 한 번 성취를 거두면 그 기쁨이 다음의 성취를 끌어내는 원동력이 됩니다. 학생들에게 적정 분량의 숙제를 하는 것으로 작은 성취를 맛보게 하는 것이지요.

뒤집어 말하면 이런 의미가 없는 숙제라면 굳이 낼 필요가 없습니다. 따라서 학급에서 숙제를 안 해오는 아이들이 많을 경우 숙제가 의미 있는 학습으로 이어지고 있는지 먼저 돌아봐야 합니다.

유진이는 학생이 숙제를 왜 해야 하는지 모르는 경우입니다. 어려서 그렇기도 하지만 숙제를 왜 해야 하는지, 숙제가 어떤 도움을 주는지 생각해 보지 않은 것이지요. 이런 아이에게 숙제를 안 해왔다고 무작정 야단부터 치면 숙제를 나쁜 것, 힘든 것으로 여기고 맙니다. 그보다 숙제를 하면 어떤 점이 좋을까 생각해 보게 하는 것이 더 좋은 지도인 셈입니다.

다음은 학생들에게 부담을 주지 않으면서 숙제를 잘 해올 수 있도록 지도하는 방법입니다.

숙제 잘 해오는 교실 만들기

1. 주변 사람의 기대를 활용합니다.

아이들이 숙제를 잘 해오면 스티커를 주는 교실도 많습니다. 그렇지만 아이들은 스티커에 반응해서 움직이지 않습니다. 정확하게 말하면 아이들은 상대의 기대에 반응하는 것입니다.

『에스퀴스 선생님의 위대한 수업』에는 학급의 모든 학생들이 숙제를 다 해오면, 교실 입구에 노란 깃발을 꽂아두고 깃발이 며칠이나 꽂혀 있는지 아침마다 자랑스럽게 이야기했다는 내용이 있습니다. 이런 상황이라면 학생들이 숙제를 안 해올 수 없겠지요.

저는 '사랑의 피자판'을 이용했습니다. 피자판을 8조각으로 나누고, 학급 전체가 숙제를 다 해올 때마다 학생이 직접 하나씩 자랑스럽게 붙이게 했지요. 8조각을 모두 모은 날은 운동장에서 공놀이를 한 시간 했습니다. 모든 아이들이 함께 해냈다는 성취감을 맛보게 했지요.

2. 학습일지를 쓰게 합니다.

학습일지는 학습 성취를 높이는 가장 쉽고 효율적인 학습 방법 중 하나입니다. 배운 내용을 돌아볼 수 있고, 생각을 구성하고 창조하여 표현하기 때문입니다. 학생들에게 학습일지 쓰는 방법을 알려주고, 집에서 학습일지를 정리해 오게 합니다. 그러면 눈에 띄게 학습 태도가 좋아질 뿐 아니라 학습 성취도 높아집니다. 퀴즈, 그림, 마인드맵 등을 가르쳐주고, 이런 다양한 전략을 응용한 학습일지로 정리하게 하면 효과가 더 좋습니다. 학습일지는 일기쓰기와 비슷합니다. 배운 내용을 다시 읽으면서 수업의 핵심단어가 들어가는 일기로 정리하고 자신의 스타일로 퀴즈를 내보게 하는 것입니다. 저학년은 3~4줄, 고학년은 7~10줄 정도 쓰게 하고 끝은 수업 태도에 대한 반성으로 마무리하게 합니다.

학습일지	오늘의 퀴즈
오늘은 지구의 공전에 대해서 배웠다. 잊어버리면 안 되는 단어는 공전이다. 공전은 ~~라는 뜻이다. 오늘 수업 시간에 내 태도는 좋지 못했던 것 같다. 앞으로는 수업에 좀 더 집중해야겠다.	지구의 공전을 설명해 보시오.

3. 꼼꼼하게 피드백합니다.

숙제는 냈으면 반드시 체크해야 합니다. 바쁘다고 해서 숙제를 내고 잊어버린다거나 확인을 하지 않으면 안 됩니다. 아이가 해온 숙제를 꼼꼼하게 봐주고 잘된 부분과 아쉬운 부분을 피드백합니다. 교사가 올바르고 적절한 피드백을 한다면 학생은 분명 어제보다 더 나은 모습을 보여줄 것입니다.

교실에서 학생이 교사의 기대와 어긋날 경우는 그 이유를 먼저 찾아보고, 그에 맞는 적절한 조치를 취하면 됩니다. 숙제도 마찬가지입니다. 숙제를 잘 내면 약이고, 잘 못 내면 독이 되는 것이지요.

Q

두레를
운영해 보고 싶어요

교실에서 두레를 운영하는 학급의 사례들을 종종 책에서 읽었습니다. 두레를 활용하면 학급을 좀 더 효율적으로 운영하는 데에 도움이 될 것 같습니다. 선생님이 해오신 두레와 운영 방법을 알려주세요.

A 두레는 학급 운영의 꽃이지요. 아이들과 함께 재미있고 다양한 두레를 만들어서 운영해 보세요.

두레는 학급 운영의 꽃입니다. 저학년부터 고학년에 이르기까지 어느 학년에서도 적용해 볼 수 있는 가장 민주적이면서도 따뜻한 학급 운영 방법 가운데 하나이기도 하고요.

저는 프롤로그에서 이야기한 대로 신규 교사 시절 여름방학 때 참여한 학급 경영 연수 이후로 두레를 매년 운영했습니다. 처음에는 잘 몰라서 다른 선생님이 하시던 것을 그대로 따라하는 것부터 시작했습니다. 그런데 하다 보니 알겠더군요. 중요한 것은 어떤 두레를 얼마나 재미있게 운영하느냐가 아니라, 두레를 운영하는 마음가짐과 그 과정에서 학생들이 배우는 공동체의 가치라는 것을요.

두레가 우리 교실에 왜 필요할까, 어떤 두레를 운영하는 것이 아이들에게 좋을까 고민하는 것부터 시작해야 합니다. 그 과정에서 무엇을 배

있는지 이야기 나눠보는 것이야말로 두레 운영에서 가장 중요한 일이지요.

1. 두레의 의미를 먼저 생각해 봅니다.

두레는 오래전 우리 조상들이 마을의 어렵고 힘든 일을 함께하던 데에서 유래한 것입니다. 교실에서 공동체를 세워 크고 작은 일을 함께하는 것이 왜 필요한지 학생들과 이야기를 나눠봅니다.

2. 학급에 필요한 두레가 무엇인지 공모합니다.

학생들과 이야기를 나누다 보면 학생들이 특별히 선호하는 두레와 학급에 필요한 두레가 있을 겁니다. 저희 교실에서는 환경 정리를 도맡아 하는 〈그림사랑 두레〉, 교실의 크고 작은 약속을 지키는 것을 확인하는 〈경찰청 두레〉 등은 교사가 필요로 했기 때문에 연중 운영했고, 나머지는 학생들이 자율적으로 조직했습니다. 학생들에게 두레를 공모해 보면 교사가 기대했던 것 이상으로 다양한 아이디어가 쏟아져 나온답니다.

3. 학생 희망에 따라 두레를 구성하되, 인원수를 제한합니다.

희망 순위에 따라 두레를 구성하되, 특정 두레에 몰릴 경우를 대비해서 학생들과 사전에 협의해 둡니다. 예를 들어 저희 교실에서 〈법원 두레〉는 학생들에게 늘 인기가 있었지만 〈신문사 두레〉는 그다지 선호하지 않았습니다. 신청자가 너무 적을 경우 과감하게 그 두레를 운영하지 않고 다른 두레를 구상해 보게 했습니다.

4. 두레 이름을 짓고, 운영계획서를 제출하게 합니다.

두레를 교사가 아닌 학생의 힘으로 운영하게 하려면 학생 스스로 두레 활동을 계획하고 그에 따라 실천하려는 의지를 갖는 게 중요합니다.

두레 운영계획서 예시

1) 우리 두레 이름은 무엇인가요. 그렇게 지은 이유는 무엇인가요.

2) 우리 두레에서 할 일은 무엇인가요.

3) 우리 두레를 운영하기 위해 필요한 준비물에는 무엇이 있나요.

4) 선생님이 무엇을 도와주어야 하는지 자세하게 적어주세요.

5) 다른 친구들이 도와주어야 할 부분은 무엇인가요.

6) 우리 두레가 이 일을 하는 것이 우리 학급과 친구들, 나 자신을 위해서 어떤 점이 좋은가요.

7) 두레 친구들이 맡은 역할과 하는 일을 적어보세요.

    ✎ 두레장 : _____

    ✎ 나눔이 : _____

    ✎ 깔끔이 : _____

    ✎ 기록이 : _____

5. 두레 운영계획서에 따라 학생들이 자율적으로 운영하게 하고 중간보고서, 최종보고서를 제출하게 합니다.

두레 운영 계획을 세우는 것도 중요하지만 처음 세운 계획을 수정하고 보완해 가는 과정도 중요합니다. 중간과정을 살펴보는 중간보고서, 결과물과 활동 내용을 반성하는 최종보고서를 제출하게 합니다.

6. 사후 평가회 갖기

다음 두레를 새로 조직하기 전에 평가회를 가져서 어떤 점이 어려웠고 어떤 점이 바람직했는지 학급 전체가 이야기를 나눠봅니다. 평가회에서 나온 반성들은 잘 기록했다가 다음 두레에서 보완하도록 합니다.

7. 두레의 예

저희 교실에서는 학생들이 다양한 두레를 만들기도 하고 없애기도 하면서 우리 교실에서 필요한 두레와 필요하지 않은 두레들을 찾아나갔습니다.

- ✎ 경찰청 두레: 학생들이 학급의 크고 작은 약속을 지키도록 돕는 역할을 합니다. 시를 쓰거나 외워야 하는 어린이가 있으면 경찰청 두레가 확인하게 했습니다.

- ✎ 신문사 두레: 학급신문을 만들고 퀴즈를 냈습니다.

- ✎ 법원 두레: 학생들 사이에 벌어지는 문제들을 학급재판으로 처리하거나 책에서 나오는 갈등 상황(예, 거북이가 잠든 토끼를 모른 척 지나간 것은 옳은 것인가, 나무꾼이 토끼를 숨겨주기 위해 포수에게 거짓말을 한 것은 잘한 일인가 등)을 재구성하여 모의재판을 열었습니다.

- ✎ 그림사랑 두레: 교실 환경 구성을 도맡아 하는 두레로, 학생들의 작품을 게시하거나 철거하고 청소 상태를 점검하는 등의 일을 했습니다.

- ✎ 방송국 두레: 친구들의 음악 신청 사연을 모아서 매주 1회 방송을 했고, DJ, PD, 작가 등으로 구성합니다.

- ✎ 시 사랑 두레: 좋은 시를 소개하고 함께 외울 만한 시를 골라서 게시판에 안내했습니다.

- ✎ 컴지기 두레: 학급 홈페이지를 운영하고 각종 홈페이지 활용 이벤트를 개최했습니다.

- ✎ 도서관 두레: 학급도서를 관리하고, 좋은 책을 소개하거나 책 속의 황금문장 찾기 등의 이벤트를 운영했습니다.

저는 두레별로 돌아가면서 비오는 날의 교실놀이, 과목별 퀴즈대회를 운영하게 했고, 남는 시간 짬짬이 두레활동을 하게 했습니다. 또한 학생들이 두레끼리 모여 앉기를 요청할 경우 함께 앉게 해주었습니다.

학급 조회 시간에는 두레별로 지각한 학생, 아픈 학생, 좋은 소식 전하기, 시 써야 하는 학생들을 발표하게 했습니다. 그래서 두레 친구들이 같은 두레 친구를 먼저 챙길 수 있게 지도했지요.

학급에는 많은 두레가 필요한 것도 아니고 그 성격이 꼭 독특한 것이어야 하는 것도 아닙니다. 학기 초에는 두레를 소개하고 특별한 응용 없이 그대로 따라해 보게 하는 정도로도 충분합니다. 어느 정도 익숙해지면 학생들이 알아서 필요한 두레를 만들기도 합니다. 반면에 교사가 학급 운영을 하기 위해 꼭 필요한 두레가 있을 수도 있습니다.

소개한 두레 가운데 컴지기 두레나 그림사랑 두레는 교사가 필요로 해서 만든 두레였고, 법원, 경찰청, 방송국 등은 학생들에게 인기가 좋아서 연중 운영한 두레였습니다.

학기 초에 교사가 직접 두레활동을 설명해 준 다음 세부적인 운영 내용은 학생들에게 직접 맡기는 게 좋습니다. 시간이 좀 걸리긴 해도 학생들이 알아서 두레를 구성하게 하면, 문제가 생겨도 아이들 스스로 해결 방법까지 찾아냅니다. 희망자가 많을 경우 어떻게 해야 하는지, 활동을 열심히 하지 않을 경우 어떻게 해야 하는지 알아서 해결해 낸답니다.

두레 운영은 학생들이 민주적이고 합리적인 문제 해결 방법과 토론 절차 등을 배울 수 있는 좋은 기회일 것입니다. 선생님 교실에서도 두레를 멋지게 꽃피워 보세요.

Q

안전사고를
예방하고 싶어요

교실에서 안전사고가 있었습니다. 사소한 사고였지만 학교안전공
제회에 사고 보상금을 신청하고, 학부모와 상담하는 일을 겪고 나
니 교사인 제 자신이 한없이 작아지더군요. 교실에서 안전사고를
예방하고, 원만하게 처리하는 방법이 궁금합니다.

A 안전사고는 어느 교실에서나 있을 수 있는 일이라고 생각하는 게 먼저입니다. 아이들과 교실 내 위험 구역을 찾아보고 1년 내내 주의를 기울이세요.

선생님, 우선 학교안전사고가 무엇인지 살펴볼게요. 학교안전사고란 「학교안전사고 예방 및 보상에 관한 법률」, 즉 학교안전법에서 이렇게 정하고 있습니다.

'교육활동 중에 발생한 사고로서 학생, 교직원 또는 교육활동 참여자의 생명이나 신체에 피해를 주는 사고 및 학교 급식 등 학교장의 관리·감독에 속하는 업무가 직접 원인이 되어 학생, 교직원, 교육활동 참여자에게 발생하는 질병으로서 대통령령이 정하는 것.'

쉽게 말해 학교에서 일어나는 거의 모든 사고가 학교안전사고에 해당하는 셈입니다.

어떤 교사든지 교실에서 안전사고가 발생하면 위축되게 마련입니다. 뭔가 신나는 활동들을 다양하게 계획했다가도 '이러다가 학생이 또 다치면 어떻게 하지' 생각하면서 주저하게 되니까요. 그런데 안전사고는 어느 교실에서나 있을 수 있는 일입니다. 당황하지 말고 침착하게 한 단계씩 해결 과정을 밟아나가면 됩니다.

교실에서 일어나는 안전사고의 해결 과정을 실제 사례를 통해 살펴볼게요. 앞에서 살펴본 '평화로운 교실 만들기 5단계'와 비슷하기 때문에 어렵지 않게 실천할 수 있으실 겁니다.

교실 안 안전사고 해결하기

예시 "선생님, 재훈이가 넘어졌는데 피가 많이 나요."

1단계: 침착하기

가장 중요한 단계입니다. 학생들은 교사의 감정을 직감적으로 읽어냅니다. 교사가 당황하면 학생들도 모두 불안해지므로, 침착하게 대응합니다. 교실에 있는 구급상자를 꺼내 간단하게 응급처치를 하고, 보건실에 직접 데리고 갑니다.

만약 병원에 가게 된다면 보건교사에게 응급처치를 한 번 더 부탁하고 교실로 돌아와 다른 학생들이 해야 할 활동을 지시합니다. 이때 교감 선생님, 학년부장, 옆 반 교사에게도 사실을 알려야 나머지 학생의 지도에 공백이 생기지 않습니다.

2단계: 문제 상황 객관화시키기

학생들에게 있는 사실 그대로 전달합니다.

교사: 재훈이가 소현이 의자에 걸려 넘어져서 무릎이 찢어졌어. 피가 많이 나

서 선생님이 일단 응급처치하고 보건실로 데리고 갔는데, 병원에 가봐야 한대.

3단계: 교사의 감정 설명하기

지나가는 말이라도 사고를 당한 아이를 비난하지 않도록 주의합니다.

> 교사: 우리 교실에서 다친 사람이 있어서 선생님도 조금 당황스러웠어. 하
> 지만 너희들이 도와주면 선생님이 재훈이를 데리고 병원에 가는 일이 좀 더
> 쉬워질 것 같아.

병원에 가기 전 학부모에게 알립니다. 학부모에게 알릴 때는 육하원칙
에 따라 언제, 어디에서, 누구와, 무엇을 하다가, 어떻게 다쳤는지 짤막
하게라도 메모한 다음 전화하세요. 평소 아이가 자주 가는 병원에서 진
료를 받되, 상태가 심각하다면 큰 병원에 가야 합니다. 자칫 골든타임을
놓치지 않도록 주의해야 해요.

4단계: 아이들의 감정 표현하게 하기

교실에서 문제가 발생하면 아이들의 마음이 급격하게 불안해집니다. 불
안해진 마음은 누군가에게 그 화살을 돌리려 하기 때문에 사고를 일으
킨 아이를 비난하려는 마음이 생기기 쉽지요. 그러나 사고를 당한 아이
로서는 다른 아이들의 비난까지 더해지면 몹시 불편할 겁니다. 학생들
이 감정을 표현하면, 교사가 적절하게 공감하는 식으로 아이들의 불안
해진 마음을 달래는 게 좋습니다.

> 교사: 너희들은 이 일을 보면서 무슨 생각을 했니?
> 학생 1: 왠지 다칠 것 같더라고요. 교실에서 매일 뛰어다녔으니까요.
> 교사: 교실에서 뛰어다니는 것이 불안했을 수도 있어. (공감)

학생 2: 다쳐서 피 나는 거 보니까 엄청 무서웠어요.

교사: 다치는 거 보니까 무서웠지? 선생님도 그랬어. 피를 보면 누구나 떨리고 두려운 마음이 들지. (공감)

학생 3: 다시는 그런 일이 없으면 좋겠다고 생각했어요.

교사: 다시는 그런 일이 없었으면 좋겠다고 생각했구나. 선생님 마음이랑 똑같네. 고마워. (공감)

아이들이 표현하는 감정에 긍정적으로 반응하면서 마음을 달래주는 과정을 거치면 교사의 마음도 차분해질 것입니다.

5단계: 해결 방안 찾기

교사: 앞으로 이런 일이 생기지 않으려면 어떻게 해야 할까?

학생 1: 의자에 가방끈이 걸리지 않아야 돼요.

교사: 의자에 가방끈이 걸리지 않도록 하면 좋겠다는 의견을 말해 줬는데, 어떻게 실천할 수 있을지 이야기해 보자.

이때 모범 답안을 교사가 먼저 제시하면 아이들은 문제를 해결하는 힘을 키우기 어렵습니다. 어려워도 아이들 스스로 문제를 해결하는 경험을 하는 게 중요합니다. 교실에서 반복되는 사고도 이렇게 지도하면 확실하게 줄어듭니다.

6단계: 사후 처리

병원에 다녀오면 학교안전공제회에 진료비를 청구해야 합니다. 절차를 잘 모르면 보건교사나 교감 선생님과 상의하는 게 좋습니다.

만일을 대비하여 사고를 목격한 다른 학생들에게 육하원칙에 따라 진술서를 작성하게 하고, 교사도 상황에 관련된 정확한 경위서를 짧게라도 작성해 두는 게 좋습니다.

학부모가 사고를 교사의 잘못으로 몰아세운다든가 다른 학생이 잘못했기 때문이라고 할 수도 있기 때문이지요. 큰 사고일수록 객관적인 관련 진술 자료를 될 수 있는 한 많이 확보해 놓는 것이 매우 중요합니다.

저희 교실에서도 학부모끼리 쌍방 고소까지 갔던 안전사고가 있었습니다. 이때 기록했던 사고일지가 A4 용지로 60장 분량이었습니다. 때로는 정확한 기록이 교사를 지키는 유일한 수단이 됩니다.

큰 사고가 생겼을 때 다행히 교장, 교감 선생님이 적극적으로 도와준다면 좋겠지만 그렇지 않은 경우도 많습니다. 상담했던 선생님들 가운데 이 부분에서 마음을 크게 다친 분도 여럿 보았습니다.

대인기피증까지 불러온 안전사고

저도 학부모끼리 쌍방 고소까지 간 안전사고가 있었습니다. 첫아이 임신 6주차 때였어요. 그 처리 과정에서 한쪽 학부모에게서 "선생님 뱃속의 아기가 잘못돼도 그건 내 탓 아니오"라는 말을 들었습니다. 대인기피증을 겪고, 학교를 쉴 정도로 마음의 상처를 크게 입었지요. 위축됐던 마음이 제자리로 돌아오기까지 오랜 시간이 걸렸습니다. 복직한 후에는 첫째도 안전, 둘째도 안전이었습니다.

안전사고에 관한 가장 좋은 지도 방법은 사전에 모든 경우의 수에 대비하는 것입니다. 교사가 할 수 있는 최선을 다해 예방을 위해 노력하는 것이지요. 그러고도 발생하는 사고라면 그건 정말로 어찌할 수 없는 일이니 교사의 잘못이라고 자책할 일만은 아닙니다.

사전에 학생들에게 교실에서 발생하는 안전사고 사례들을 수시로 알려주고 이에 따른 예방책을 지도하는 것이 가장 중요합니다. 교사는 안전교육 관련 연수를 받고, 학교안전공제회 처리 절차 등을 정확하게 알고 있는 게 좋습니다.

다음은 학교 내의 안전사고를 줄이는 방법입니다. 동시에 최악의 상황에서 교사를 보호해 줄 수 있는 방패이기도 합니다. 교실에서 할 수 있는 쉬운 방법들이니 실천해 보시기 바랍니다.

교실에서 안전사고를 줄이는 방법

1. 교실 위험 구역 지도 만들기

교실을 사진 찍거나 간단하게 그려서 게시판에 붙입니다. 사고가 발생하면 빨간 스티커에 날짜와 다친 학생의 이름을 써서 붙입니다. 예를 들어 칠판 모서리에 찧어서 머리에 혹이 난 학생이 세 명이면 칠판 모서리에 빨간 스티커 세 개가 붙겠지요.

빨간 스티커가 많이 붙은 곳이 사고 발생이 잦은 곳이고, 이름이 자주 적히는 아이는 더 주의 깊게 살펴야 하는 아이입니다. 스티커가 자주 붙는 곳에 테이프를 감아두는 식으로 처치해 두면 같은 곳에서 사고가 나는 것을 예방할 수 있습니다.

이를 학교 전체로 확대하면 사고가 잦은 곳을 파악하고 예방할 수 있습니다. 계단에 빨간 스티커가 자주 붙으면 계단에 미끄럼 방지 테이프를 붙이고, 식생활관에 빨간 스티커가 여러 개 붙으면 식생활관에 '뛰지 말

것' 표지판을 붙이면 되지요.

2. 사소한 것에 주의를 기울이기

사소한 것에 주의를 기울여야 사고도 예방할 수 있습니다.

- ☑ 가방끈에 걸려 넘어지지 않도록 가방을 접어서 사물함에 정리하게 합니다.
- ☑ 화장실 다녀올 시간이 짧으면 복도에서 뛰게 됩니다. 쉬는 시간을 충분히 갖게 합니다.
- ☑ 급소를 때리지 않도록 지도합니다. 칠판에 인체 모형을 붙이고 빨간 점을 찍어 사람이 크게 다칠 수 있는 곳이라고 설명해 줍니다.
- ☑ 교사용 커피포트나 개인용 전열 기구는 주의해서 사용해야 합니다. 근처 학교에서 실과 실습을 마치고 커피포트를 미처 보지 못한 학생 하나가 코드를 잡아당기면서 뜨거운 물에 화상을 입은 사례가 있었습니다. 교사용 전열 기구에 학생 손이 닿지 않도록 하는 것이 가장 좋겠지요.
- ☑ 안전사고 사례를 틈날 때마다 들려줍니다.

저는 학급조회 〈선생님 말씀〉 시간에 화초 지지대에 눈을 찔린 사례, 화산 실험을 하다가 얼굴을 다친 사례, 장난치다가 급소를 때려서 사망한 사례 등 안전사고 사례를 자주 들려주었습니다. 이런 일이 없도록 하려면 어떤 행동을 해야 하는지 생각해 보게 하고, 중요한 내용은 공책에 정리하게 했습니다.

3. 하교 지도 반드시 하기

하교 지도를 하고 모든 학생들이 안전하게 귀가해야 교사의 하루도 끝이 나는 것입니다. 끝까지 책임 있게 지도했는가의 문제와 직접 관련이 있으니 아무리 바빠도 하교 지도는 꼭 해야 합니다. 출장으로 교실을 비우더라도 옆 반 교사에게 하교 지도를 부탁하고 가도록 합니다.

4. 등·하교 시간 지키기
교사는 학생이 교실에 있으면 학생을 지도할 의무가 있습니다. 이걸 가리켜 법률적으로는 통상적인 주의의무라고 합니다. 가급적 교사가 없는 이른 아침이나 방과 후에 학생들이 교실에 머물지 않게 하고, 학생들이 교실에 있을 경우는 교사가 교실을 지키는 것이 좋습니다.

5. 체육 시간에 준비운동 하기
체육 시간에 준비운동을 했는가 하는 문제 역시 정말로 중요합니다. 근육을 이완시키고 학생의 부상을 예방하기 위해서 준비운동과 안전교육을 철저하게 합니다.

6. 실험·실습 시간에 안전교육 먼저 하기
저는 실험이나 실습을 포기할지언정 안전교육을 하지 않고 해본 적이 없습니다. 실험·실습 시간에 안전교육을 하지 않고 사고가 났을 경우 교사가 감당해야 할 심리적, 물질적 부담이 너무나 큽니다. 실습 전 안전교육은 필수입니다.

하인리히 법칙이란 게 있습니다. 1대 29대 300의 법칙이라고 불리는데, 미국의 보험 설계사인 하인리히가 발견한 것이라고 합니다. 이 법칙에 따르면 작은 사고 29건이 일어난 다음, 큰 사고 1건이 생기는데, 그전에 사고가 일어날 징후가 무려 300번이 있다는 겁니다.

뒤집어 생각해 보면 교실 안의 작고 사소한 사고들에 교사가 예민하게 반응할수록 교실에서 일어날 수 있는 대형사고 역시 예방할 수 있다는 뜻이기도 합니다.

학생들이 있는 곳에 사고도 있습니다. 무엇보다 우리 교실에서만 일어나는 일이라고 자책하여 교사 스스로 자존감을 깎아내리지 않아야 합니다. 다른 교실에서도 있을 수 있는 일이라고 생각하고 담대해지세요. 그리고 안전사고를 예방하기 위해 지금부터라도 최선을 다해 노력하면 됩니다.

실제 학교안전사고의 사례를 예로 들어 설명해 주세요

사례 ❶ ◇◇

유치원생이 하교 중 사망한 사고가 있었습니다.

이때 재판부는 담임교사의 관리와 감독에서 중대한 과실이 있다는 것을 인정하지 않았습니다. 담임교사는 입학식 때 학부모들에게 원생의 등하교는 학부모의 책임이라는 것을 주지시켰고, 원생에게도 수시로 교통 안전교육을 했습니다.

이날도 학부모들이 아이들을 데리러 오지 않자, 담임교사는 시내버스 정류장까지 아이들을 인솔하여 함께 25분 동안 버스를 기다렸다고 합니다. 이날 원아들을 두고 유치원으로 다시 돌아오기 전에 교사는 거듭해서 "평소 하던 대로 줄을 서서 기다리다가 잘 살피고 버스에 타라"고 지시했고요. 재판부에서는 이런 사실을 인정하여 교사가 학생들을 소홀하게 지도하지 않았다고 생각한 것입니다.

이 사례에서 볼 수 있듯이 평소에 학생들에게 안전 관련 지도를 자주 하는 것은 어떻게 설명할 수 없을 만큼 너무나 중요합니다. 학부모와 면담할 때에도 안전교육을 당부하고, 통신문에도 이런 내용을 적어 보내 안전교육을 학교에서 늘 하고 있음을 보여줄 필요가 있는 것이지요. 대충 넘어가거나 하찮게 여기지 말고 매일 매시간 수시로 안전교육과 함께하세요.

사례 ❷ ⟨⟨⟩

중학교 1학년 학생끼리 쉬는 시간에 말다툼 끝에 한 학생이 다른 학생에게
눈을 맞은 사고가 있었습니다.

이 사건으로 학생의 부모는 공제회를 상대로 손해배상청구소송을 걸었지
만 패소했습니다.

재판부는 학교안전사고에 해당하기 위해서는 교육활동 도중에 발생한 사고
여야 하며, 교육활동에 해당하기 위해서는 장소·시간·내용적 요건이 모두 갖
춰져야 한다고 밝혔습니다. 이 사건은 학교 안에서 쉬는 시간에 발생한 사고이
기 때문에 장소, 시간은 해당되나 내용은 교육활동이라고 보기 어렵다고 했습
니다. 즉 교육활동이라는 용어 안에는 광범위한 요소가 담겨 있는데, 장소·시
간·내용 모두 교육활동과 관련된 것이어야 한다는 점을 알 수 있습니다.

안전사고와 관련된 안전교육을 평소에 얼마나 자주 어떤 내용으로 실시하
였는가에 따라서 교사의 관리·감독 책임 여부가 달라집니다. 이와 관련된 지
속적인 지도가 반드시 필요하다는 것을 알 수 있는 사건이지요.

Q

보상과 벌,
교실에 꼭 필요한 것일까요

스티커와 같은 외적 보상은 좋지 않다고 하는데, 외적 보상이 꼭 나쁜 제도인가요? 외적 보상이 왜 나쁜지, 벌은 꼭 필요한 것인지 궁금합니다.

A 외적 보상이나 벌은 그 효과가 짧습니다. 학기 초에 학급 운영을 원활하게 하는 견인차 역할을 하긴 하지만, 장기적으로 학생의 자존감을 높이고 동기를 부여하는 방식을 고민해야 해요.

보상과 벌은 학급 경영과 관련해서 가장 자주 듣는 질문 중 하나입니다. 주로 외적 보상은 나쁜 것이 아닌가, 효과적인 벌은 어떤 것인가, 주말에 학생들과 놀러가려면 내부 결재를 받아야 하나, 같은 질문들이지요.

학기 초의 외적 보상은 학급 운영을 시작하고 움직이게 하는 일종의 견인차 역할을 하기도 합니다. 앞에서 끌어주는 힘이 있어야 멈춰 있던 수레가 구르기 시작하잖아요. 그렇듯이 외적 보상은 학급이라는 거대한 수레를 움직이게 하는 첫 힘이 될 수 있는 것이지요.

처음에는 움직이지 않던 수레도 일단 움직이기 시작하면 수레 자체의 힘으로 굴러가는 때가 곧 옵니다. 그때는 더 이상 견인차가 필요 없지요. 외적 보상도 마찬가지입니다. 처음에는 보상으로 시작해도 나중에는 보상이 없어도 되는 것과 같습니다. 이미 수레에 올라탄 것만으로도 즐거우니까요.

학급 구성원 모두가 정확하게 이해하고 있는 학급 규칙과 약속, 적절한 제재는 교실에 안정과 질서를 가져다줍니다. 이때의 규칙은 학급 구성원이 충분한 협의를 거쳐 합의한 것이어야 하고, 제재를 가하는 수단 역시 아이를 부끄럽게 하거나 속상하게 만드는 무시무시한 게 아니라, 잘못한 행동에 책임을 느끼는 정도면 됩니다.

보상과 벌과 관련해서 선생님들이 자주 묻는 질문들에 대한 답변을 정리해 보았습니다.

교실에서의 보상과 벌

1. 아이들끼리 정한 규칙이면 되지 않나요?

규칙은 절차적으로 정당해야 하고, 내용 또한 정당해야 합니다. 헌법학에서는 이를 각각 절차적 정당성, 실체적 정당성이라고 부릅니다. 마찬가지로 학급에서 학생들이 정하는 규칙도 합의라는 절차만 거쳐서는 정당하다고 할 수 없습니다. 실질적인 내용 역시 정당해야 하는 것이지요. 이때 정당함의 기준은 인간존엄입니다.

이를테면 학생들이 학급회의에서 엉덩이로 이름 쓰기, 남학생인데 고무줄로 머리카락 묶어놓기, 양말 입에 물고 돌아다니기 등을 정했다고 해서 그것이 규칙으로서 정당하다고 볼 수는 없다는 것입니다.

아이들이 아무리 합의했다고 하더라도 인권을 침해하는 규칙이 교실에 있어서는 안 됩니다. 오히려 이 기회를 통해 어떤 경우에도 인간은 존엄하다는 것을 학생들이 배울 수 있어야 합니다.

2. 체벌, 왜 안 될까요?

20여 년 전 제가 처음 교사가 됐을 때는 어느 정도의 체벌이 용인되었습니다. 심지어는 학부모가 "우리 아이는 때려서라도 가르쳐주세요"라고 요구할 정도였으니까요. 숙제를 안 해온 아이들의 손바닥을 때리면 담임이 열정이 많아서 열심히 가르치려 한다는 말을 듣기도 했습니다.

그런데 처음엔 한 대만 때려도 숙제를 해왔지만 다음엔 세 대, 네 대를 때려도 소용이 없었습니다. 아이를 때려서도 해결되지 않는다면 그 교실에서 교육이라는 이름으로 더 이상 무엇을 할 수 있을까요? 이미 그 교실은 교사의 통제를 벗어난 상태겠지요.

체벌은 교사가 할 수 있는 가장 하수(下手)의 방법입니다. 체계적이고 안정적인 교실에서는 교사가 큰 소리로 야단하거나 벌을 주면서 화내는 일도 거의 없습니다. 체계적인 학급 운영을 고민하는 게 체벌보다 더 효과적일 것입니다.

3. 선생님도 벌을 주신 적이 있나요? 있다면 어떤 벌을 주셨나요?

저는 교실에서 나쁜 말이나 욕을 하는 아이에게 명시를 쓰게 했습니다. 윤동주의 〈별 헤는 밤〉을 반듯한 글씨로 한 번 베껴 쓰게 했고, 쓰는 게 귀찮으면 외워도 된다고 했습니다. 욕이나 나쁜 말을 벌이 아닌 아름다운 우리말로 갚게 한 것이지요.

큰 기대를 하지 않고 시작했던 '명시 쓰기'가 긍정적인 효과를 가져 오는 것을 수없이 보았습니다. 우리말이 아름답다는 것을 깨달았다는 아이부터 윤동주의 다른 시를 읽어보고 싶다거나 시를 써보고 싶다는 아이까지. 아이들은 어느새 아름다운 시에 빠져들었습니다.

'명시 쓰기'가 기대 이상으로 좋은 효과를 거두면서 일기를 안 써오면 김소월의 〈진달래꽃〉을, 준비물을 놓고 오면 윤동주의 〈서시〉를, 지각을 하는 아이는 한용운의 〈님의 침묵〉을 예쁜 글씨로 한 번 쓰게 했습니다.

쓰기 싫으면 외우게 했고, 교실에 준비된 시를 모두 외우는 불성실한(?) 학생은 한국의 명시 가운데 마음에 드는 시를 외우게 했습니다. 이렇게 1년이 지나면 웬만한 명시는 모두 외우게 됩니다. 〈별 헤는 밤〉을 외우는 아이가 욕을 하거나 다른 친구를 때리는 것을 본 적이 없으니 인성교육까지 덤으로 얻었다고 해야겠지요.

4. 시를 쓰거나 외우듯이 『사자소학』이나 『명심보감』을 쓰게 하면 인성교육의 효과가 있지 있을까요?

저도 『사자소학』이나 『명심보감』을 외우게 한 적이 있는데, 학생들이 무척 지루해하고 싫어했습니다. 학생들이 평소에 쓰지 않는 한자어가 쏟아져 나오기 때문에, 기대했던 인성교육의 효과를 거두기도 어려웠습니다.

마찬가지로 숙제를 안 한 학생에게 '숙제를 잘 하겠습니다'를 백 번 쓰게 하는 식의 벌을 주는 것 역시 큰 의미가 없습니다. 팔을 아프게 하는 일종의 체벌이 되는 셈입니다. '의자 들기'나 '앉았다 일어났다' 같은 체벌과 똑같은 것이지요.

5. 체벌 말고 다른 벌도 있나요?

벌에는 신체적 고통이 따르는 체벌 말고도 청소나 봉사활동처럼 특별한 과제를 수행하게 하는 벌, 다른 학생이 하는 활동에서 제외시키는 타임아웃 형식의 벌 등이 있습니다.

그러나 외부에서 가해지는 벌보다 더 좋은 것은 자신이 자신에게 주는 벌입니다. 인간은 스스로 자신을 끝없이 평가하는 존재입니다. 어린 아이여도 내면에서 우러나오는 양심의 소리에 귀를 기울이게 되면 잘못된 행동에 부끄러움을 느끼고 올바른 행동을 하려고 노력하게 된답니다.

6. 아이들에게서 "이거 잘 하면 뭐 해줄 거예요?"라는 소리를 들으면 힘이 빠져요. 무엇이 잘못됐을까요?

저학년 아이들은 아주 작은 것으로도 보상이 됩니다. 멸치 한 마리로도 충분한 보상이 되지요. 굳이 값비싸고 좋은 선물을 준비할 필요 없어요. 머리 쓰다듬어 주기, 따뜻하게 안아주기, 크게 칭찬해 주기 같은 내적 동기를 자극하는 형태의 보상이 훨씬 크게 작용합니다.

다만 고학년 아이들은 저학년 아이들보다 교사에게 기대하는 것도 많고 요구하는 것도 많습니다. 학기 초부터 이런 부분을 학생들과 이야기해 두는 게 좋습니다. 학생들이 보상을 요구해서 속상했다는 선생님들도 많이 보았습니다. 학생 입장에서는 교사를 속상하게 하는 말인지도 잘 모르고 하는 경우가 대부분이랍니다. 교사가 먼저 어떤 부분이 언짢은지 설명하고, 학생과 함께 합의를 찾아가는 것이 더 발전적인 지도 방법이겠지요.

7. 아이들과 주말에 놀러가고 싶은데, 내부 결재를 받아야 하나요?

창의적이고 재미있게 학급을 운영하는 에스메이 선생님의 책 『에스메이의 일기』에 이런 장면이 나옵니다.

에스메이 선생님이 가정환경이 몹시 어려운 학생을 주말에 따로 만나서 가르치는데, 그는 그 사실을 누군가에게 들킬까 봐 몹시 염려하지요. 미국에서는 법적으로 수업이 아닌 시간에 교사가 학생을 따로 만날 수 없게 돼 있으니까요.

대한민국에서도 주말에 교사가 아이들을 놀이공원에 데리고 갔다가 아이가 다친 사례가 있습니다. 교사는 아이들에게 좋은 추억을 남겨주려고 했지만 결과적으로는 전혀 예상 밖의 일이 벌어진 겁니다. 혹시라도 학생과 주말에 따로 만나고 싶다면 이러한 만약의 사고까지 각오해야 합니다.

그럼에도 불구하고 저도 분기에 한 번 '두레 데이트'를 했습니다. 야외에서는 자칫 사고가 날 수 있어서 저희 집에서 간단한 게임을 하거나 떡볶이나 쿠키를 같이 만들어 먹었습니다.

학부모가 직접 데려오고 데려가는 것이 원칙이었고, 학생과 함께하는 시간은 최대 5시간을 넘기지 않았습니다. 그 정도여도 학생과 학부모는 매우 만족해했습니다.

학년부장과 교감 선생님에게는 사전에 관련 내용을 알렸습니다. 언제, 어디에서, 학생 몇 명을 만나서 무엇을 할 것이다, 시간은 어느 정도 소요된다는 식으로 구두 결재를 맡은 것이지요. 만약 위에서 심하게 반대할 경우는 학생들에게 상황을 설명하고 이해를 구했습니다. 학부모나 학교의 반대를 무릅쓰고 억지로 두레 데이트를 하게 되면 그만큼 심리적 부담이 있을 것이고, 저 역시 즐겁지 않을 거라고 생각했기 때문입니다.

원칙적으로 교사가 학생과 야외활동을 할 때 학교장의 내부결재문서, 활동계획서처럼 명시화된 승인은 반드시 필요합니다. 만약 관련된 공식 문서가 없다면 학교안전공제회의 지급 대상이 아닌 교육활동인 셈이므로, 그에 따른 모든 책임을 교사가 지게 될 수도 있는 것이지요.

8. 열심히 노력하는 학생들에게는 보상을 해야 할 것 같아요. 어떤 것이 있을까요.

저는 학생들이 스스로 정한 목표를 기록해 두고, 향상점수를 기록하게 했습니다. 자신의 목표를 넘어설 정도의 성취를 보이는 학생에게는 동화책을 선물하거나 서점에 같이 가서 책을 골라주었습니다.

다음은 교실에서 운영했던 향상점수표입니다. 기준은 학생들과 협의를 거쳐 정했습니다.

진달래의 수학 향상점수

☑ 0~3점 향상되면 1점.　　　　☑ 4~5점 향상되면 2점.

☑ 5점 이상 향상되면 3점.　　　☑ 만점인 경우 5점.

☑ 만점을 계속 유지할 경우 2점.　☑ 처음 점수보다 떨어질 경우 -2점.

날짜	점수	향상 정도	향상점수
5월 7일	85점		
5월 9일	88점	3점	1점
6월 4일	84점	-4점	-2점

그밖에 학급 전체가 약속을 잘 지키면 앞에서 설명한 피자판을 하나씩 붙여주었습니다. 피자판을 다 모으면 공놀이하기, 무서운 이야기 들려주기 같은 물질적이지 않은 보상을 했습니다.

칭찬통장이나 칭찬마일리지도 해보았지만 그보다는 개인별로 목표치를 정하고 노력하는 것을 격려할 수 있는 형태의 향상점수판을 활용하는 게 훨씬 효과적이었습니다.

9. 수업을 방해하는 아이는 어떻게 벌을 주어야 하나요.

저는 수업 시간에 지나치게 시끄럽게 떠들거나 수업을 지속적으로 방해할 경우 자기 자리에서 30초 서 있게 했습니다. 시계 초침을 보고 있다가 30초가 지나면 알아서 앉게 했지요. 그러고도 변함없이 수업에 큰 피해를 주면 최대 2분 동안 교실 뒤쪽에 서 있다가 들어오게 했습니다. 안정적인 교실에서는 이 정도만 해도 충분히 벌이 됩니다. 동시에 수업에 잘 참여하고 있던 학생들은 교사가 잘못된 행동을 하는 학생에게 적절한 경고를 해서 자신의 수업을 보호했다고 생각하지요.

단, 아이들에게서 공부하는 시간을 함부로 빼앗아서는 안 될 뿐더러 스스로를 나쁜 아이로 생각하게 할 수도 있기 때문에 아무리 짧은 시간이어도 학생을 교실 뒤로 내보내는 일은 매우 신중하게 고민해야 합니다.

학생들은 안정적인 교실을 원합니다. 그러나 안정적이고 평화로운 교실을 만들기 위해서는 누구보다 학생들이 먼저 노력해야 합니다. 자신의 행동을 자신이 책임져야 한다는 것을 가르쳐줘야 합니다. 학급 구성원 모두가 함께 정한 약속을 지켜야 하고, 행동에 책임지는 태도가 내면화돼야 하는 것이지요.

벌을 주었다면 교사도 마음에서 학생의 잘못된 행동을 털어내야 합니다. 오늘도 괘씸하고 내일도 괘씸해서는 안 되니까요. 아이들은 얼마든지 오늘도 내일도 모레도 잘못할 수 있답니다. 그게 아이들이니까요. 아이들의 손을 잡고 끝까지 좋은 길을 가도록 안내하는 것이 교사의 역할인 것이지요.

이 모든 것을 떠나 저에게 보상과 벌에 관련된 조언을 하라고 한다면, "교사와 학생이 가까워지면 학생은 교사가 원하는 행동을 하게 된다"고 이야기할 것입니다.

잘못한 아이에게 "괜찮아. 그럴 수도 있어. 사람이니까 실수할 수 있

어. 선생님은 널 믿어"라고, 잘한 아이에게는 "잘했어. 선생님은 네가 잘
해낼 거라고 믿었어"라고 말해 주세요.

학생들은 자신을 사랑해 주고 아끼는 이의 기대를 저버리는 행동을
하지 않는답니다.

Q

교실 환경을 쉽게 꾸미는
방법이 궁금해요

교실 환경 꾸미기에 시간을 뺏기고 싶지 않은데, 어떻게 해야 쉽고
빠르게 교실 환경을 꾸밀 수 있을까요?

A 교사의 손이 아닌 학생의 손으로 하되, 연중 부착할 것, 학기별로 바꾸어야 할 것, 자주 바꾸어야 할 것 등으로 구분하여 꾸미세요. 무엇보다 교실은 학생들이 활동하기에 불편함이 없는, 깔끔하게 정리된 곳이면 충분합니다.

선생님, 교실 환경 꾸미기는 학기 초에 교사를 지치게 하는 것 중 하나지요.

운 좋게도 다른 나라의 학교를 참관할 기회가 여러 차례 있었습니다. 이탈리아, 영국, 프랑스, 중국, 스웨덴, 핀란드 등 여러 나라의 학교를 방문해서 수업을 참관했지요. 아무리 유명한 학교여도 막상 가보면 깜짝 놀랄 만큼 교실이 허름했습니다. 귀퉁이가 떨어져 나가 시멘트가 그대로 드러난 맨 벽에는 아이들 그림이 아무렇게나 붙어 있고 교실 여기저기에 붙은 학습지들은 빛이 바래서 아마 저라면 진즉 떼어냈을 것 같은 모습이었습니다.

바꿔 말하면 교실 꾸미기에 다른 나라 선생님들은 거의 신경을 쓰지 않고 있다는 말이기도 하지요. 사실 우리도 꼭 필요한 것이 아니면 교실을 예쁘게 꾸미는 일에 마음을 쓸 필요가 없습니다.

일반적인 교실은 크게 앞면, 옆면, 뒷면 세 곳으로 구분하여 작품을 게시할 수 있게 돼 있습니다. 다음과 같이 교실 뒷면 게시판을 크게 세 구역으로 나누어 연중, 분기별, 수시 교체할 게시물들을 구상해 둡니다.

교실 뒤 게시판 활용하기

✎ 왼쪽 : 우리 교실 약속, 피자판 등을 분기별로 부착

✎ 가운데 : 학생 작품 위주로 수시 교체

✎ 오른쪽 : 학생의 진로와 관련된 작품을 연중 게시. 닮고 싶은 나의 멘토, 미래일기, 미래엽서 쓰기 등

다음은 솜씨가 서툰 교사어도 한두 시간이면 뚝딱 끝낼 수 있는 교실 환경 꾸미는 방법입니다.

깔끔하고 정돈된 교실 환경 만들기

1. 교실 앞면

앞면은 학생의 시선이 가장 많이 닿는 곳이므로 될 수 있는 한 시선을 분산시키는 일이 없어야 합니다. 칠판은 항상 잘 닦아두고, 자석이나 학습지를 몽땅 붙여 어지럽게 만들지 않습니다. 교사 책상은 한쪽 벽면에 바짝 붙이고, 책꽂이나 프린터기로 교사의 얼굴을 가리지 않습니다.

2. 교실 옆면

초침과 분침이 잘 보이는 시계를 부착합니다.

3. 교실 뒷면

✎ 타이틀 : '더불어 숲이 되자', '함께 빛나는 우리'처럼 학급을 설명하는 짧은 문장을 학생들에게 공모합니다. 크고 깔끔하게 만들어두면 몇 년이고 쓸 수 있습니다.

✎ 학생 이름표 : 별이나 하트 모양 포스트잇에 매직으로 학생 이름을 쓰고 코팅합니다. 뒷면에 고무자석을 붙이면 칠판에 붙일 수 있어요. 학생 수의 두 배 정도 만들어둡니다.

✎ 작품 게시 : 작품을 부착하고 나면 준비해 둔 별모양 이름표를 붙입니다. 작품 게시나 철거를 담당하는 두레가 있으면 좋습니다. 저는 〈그림사랑 두레〉에서 일체의 작품 게시 및 철거를 전담하게 했습니다.

✎ 게시판 주변 꾸미기 : 학급과 어울리는 몇 가지 조형물로 게시판 주변을 꾸밉니다. 저는 민들레반이 우리 학급의 또 다른 이름이었기에 펄이 섞인 부직포로 민들레를 만들어 붙였습니다. 이때도 제가 직접 만들지 않고 학생들에게 만드는 방법을 가르쳐주고 만들어보게 했습니다.

펄 부직포로 민들레 만들기

준비물 : 노랑, 녹색 펄 부직포(뒷면 접착시트) 여러 장

① 펄이 섞인 부직포를 준비합니다.

② 노란 부직포로 크기가 다양한 여러 개의 원을 오립니다.

③ 동그라미 가장자리를 민들레 꽃잎처럼 뾰족하게 오립니다.

④ 녹색 부직포를 가느다란 직사각형으로 여러 개 오립니다.

⑤ 다양한 크기로 길쭉한 잎사귀 모양을 오린 다음 주변을 잘라냅니다.

⑥ 잎, 줄기를 붙인 다음, 앞의 노란 원을 붙입니다.

미래엽서 쓰기

준비물 : 머메이드지, 네임펜

① 머메이드지를 엽서 크기로 오립니다.

② 20년 후의 자신에게 보내는 편지를 네임펜으로 쓰게 합니다.

③ 학생 사진 또는 닮고 싶은 인물을 붙입니다.

④ 함께 이야기 나눕니다.

20년 후의 나에게

안녕. 20년 후의 지수야.

너는 지금쯤 어떤 모습일까. 네가 항상 꿈꾸던 모습은 선생님이 되어서 아이들과 함께 지내는 것이었는데, 지금 그 꿈을 이루었을지 궁금하다. 네가 꿈을 이루기 위해서 하루하루를 열심히 살았기를 진심으로 바란다. 안녕. 2017년 지수가.

이밖에 쓰레기통을 어디에 놓는 것이 좋은지 질문하신 선생님도 있는데, 전 언제나 제 옆에 두고 쓰레기통 뚜껑도 제 손으로 닦았습니다. 교사의 눈에서 멀어지면 쓰레기통 주변이 가장 먼저 지저분해지니까요. 물론 깔끔하고 청결한 교실이 되면 아이들이 쓰레기를 함부로 버리지 않는답니다.

대한민국 초등학교 교실은 전 세계 어디에 내놔도 그 예쁘기가 아마 톱클래스에 들 것입니다. 그렇지만 교사의 손으로 관리하기에 벅찬 것보다는 학생들 손으로 정리하는 깔끔한 교실을 만드는 것이 중요합니다.

특히 가방끈에 걸려 넘어지지 않도록 사물함에 가방 집어넣기, 의자 집어넣고 다니기, 교사와 학생 사이 시야 가리지 않기, 불필요한 부착물을 여기저기 붙이지 않기 등 교실을 잘 정리하는 것에 마음을 써야 합니다.

교실은 학생들과 교사가 머물기에 가장 편안한 공간이어야 합니다. 학생이 편하고 따뜻하게 느껴지는 곳이라면 교사도 편하고 따뜻하게 쉴 수 있는 곳이겠지요.

Q

아이들과 교실놀이로
친해지고 싶어요

교실에서 쉬는 시간만 되면 스마트폰으로 노는 아이들이 많습니다. 스마트폰 말고 재미있는 놀이를 아이들에게 가르쳐주고 싶어요. 교실에서 할 수 있는 놀이를 알려주세요.

A 교실에서 함께 즐기기에는 누구나 아는 쉽고 간단한 놀이가 가장 적당합니다. 처음엔 교사가 이끌고, 익숙해지면 놀이의 준비와 진행까지 학생에게 맡겨보세요.

선생님, 요즘 아이들은 무슨 재미로 살까요. 문득 궁금해집니다. 스마트폰 없이 생활할 수는 있을까요. 미래창조과학부에서는 2015년에 스마트폰을 이용하는 초등학생 이용자 수가 약 98만 명이라고 발표했습니다. 이는 전체 초등학생의 약 40퍼센트에 해당하는 수치입니다.

2014년에 쓴 『행복한 진로교육 멘토링』에서 휴대전화로 성인물을 보는 학생의 비율은 2010년 7.5퍼센트에서 2012년 20.5퍼센트로 증가 추세라고 적었습니다. 그 이후 여성가족부에서 조사한 '2015년 청소년 통계'에서는 청소년 휴대전화 이용자의 성인물 경험 비율은 무려 52.6퍼센트로 치솟았습니다. 중·고등학생의 반 이상이 이미 휴대전화로 성인물을 본 경험이 있다는 것입니다. 이 정도면 엄청나게 빠른 속도로 스마트폰에 아이들의 세계가 물들고 있는 셈입니다.

그렇지만 정작 'OECD 국가 아동·청소년 주관적 행복지수'를 살펴보면 이렇게 재미있는 스마트폰을 이용하는 것과 아이들의 행복은 전혀 상관이 없습니다. 대한민국 아이들은 제가 책을 쓸 때인 2014년에도 조사국 가운데 가장 행복지수가 낮았고, 2016년에도 가장 덜 행복했습니다. 참 아이러니하지요. 중독될 정도로 재미있는 스마트폰이 정작 아이들의 마음을 달래줄 수는 없다는 것 말이에요.

이런 자료들을 곰곰이 살펴보면 결론이 하나로 요약됩니다. 우리나라 아이들에게는 놀 틈, 꿈꿀 틈, 쉴 틈이 필요하다는 겁니다. 놀고 꿈꾸고 쉴 틈을 남겨주어야 아이들도 숨을 쉬지요. 아이들은 무엇보다 놀이와 이야기를 좋아합니다. 아이에게 놀이를 되찾아주면 교실에도 활기가 넘쳐날 수 있습니다.

비오는 날의 교실놀이

저는 비 오는 날에는 교실놀이를 하거나 무서운 이야기를 들려주곤 했습니다. 가뜩이나 비도 오고 날씨도 우중충한데 수학 문제를 열심히 풀자고 하면 귀에 들어오지 않는다는 것을 잘 아니까요.

아이들은 비 오는 날에 하는 교실놀이를 무척 좋아했고, 놀이가 익숙해진 다음에는 스마트폰을 손에서 내려놓게 됐습니다. 이 교실놀이는 2015년 EBS 다큐프라임 〈교육대동여지도 교사 고수전〉에 출연할 때 방송됐던 부분이기도 합니다.

아이들에게 스마트폰 대신 친구들과 오순도순 모여 놀이할 수 있는 것들을 가르쳐주세요. 아이들은 실뜨기 하나만 가르쳐줘도 한참 재미있게 놉니다. 아무리 포켓몬을 잡는 게 재미있어도 친구와 노는 것보다 좋을 수는 없는 법이니까요.

다음은 교실놀이를 운영하면서 느꼈던 주의할 점입니다.

교실놀이, 이것만 주의하세요

1. 규칙이 단순한 놀이가 좋아요.

규칙이 단순해서 배우는 속도가 느린 아이도 쉽게 익힐 수 있는 것이 좋습니다. 룰을 익히기 어려운 체스나 바둑, 장기 같은 놀이는 기본적으로 교실에서 다 같이 놀기에 적당하지 않습니다.

2. 교사가 함께할 수 있는 놀이여야 합니다.

아이들은 잘하고 교사는 못하는 놀이보다는 아이나 어른 할 것 없이 쉽게 어울릴 수 있는 놀이가 좋습니다.

3. 누구나 다 아는 놀이를 살짝 응용하세요.

놀이의 규칙을 직접 만들게 하면 아이들의 창의력도 키울 수 있지요. 예를 들어 가위바위보는 이기기 위한 놀이라고 알고 있지만, 이를 거꾸로 '지는 가위바위보'로 하면 정말로 재미있어 한답니다.

4. 위험하거나 옆 반에 피해를 줄 수 있는 놀이는 하지 않습니다.

안전사고 이야기에서도 강조했지만 교실에서는 일체 위험한 행동을 하지 않아야 합니다. 물론 뛰어다니거나 소리 지르는 등 다른 반에 피해를 주어서도 안 되겠지요.

다음은 제가 비오는 날 주로 했던 교실놀이들입니다.

교실놀이로 아이들 마음 사로잡기

- 림보: 긴 줄넘기용 줄만 있으면 어디서나 할 수 있는 놀이지요. 교사가 아이들과 같이 하면 아이들의 반응이 폭발적입니다.

- 참참참: 일렬로 학생들을 세우고, 맨 앞에 있는 학생부터 참참참을 하여 몇 명이나 이기는지 셉니다.

- 콩불기: 콩알을 입으로 부는 경기로 힘껏 불어 누가 가장 멀리 갔는지 잽니다. 두레별로 이어불기를 해도 재미있어요.

- 탁구공 불기: 콩 불기를 탁구공 버전으로 업그레이드시킨 놀이입니다. 교실 바닥에 분필로 크게 사각 네트를 그리고, 그 안에 이름이 적힌 탁구공을 집어넣습니다. 제한시간 안에 불어서 상대편 아이의 이름이 적힌 탁구공을 내보냅니다.

- 땅따먹기: 분필 조각들을 나눠주고, 교실 바닥에서 땅따먹기를 하게 합니다.

- 자석 밀기: 책상을 일자로 길게 붙인 다음 자석을 힘껏 밀어서 누가 멀리 가나 시합합니다.

- 전체 제로 게임: 큰 원으로 동그랗게 앉은 뒤 돌아가면서 숫자를 부릅니다. 아무도 안 걸리면 어떻게 하냐고 물어본 선생님도 있는데, 그렇게 되면 아이들이 알아서 새로운 규칙을 만들어낸답니다.

✎ 모눈종이에 삼각형 그리기: 가위바위보를 해서 이길 때마다 직선을 하나씩 그리고, 제한 시간이 끝날 때까지 많은 삼각형을 그린 학생이 이깁니다.

✎ 침묵의 풍선치기: 바닥에 동그랗게 두레별로 모여 앉은 다음 풍선을 위로 쳐서 올립니다. 오랫동안 공중에 풍선을 띄워두는 두레가 이깁니다. 손을 풀지 않기, 웃지 않기, 소리 내지 않기 등 제한조건을 하나씩 늘려갑니다.

✎ 파리채 놀이: 저학년 국어 시간이나 고학년 사회, 영어 시간에 활용할 수 있는 놀이입니다. 칠판에 수업 시간에 배운 여러 단어를 뒤죽박죽 써놓고 설명을 읽어줍니다. 학생들은 교사의 신호와 함께 칠판으로 달려가 설명에 맞는 단어를 파리채로 때립니다.

✎ 손 잡고 일어서기: 학기 초에 학급 세우기나 모둠 세우기를 위해 할 수 있는 놀이입니다. 처음엔 짝과 손을 엇갈려 잡고 바닥에서 일어납니다. 잘 되면 네 명이서 가마를 태울 때처럼 손을 엇갈려 잡고 일어나게 합니다. 이렇게 해서 학급 전체가 함께 손을 잡고 일어날 때까지 놀이를 반복합니다.

사후에 평가회 갖기

놀이를 하고 재미있었던 점, 아쉬웠던 점 등을 이야기합니다.

교사가 준비하기에 복잡하고 어려운 것은 안 하느니만 못 합니다. 놀이든 학급 운영이든 준비하는 과정에서 지치게 되니까요. 아이들이 특별히 좋아하는 놀이는 규칙을 바꿔가면서 업그레이드 버전으로 몇 번이고 하면 됩니다. 새로운 놀이를 찾아내기 위해 교사가 골머리를 앓을 필요가 없지요.

아이들은 스스로 준비하는 교실놀이에
자부심을 가져요

저는 교사가 준비하는 놀이는 학기 초에 몇 번만 하고, 익숙해진 다음부터는 두레별로 돌아가면서 아이들이 놀이를 준비하고 진행까지 하게 했습니다. 지난번에 했던 놀이를 새롭게 업그레이드시켜서 친구들의 반응이 뜨거우면 준비한 두레에서는 몹시 행복해했고, 저 역시 크게 칭찬해 주었습니다.

놀고 난 다음에는 저를 포함해서 함께 오늘의 놀이가 어떤 점이 재미있었고 어떤 점이 아쉬웠는지 해당 두레에서 주관하는 사후 평가회를 반드시 가졌습니다. 림보를 하고 나서 평가회 시간에 "우리 선생님은 허리가 자주 아프니 선생님은 흑기사 찬스를 쓰게 해주자"라는 의견을 낸 학생도 있었답니다.

이런 과정이 반복되면 아이들은 자신들이 준비하는 교실놀이에 몹시 자부심을 갖게 됩니다. 저희 교실에서는 전날 두레가 모여서 놀이를 해보고 재미없는 부분들은 다시 보완하는 식으로 준비하는 아이들이 많았습니다.

이렇게 놀이를 자주 하다 보면 어느 교실에서나 아이들 웃음소리가 끊이질 않을 것입니다. 스마트폰을 들여다볼 시간도 없지요. 오늘 배운 놀이를 아이들끼리 다시 해보느라 말입니다.

놀이가 있는 교실에서 아이들은 행복해합니다. 자신들이 만든 놀이를 즐기는 친구들을 보면서는 뿌듯해합니다. 지켜보는 교사는 더 말할 것 없이 행복하겠지요. 고백하자면 저도 비오는 날을 기다렸습니다. 아이들이랑 놀고 싶어서요.

2장

교사가 행복한 수업,
아이들이 즐거운 평가

2장에서는 교사가 수업과 평가에서 느끼는 어려움과 고민을 주로 다루었습니다. 색다른 평가방법은 물론, 공부하는 습관이 되어 있지 않은 아이, 문장을 대충 읽는 아이, 불필요한 질문을 하는 아이, 수업 시간에 멍 하니 딴 생각을 하는 아이 등 선생님들이 수업에서 만나는 다양한 아이들의 모습과 고민들을 다루었습니다. 교사가 지루하고 재미없는 수업이면 학생들에게도 지루하고 재미가 없습니다. 교사 자신을 위해서라도 학생들과 재미있고 신나는 수업을 고민해야 할 것입니다.

Q
공부하는 습관이
잡혀 있지 않아요

수업을 하다 보면 공부하는 습관이 안 돼 있는 아이는 아무리 가르쳐줘도 소용이 없다는 걸 느낍니다. 어떻게 하면 공부하는 습관을 잡아줄 수 있을까요?

학습플래너 쓰기를 추천합니다. 계획적으로 생활하는 습관을 갖게 할 수 있어요. 학년 특성에 맞게 응용해 보세요.

선생님, 모든 아이들이 수업에 즐겁게 참여해 주면 얼마나 좋을까요. 하지만 수업에는 통 관심이 없고, 공부를 한 번이라도 해보긴 했나 싶은 학생들이 어느 교실에나 있습니다. 그들은 공부를 해본 적도 없을 뿐더러 어떻게 공부를 해야 하는지 배워본 적도 없지요. 그런데 이런 아이들이야말로 교사가 절대적으로 필요합니다. 이 아이들은 교사라는 등대만을 바라보고 걷는 아이들이니까요.

제가 만났던 한 학생의 엄마는 교육에 관심이 무척 많은 분이셨습니다. 교사들 사이에서 별명이 민간 장학사일 정도로 말이에요. 한번은 월말 가정통신문에 긴 답장을 보내주셨습니다. 그 내용은 이렇습니다.

선생님, 선생님이 해오시는 학급 경영 철학을 따르긴 했지만 솔직히 이렇게 해서 언제 효과가 나타날지 궁금했습니다. 그런데 시간이 지나자 정말 효과가 나타나더라고요.

며칠 전에 아이가 저녁을 먹고는 방에서 안 나오는 거예요. 궁금해서 설거지를 하다 말고 방문을 열어보았는데 헤드폰을 끼고 음악을 듣고 있더라고요. 잔소리를 하려다 말고 깜짝 놀랐습니다.

글쎄, 헤드폰 잭이 빠져 있는 거예요. 주변이 시끄러워 헤드폰을 끼고 공부하는 거였어요. 너무 놀랍고 기뻤습니다. 드디어 알아서 공부하는 때가 온 거지요.

한참 후에 아이가 일어서기에 무엇을 했냐고 물어봤더니,

"셀프학습 체크리스트 공부할 게 남아 있어서 그거 했어"라고 하더군요.

선생님, 아이가 이렇게 변화될 수 있다는 사실이 너무나 놀랍고 감사했습니다. 선생님의 가르침에 진심으로 감사드립니다. 선생님이 하시고자 하는 모든 학급 운영 방법에 전적으로 동의하고 따르겠습니다. 감사합니다.

가끔 저에게 최고로 꼽는 학급 운영 비법이 무엇인지 물어보시는 선생님들이 있는데, 그럴 때마다 저는 이 셀프학습 체크리스트를 꼽습니다. 이 사연처럼 어느 학년에서든 아이들이 눈에 띄게 변화되고 특히 모든 학부모에게 사랑받는 방법이니까요.

2014년 〈세상을 바꾸는 시간 15분〉에서 '학급을 경영하라'를 주제로 강연했을 때도 셀프학습 체크리스트를 소개했습니다. 그 방송을 보고 어느 대기업 임원분이 전화를 걸어 이렇게 말씀하시더군요.

기업에서는 매년 직원 교육에 엄청난 예산을 투자합니다. 직원들의 시간 관리와 자기계발을 위한 것이지요. 하지만 직원들이 좀처럼 변화되지 않는 걸 보면 그 교육 효과가 별로 없는 셈입니다. 선생님 강연을 보면서 셀프학습 체크리

스트가 무척 인상적이어서 전화까지 하게 됐습니다. 저의 딸이 초등학교 4학년인데 아이 수준에 딱 맞는 방법이더군요. 어릴 때부터 그런 자기 관리 능력을 배울 수 있다면 정말로 좋겠습니다.

그 이야기를 들으며 셀프학습 체크리스트의 힘을 다시 한 번 느꼈습니다. 셀프학습 체크리스트는 아이들의 학습 습관을 잡아줄 뿐 아니라 자신의 감정과 생각을 조절하는 능력, 시간을 아끼고 관리하는 능력, 미래를 계획하고 목표를 세우는 능력까지 기를 수 있습니다.

저는 저학년, 중학년, 고학년 모두 적용해 보았는데, 어느 학년에서든지 다음 양식으로 어렵지 않게 지도할 수 있었습니다. 시간 관리가 절대적으로 필요한 중고등학생은 같은 양식에 공부한 시간까지 함께 적게 합니다. 성인도 마찬가지로 같은 양식을 응용할 수 있습니다. B5 용지에 1년 분량을 복사해 두고 공책에 붙이게 하면 학생들이 알아서 챙깁니다.

공부가 쉬워지는 셀프학습 체크리스트 지도 방법

1. 계획은 숫자로 말해야 합니다.
'문제집 풀기'가 아니라 '수학 문제집 7쪽부터 9쪽까지 20문제 풀기'로 적게 합니다. 계획은 구체적인 숫자로 적었을 때 더 잘 지킨다는 것은 이미 여러 연구에서 밝혀진 사실이지요.

2. 반복해서 하는 것은 모두 적게 합니다.
예를 들어 월요일마다 수학 학습지를 하는 학생은 월요일 공부 칸에 '수학 학습지 풀기(4쪽)'처럼 적게 합니다.

3. 일주일 분량의 계획을 월요일 아침에 세우게 합니다.

한 주의 계획은 월요일에 세우고, 하루의 계획은 아침에 세우라고 하지요. 주말에 해오게 하면 안 해오는 학생들이 많기 때문에 월요일 아침 자습 시간에 체크리스트 작성을 하는 게 좋습니다.

4. 운동, 독서도 계획을 구체적으로 세우도록 합니다.

홀라후프 200개 돌리기, 자전거 타기 20분처럼 숫자를 넣어 운동 계획을 세우게 합니다. 마찬가지로 독서도 『나의 라임오렌지나무』 28쪽부터 48쪽까지 읽기'처럼 구체적으로 계획을 세우게 합니다.

5. 주말에는 반성하는 글을 쓰게 합니다.

주말에는 푹 쉬고 반성만 쓰게 합니다. 교사가 이를 읽고 격려하고 조언하면 아이들이 습관을 잡아가는 데에 크게 도움이 됩니다.

6. 일주일에 두 번만 확인하세요.

월요일: 일주일 계획과 주말 반성을 함께 확인합니다.

수요일: 계획을 잘 지키고 있는지 살펴봅니다.

7. 학부모 확인란도 필요해요.

학부모 상담 시간이나 교육과정 설명회, 월말 학부모통신에 셀프학습 체크리스트를 꼼꼼하게 살펴봐주길 부탁해야 학부모들도 관심을 갖습니다.

8. 학교숙제와 학원숙제는 공부 칸에 적게 합니다.

숙제도 공부입니다. 학원숙제나 학교숙제 모두 공부 칸에 적게 합니다.

9. 작은 성취를 크게 칭찬합니다.

습관은 강요해서 되는 것이 아닙니다. 자신과의 약속을 잘 지킨 것을 칭찬하면 학생들이 더욱 노력합니다. "자신과의 약속을 지키는 사람은 위대한 사람이 될 자격이 있다"와 같은 말을 자주 들려줍니다.

10. 꾸중하거나 벌을 주지 않습니다.

스스로 해야 할 일을 억지로 강요하는 것은 좋은 지도 방법이 아닙니다. 대신 잘하는 아이가 눈에 띌 때 그 순간을 놓치지 않고 크게 격려해 주는 것이 더 효과적이에요.

11. 마감 시한이 넉넉한 숙제를 내주세요.

오늘 내고 내일까지 해오는 당일 숙제 대신 3일 후, 일주일 후, 2주일 후로 기한을 넉넉하게 주세요. 그러면 아이들은 그에 따라 셀프학습 체크리스트를 채워가며 계획을 세우게 됩니다.

이렇게 몇 달만 지도해도 셀프학습 체크리스트가 습관으로 자리 잡습니다. 그러고는 아이들의 눈빛이 할 수 있다는 자신감으로 단단해지는 때가 찾아옵니다. 자신의 힘을 믿는 아이들은 어려운 공부도 얼마든지 해냅니다. 학습이 더딘 아이들은 배움을 즐기게 되고, 학습이 빠른 아이들은 친구들을 가르쳐주게 되지요.

시간을 관리하는 공부 습관

셀프학습 체크리스트의 효과는 어른에게도 마찬가지로 작용합니다. 무언가 이루어야 할 목표가 있으면 같은 방법으로 꾸준히 노력하면 됩니다. 시간을 마음대로 관리할 수만 있다면 누구든 원하는 것을 이룰 수 있습니다. 제 책들이 바로 그 증거입니다.

저는 2013년에 『학급 경영 멘토링』과 『기적의 수업 멘토링』을 썼고, 2014년에는 전북교육청 교육전문직 시험을 보면서 동시에 『행복한 진로 교육 멘토링』을, 2015년에 바쁜 교육전문직 생활을 하면서 『선생 하기 싫은 날』을 썼습니다. 짧은 시간에 많은 책을 어떻게 썼는지 묻는 분들도 많지만, 이 책을 읽고 계시는 독자들은 그 까닭을 눈치채셨을 겁니다.

저는 책을 쓸 때 먼저 전체 원고의 분량을 계산합니다. 예를 들어 A4 150장 분량일 경우, '일주일에 3번, 하루에 두 시간, 시간당 A4 3장'이라는 목표를 세웁니다. 계산대로라면 일주일에 10장, 한 달이면 40장, 네 달이면 160장을 쓸 수 있지요. 중간에 이런 저런 사정이 생겨도 넉넉하게 다섯 달이면 A4 150장 분량의 책 한 권을 충분히 쓸 수 있습니다. 아이들과 함께 경험했던 셀프학습 체크리스트의 힘이 지금의 저에게도 매우 크게 쓰이는 셈입니다.

선생님, 공부는 곧 습관입니다. 잘 가르치는 것 못지않게 좋은 습관을 갖도록 이끌어주는 것도 중요합니다. 좋은 습관은 평생을 두고 아이 곁을 지키는 든든한 자산이 되어줄 겁니다. 선생님의 자녀와도 꼭 활용해 보셨으면 좋겠습니다.

'끝까지 포기하지 않기.'

이것 하나만 기억하면 됩니다.

선생님의 자녀가, 선생님의 학생이, 그리고 선생님이 변화되는 것을 직접 목격하실 거예요.

셀프학습 체크리스트 양식

○ 잘 지킴 △ 보통 × 지키지 못함

	월		화		수	
공부				○		
				△		
				×		
독서						
운동						

	목		금		주말 반성
공부				○	
				△	
				×	
독서					부모님 확인
운동					선생님 확인

Q

아이들이 평가를
두려워해요

평소에 어떻게 하면 좋은 수업을 할 수 있을지 많이 고민합니다.
그런데 수업이 끝난 다음 잘 배웠는지 확인하기 위해 단원평가
라도 볼라치면 학생들이 심한 거부반응을 보입니다. 어떻게 해
야 학생들이 평가를 두려워하지 않을 수 있을까요?

A 평가의 형식을 달리하면 얼마든지 재미있게 할 수 있습니다. 장소·도구·형식을 살짝 바꿔서 평가에 대한 두려움을 덜어주세요.

한 번은 학생들에게 물어보았습니다.

"단원평가 싫은 사람 손 들어봐."

모든 학생이 손을 들었습니다.

"왜 싫은데?"

"단원평가 못 보면 엄마한테 혼나요."

"긴장되고 스트레스가 쌓여요."

"그러면 그 시간이 즐거워지면 어떨까?"

"에이, 단원평가도 시험인데, 그 시간이 어떻게 재미있어질 수 있어요. 말도 안 돼요."

"아니야. 말이 될 수 있어. 내가 보여줄게."

아이들이 평가를 즐기게 만든 아이디어들

저희 교실에서는 과목별로 단원마다 평가를 했습니다. 그런데 그때마다 스트레스를 받는다면 아이들이 고달파서 어떻게 살겠어요. 고민 끝에 운동장, 교실 앞 복도, 교실 바닥 등 다양한 곳에서 평가를 했습니다. 장소만 바꾼 게 아니라 시험지와 연필이라는 공식도 깼습니다.

"오늘 과학 단원평가 준비했지? 신발 갈아 신고 운동장에 모이도록! 시간은 정확하게 5분 줄 거야. 빨리 빨리 움직여야 돼."

아이들은 어리둥절해 했지만 제가 시험지와 교과서를 챙기는 모습을 보자 얼결에 따라나섰습니다. 그렇게 해서 과학 단원평가를 보러 모인 곳은 운동장 조회대 앞이었습니다.

아이들을 두레별로 길게 서게 했습니다.

맨 앞은 두레장, 그 다음은 나눔이, 그 다음은 깔끔이, 그 다음은 기록이. 첫째 주자인 두레장 셋을 나오게 하고는 문제를 불러주었습니다. 맞추면 앞으로 한 발, 틀리면 뒤로 한 발. '한발뛰기 단원평가'였습니다. 세 문제를 풀면 주자를 바꾸는 식으로 20문제를 풀었습니다. 한발뛰기 단원평가가 끝나자 몰려와서 모두들 입을 모아 말했지요.

"선생님, 다음 단원평가는 언제 봐요? 빨리 보고 싶어요."

평가를 싫어하는 학생들의 마음이 누그러지면 평가를 통해서 배운 것을 확인하고 공부하는 기회가 더욱 넓어지게 됩니다.

다음은 평가를 두려워하던 학생들의 마음을 열어준 몇 가지 평가 방식입니다.

☑ 릴레이 퀴즈

두레별로 한 줄로 길게 앉게 합니다. 맨 앞 학생이 한 문제를 풀고 문항 옆에 이름을 적은 다음, 뒤에 앉은 학생에게 시험지를 넘깁니다. 두 번째 학생도 한 문제를 풀고 다음 학생에게 시험지를 넘깁니다. 맨 뒷자리에 앉은 아이는 문제를 풀면 맨 앞으로 가져다줍니다. 끝난 뒤 모여서 어려 웠던 문제를 서로 가르쳐주고 배우게 합니다.

이때 문항에 상중하를 표시해 두고 정해진 개수만큼 풀게 하면 일부 학 생이 쉬운 문제만 골라서 푸는 일이 없어요.

☑ 둘이 살짝 퀴즈

가위바위보를 해서 이긴 학생은 짝수 문제만, 진 학생은 홀수 문제만 풀 게 합니다. 문제를 다 풀면 친구에게 가르쳐주게 합니다.

☑ 스피드 퀴즈

전체를 동그랗게 앉힙니다. 한 학생이 첫 번째 학생에게 문제를 내고 맞 히면 다음 학생에게로 걸어가서 다음 문제를 냅니다. 문제를 내는 학생 은 상대가 맞히면 계속 옆으로 한 칸씩 가면서 문제를 내고, 중간에 틀 린 학생이 나오면 틀린 학생이 이어서 문제를 냅니다. 지난번 스피드 퀴 즈보다 몇 개 더 맞혔는지 향상점수를 기록하면 남과 겨루지 않고 자신 과 경쟁하게 된답니다.

☑ 오픈 북 찬스

제한시간 안에 모르는 내용을 책에서 찾아보게 합니다. 학생들이 짧은 시간에 집중해서 어려운 문제를 공부할 수 있습니다.

우스갯소리지만 초등학교 1학년 교실에서 받아쓰기를 할 때 공책을 가리는 아이는 잘하는 아이, 가리지 않는 아이는 못하는 아이라는 말이 있습니다. 초등학교 1학년인데도 평가는 나 혼자 잘해야 좋은 것이라는 생각을 하기 때문입니다. 바로 이 생각이 학생들에게 평가를 부담스럽게 만듭니다. 나 혼자 잘해야 하는데, 나만 잘하기 어려우니까요. 내가 얼마나 나아지고 있는가, 배운 것을 얼마나 잘 이해하고 있는가를 목적으로 해야 평가를 대하는 학생들의 마음가짐도 달라집니다.

재미있는 수업, 재미있는 평가

평가에 대한 거부감을 덜어내기 위해서는 역설적으로 평가에 많이 노출되어야 하고, 평가가 자연스럽게 수업의 연장선에 놓여야 합니다. 간혹 수업 시간에 잘 듣는 것 정도면 충분하지 않냐, 묻는 선생님들이 있지만 결코 그렇지 않습니다.

아이들은 배운 내용을 정확하게 이해하고 있는지 적절한 피드백과 도움을 받을 때 다음 단계로 한 걸음 더 나아갑니다. 평가는 수업의 완성이고, 기대하는 적절한 성과를 내지 못한 학생은 그 원인에 맞는 지도가 반드시 뒤따라야 하는 것이지요.

이런 형태의 평가를 시도했던 것도 그래서였습니다. 평가는 배운 것을 익히기 위한 것이어야 하고, 향상되는 정도를 보는 것이어야 하니까요. 그렇다면 굳이 다른 친구에게 답을 숨길 필요도 없고, 반듯하게 자리에 앉아서 시험지를 풀 필요도 없는 것이지요.

평가가 부담스럽다는 생각을 떨쳐내면 학생들도 자연스럽게 다양한 의견을 제시합니다. 위에 소개한 '내 짝꿍 찬스'나 '오픈 북 찬스'도 학생들이 건의했던 것입니다. 학생들은 스피드 퀴즈 전용 부저를 사달라고도 했습니다. TV 퀴즈 프로그램에서 사용하는 부저인데, 부저를 누군가 먼저 누르면 다른 이는 누를 수 없게 돼 있습니다. 가격이 비싸서 학년 공통 경비로 구입했는데 1년 내 재미있게 활용했지요.

아이들이 평가를 부담 없이 받아들여야 '이번에 조금 못했어도 다음에는 잘할 수 있다'는 마음으로 노력하게 됩니다. 재미있는 수업만큼 재미있는 평가에도 도전해 보세요. 학생들이 평가를 기다리는 날도 올 것입니다.

Q
평가,
꼭 필요한가요

수업을 열심히 했으면 그것으로도 충분하지 않을까 생각합니다. 평가는 준비하는 것도 부담이 되고, 학생들도 싫어합니다. 평가를 꼭 해야 할까요?

A 평가는 수업의 완성입니다. 평가의 중요성은 아무리 강조해도 지나치지 않아요.

선생님, 논어의 첫 구절은 저 유명한 '학이시습지(學而時習之)'입니다. 배우고 익히는 것이 곧 학습인 것이지요. 배운 것을 자신의 것으로 익히는 과정이 없으면 학습은 제대로 이루어지지 않습니다. 얼마나 익혔는지 살펴보는 의미에서 결국 평가는 수업의 완성인 것이지요. 이때의 평가란 외우고, 쓰고, 말하고, 토론하고, 쪽지시험을 보고, 짧게 답하는 모든 것을 말합니다. 객관식 시험은 물론이고 서술형 평가, 보고서 쓰기, 논술까지 모두 포함됩니다.

사실 좋은 수업을 준비하는 것 못지않게 좋은 문제를 내는 것 역시 어려운 일입니다. 교과서 밖의 지문을 만들려면 신문과 각종 자료를 찾아야 하고, 채점 기준을 구성해야 하고, 문항을 작성해야 하는 등 시간이 한참 걸립니다.

게다가 서술형 문제는 채점하기도 어려워서 학생별로 발달된 정도까지 기록하려면 밤늦게까지 일해도 부족하지요.

평가는 배운 걸 다시 끄집어내는 경험

저는 국어, 수학, 사회, 과학 등은 단원마다 단원평가를 했고, 단원평가에서 목표점수 85점 이하인 경우는 재시험, 재시험에서 성적이 80점이 안 나온 경우는 3시를 치르게 했습니다. 거기에 한 달에 한 번은 1천자 이상 에세이, 프로젝트 계획서, 중간보고서, 최종보고서까지 제출하게 했습니다. 학생은 물론이고 저도 쉽지 않은 시간이었습니다.

그러나 교사가 좋은 평가를 준비하고, 피드백을 열심히 하면 학생들도 놀라울 정도로 성장합니다. 적절한 방향으로 틔워주면 아이들 스스로 사고하는 힘을 키우고, 성장하는 길을 선택하는 것이지요.

생각하는 힘이 키워진 아이들은 논술형, 서술형, 단답형, 객관식 그 어떤 문제를 갖다 줘도 무리 없이 잘 해냅니다. 평가란 정말로 얼마나 중요한 것인지 모릅니다. 그 중요성은 아무리 강조해도 지나치지 않습니다.

위키피디아에서는 테스트를 통해 얻을 수 있는 효과인 'Testing effect'를 이렇게 설명하고 있습니다.

The Testing effect is the finding that long-term memory is increased when some of the learning period is devoted to retrieving the to-be-remembered information through testing with proper feedback. The effect is also sometimes referred to as retrieval practice, practice testing, or test-enhanced learning.

시험 효과(Testing effect)는 시험과 적절한 피드백을 통하여 일정 학습 기간에 기억되어야 할 정보를 끌어내는 데 집중할 때, 장기기억이 증가한다는 사실을 발견한 것입니다. 이 효과는 인출연습, 연습시험, 또는 시험 강화학습이라고도 합니다.

물론 여기서 말하는 시험 효과는 처음 측정한 값에 영향을 받아 다음 측정값이 달라진다는 내용을 말하는 것이 아닙니다. 학습에 따른 피드백으로서 평가의 중요성을 입증한 시험 효과를 말하는 것입니다. 많은 연구자들이 'Testing effect'를 이미 수없이 증명했습니다. 배운 것을 다시 한 번 끄집어내는 경험을 하는 것이야말로 기억에 오래 남는 가장 좋은 방법이라는 것을 말입니다.

2006년 워싱턴대학교에서는 학생들에게 과학에 관련된 에세이를 읽게 했습니다. 한 그룹의 학생에게는 에세이를 반복해서 읽게 했고, 다른 그룹은 시험을 보았습니다. 이들을 모두 테스트해 보았습니다.

5분 후에 바로 시험을 봤는데, 반복해서 읽은 그룹이 점수가 좋았습니다. 하지만 놀랍게도 1주일이 지난 다음에는 결과가 역전돼 있었습니다. 반복학습을 한 학생들은 40퍼센트를 기억하고, 시험을 본 학생들은 60퍼센트를 기억하고 있었지요. 즉 가벼운 테스트여도 학생들은 평가를 거치면서 오래 기억하고 배운 것을 정확하게 익히게 된 것입니다.

공부를 잘한다는 것은 곧 주어진 시간 안에 자신이 알고 있는 것을 정확하게 끄집어낼 수 있는 '아웃풋(out put)'의 능력이기도 합니다. 필요한 순간에 적절한 것을 끄집어내려면 그만큼 정확하게 알고 있어야 가능한 일이니까요. 시험을 치르면서 문제를 해결하기 위해 머리를 쓸수록 학생들의 머릿속에 오래 남는 것이지요.

학생들의 올바른 성장을 이끄는 좋은 평가

특히 학생들의 기본적인 학습능력을 정확하게 파악하는 것은 수업의 방향과 활동 그리고 평가를 계획할 때 교사가 고려해야 하는 가장 중요한 요인 가운데 하나입니다.

다음은 제가 저학년 학생들을 가르칠 때 만든 체크리스트입니다. 국어 수업을 준비할 때마다 체크리스트를 확인하면서 수업 시간에 어떤 학생에게 더 도움을 주어야 할지 고민하곤 했지요. 이런 체크리스트는 수학, 국어, 영어는 물론이고 모든 교과에서 학생의 기본 학습능력의 향상을 파악하는 수단으로 유용하게 활용할 수 있습니다.

2학년 1반 국어과 활동 체크리스트

순	이름	연필 바르게 쥐기	자형에 맞게 쓰기	정확한 발음으로 읽기	겹받침 쓰기	틀린 단어 찾기	짧은 글 짓기 (20자)	200자 작문
1	지수	○	○	○				
2	영민	○	△	×				
3	재혁	△	★	★				
4	설혜	★	★	★				
⋮								

가끔 평가는 중요하지 않다고 이야기하는 선생님들도 있습니다. 그러나 훌륭한 수업이 있듯이 좋은 평가가 있는 것이고, 우리는 좋은 평가에서 뛰어난 성과를 거두기를 기대하며 학생들을 가르쳐야 합니다.

수업 시간에 배우는 것이 교사와 학생 사이의 상호작용으로 이루어진다면, 익히는 것은 학생의 머리와 손끝에서 완성됩니다. 어느 과목이든 평가를 소홀히 해서는 안 됩니다. 세심하게 문제에 집중해서 최선을 다할 수 있도록 지도해야 하고, 논술부터 객관식에 이르는 모든 문제 유형을 경험하여 그 어떤 평가에서도 자신 있도록 가르쳐야 합니다.

Q

똑똑한 아이인데,
문제를 대충 풀어요

수업 태도가 나쁘지 않고 학습능력도 우수한 편인데, 문제를 대충 풀어서 점수가 나쁜 아이가 있습니다. 다 알면서도 건성으로 풀어서 틀리는 것을 보면 안타까워요. 문제를 대충 푸는 아이는 어떻게 지도해야 하나요?

A 문제에 집중하고 문제 푸는 방법을 구체적으로 가르쳐주세요.

선생님, 정말로 알고 있는 문제라면 아이들은 왜 틀릴까요? 아이들에게 물어보면 대부분은 "실수했어요"라고 말하지요. 정확한 의미에서 이건 실수의 문제가 아니라 집중의 문제입니다. 정해진 시험 시간에 끝까지 집중하지 못해서 생기는 문제 말이에요.

모든 아이들이 시험을 잘 보고 싶어 하지만 시험을 어떻게 보아야 하는지 방법은 배우지 않습니다. 더 정확하게는 시험을 볼 때 어떻게 집중하는지를 배워본 적이 없지요. 저는 문제 푸는 방법도 따로 시간을 내어 지도했습니다.

이렇게 지도하는 것과 하지 않는 것에는 큰 차이가 있으니, 꼭 한번 시도해 보시기 바랍니다.

문제를 대충 푸는 아이 지도하기

1. 출제자의 의도 생각해 보기

문항을 읽고 무엇을 묻는 문제인지 함께 생각해 보게 합니다.

〈예〉 다음 중 흥선대원군의 개혁 정책이 아닌 것을 고르시오.

교사: 이 문제에서 묻고 있는 것은 무엇일까?

학생1: 흥선대원군의 개혁 정책이 무엇인지 묻고 있어요.

학생2: 흥선대원군이 개혁을 했다는 것을 전제로 해요.

학생3: 개혁의 뜻을 알아야 해요.

2. 완성된 문장으로 답하기

〈예〉 흥선대원군의 개혁 정책을 세 가지 쓰시오.

이때 답만 간단히 적는 게 아니라 "흥선대원군의 개혁 정책은 ~이다"와 같은 완성된 문장으로 답하게 합니다.

3. 수학은 단위까지 답하기

수학은 기호와 숫자를 약속해 놓은 학문입니다. 단위까지 써야 정답이 완성되는 것이라고 지도합니다.

4. 5분 동안 전체 문제지 읽어보기

학생 열 명이 있으면 열 명 모두가 곧바로 1번 문제부터 풉니다. 그래서 시간이 모자랄 경우 아이들이 가장 많이 답을 못 적는 번호가 끝번호이지요. 제가 가르친 한 학생은 모든 과목의 시험에서 항상 만점을 맞았습니다. 어떻게 실수 한 번 하지 않을까, 궁금해서 유심히 살펴본 적이 있습니다. 이 아이는 시험지를 받은 다음 바로 푸는 게 아니라 5분 정도 문제를 읽어본 다음에야 풀더군요. 다른 아이들보다 늦게 시작해도 그 사이 머릿속에서 답을 정리한 다음이니 실수가 없을 수밖에요. 저는 이 아이 이야기를 들려주고, 5분 동안은 문제지를 읽는 데 집중하게 했습니다.

5. 문항에 난이도 표시하기

어려운 문제는 ☆, 풀어볼 만한 문제는 ○, 쉬운 문제는 △를 표시하게 합니다. 난이도 표시를 하고 쉬운 문제를 먼저 풀게 하면 문제를 꼼꼼하게 살펴볼 뿐 아니라 시간 안배까지 하게 됩니다.

6. 생각난 아이디어 메모하기

문제를 읽어보면서 떠오른 아이디어나 힌트를 시험지의 한쪽 공백에 바른 글씨로 적게 합니다. 계산을 할 때도 누가 봐도 알아볼 수 있을 만큼 깨끗한 글씨로 적게 합니다.

7. 밑줄을 치면서 문제 읽기

연필로 밑줄을 치며 읽게 하는 것은 집중력이 약한 아이에게는 매우 중요한 읽기 전략입니다. 목적을 가지고 글을 읽으면 좀 더 집중할 수밖에 없기 때문입니다. 가끔 귀찮다고 모든 문장과 단어에 밑줄을 획획 긋는 아이들도 있는데 이런 학생들은 불러서 지우고 다시 줄을 긋게 합니다.

8. 진지한 자세로 풀기

글씨를 예쁘게 쓰지 않은 학생이나 이름을 쓰지 않은 학생은 읽기 어려운 글씨 아래에 정확한 글씨로 다시 쓰게 하고 이름도 반듯하게 적게 합니다. 자신의 시험지에 책임을 진다는 자세로 진지하게 풀도록 지도하는 것입니다.

9. 어려운 단어 표시하기

간혹 당연히 알 거라고 생각한 단어를 학생들이 전혀 이해하지 못할 때가 있습니다. 이건 문제를 풀 때도 마찬가지입니다. 예를 들어 '일부', '대조', '상황'처럼 문항에 자주 등장하는 단어의 뜻을 몰라서 문제를 정확하게 이해하지 못하는 학생들도 있습니다. 학생들에게 어떤 단어를 이해하지 못했는지 형광펜으로 표시하게 하고, 나중에 이를 꼼꼼하게 설명해 줍니다. 이 과정을 몇 번이고 반복하다 보면 교사도 학생이 이해하지 못하는 어려운 단어 대신 학생 수준에 맞는 적절한 단어로 문제를 출제하게 되겠지요.

10. 학생의 말로 표현해 보기

학생들이 어렵다고 느낀 문제는 풀이를 해주어야 합니다. 이때 교사가 자세하게 설명하는 것보다 학생들이 문제를 다시 말로 표현해 보게 하는 것이 좋습니다. 앞에서 설명한 일종의 아웃풋 과정인 셈입니다. 이 과정에서 학생들이 문제를 얼마나 정확하게 이해했는지 엿볼 수 있습니다.

〈예〉 2 : 3 = 6 : □

교사: 이 문제를 가장 어려운 문제인 '상' 수준이라고 ☆ 표시한 학생들이 많았어요. 이 문제는 어떤 것을 묻고 있을까요?

학생1: 이 문제는 2와 3의 비를 먼저 보여준 다음에, 다시 그걸 6과 □의 비로 나타내보게 하는 거예요.

학생2: 비의 크기를 묻는 문제인 것 같아요. 즉, 2가 6만큼 세 배로 커졌다면 뒤에 오는 □는 3에 비해서 얼마나 커져야 하는 건가 묻는 거죠.

이런 지도를 꾸준히 하다 보니 저희 반 학생들의 시험지는 번호마다 상중하 표시, 중요 단어는 형광펜으로 표시, 여백에는 깔끔한 글씨로 계산 과정, 떠오른 힌트 등을 적어 넣어 빈자리 없이 빼곡했습니다. 이렇게 풀게 하면 어떤 문제를 풀어도 처음부터 끝까지 집중할 수밖에 없습니다. 알면서 틀리는 일이 확연하게 줄어드는 것은 말할 것도 없는 일이지요.

집중하지 못하는 아이에게는 집중할 수 있는 방법을 지도하면 됩니다. 집중하는 방법을 가르쳐주지 않고 아이 스스로 변화되기를 기대하는 것은 좋은 방법이 아닙니다. 아이에게 필요한 것은 선생님이 손을 내밀어주고 친절하고 자세하게 지도해 주는 것이지요.

문제에 집중해서 풀 수 있는 다양한 전략들을 지도한다면 학생들의 변화되는 모습을 볼 수 있을 것입니다.

Q

수업 시간에 무기력한 아이는
어떻게 지도할까요

수업에 좀처럼 참여하지 않는 아이가 있습니다. 아무리 재미있는 수업을 해도 잠시뿐이고, 곧 다시 무표정하고 재미없는 얼굴로 돌아갑니다. 이렇게 무기력한 아이를 어떻게 지도할 수 있을까요?

A 무기력한 학습 태도는 스스로를 낮춰 생각하는 태도와 관련이 깊습니다. 학생들에게 작은 성취를 맛보게 하고, 성장하고 있다고 믿도록 도와주세요.

선생님, 심드렁한 학생들이 한둘만 있어도 수업 분위기는 침체되게 마련이지요. 특별히 공 들여 준비한 수업인데도 재미없다는 둥, 전에 했던 것과 똑같다는 둥 하면 교사는 맥이 빠집니다. 그래서 많은 교사들이 무기력한 학습자를 어떻게 지도해야 하는지 고민합니다.

이는 수업 개선 관련 강의를 했을 때 선생님들이 가장 자주 묻는 질문 가운데 하나이기도 합니다. 그러나 모든 일에는 그 원인이 있습니다. 학생들이 수업 시간에 무기력한 것도 그렇습니다. 특히 초등학생인 경우는 더욱 그렇습니다.

학습된 무기력의 원인은 다음과 같이 몇 가지로 설명할 수 있습니다.

무기력한 학습자, 무엇 때문일까

첫째, 과목 자체에 흥미가 없는 경우입니다. 무엇을 어떻게 해도 어렵게만 느껴지는 과목도 있습니다. 이런 학생을 위해서 교사가 많은 배려를 해야 하고, 세심하게 신경 써야 하지요.

둘째, 교사와의 신뢰관계가 형성되지 않았을 때입니다. 싫어하는 교사의 수업은 좀처럼 흥미를 갖지 못하지요. 교사와 관계가 좋아지면 과목에 관한 흥미도 자연스럽게 회복됩니다.

셋째, 가정환경, 스트레스, 좋은 성적을 내야 하는 부담 등 다양한 심리적 요인이 원인인 경우입니다. 교사가 학생들의 내면을 세심하게 들여다볼 필요가 있습니다.

넷째, 실패를 거듭 경험했기 때문입니다. 무엇을 해도 안 된다는 생각이 강한 학생들은 시도조차 하지 않으려 합니다.

긍정심리학의 대가 마틴 셀리그만(Martin Seligman)은 1964년에 이와 관련된 실험을 합니다. 개를 우리에 가두고 전기를 흘려보낸 다음 반응을 살펴본 것이지요. 한 우리에는 우리 앞의 패널을 코로 누르면 전기 충격이 사라지게 했고, 다른 우리에는 패널을 설치하지 않아 충격을 그대로 받게 했습니다. 하루가 지난 뒤, 스위치를 누르면 전기가 흐르는 상자에 개들을 가두고 다시 실험을 했습니다.

패널이 있던 우리의 개는 전기가 흐르자 칸막이를 넘어 전기가 흐르지 않는 옆 칸으로 도망갔습니다. 하지만 패널이 없어서 전기충격을 그대로 받아야 했던 우리의 개들은 전기가 흐르는 동안 도망가는 것을 포기하고 그대로 고통을 받았습니다. 이 실험에서 개들이 도망가지 않고 포기한 현상을 이른바 '학습된 무기력(learned helplessness)'이라고 부릅니다.

우리가 교실에서 만나는 무기력한 학습자들에게도 학습된 무기력의 경험이 있는 경우가 많습니다. 무엇을 해도 나는 안 된다고 믿는 학생의 내면에는 실패를 반복해서 경험한 강력한 틀이 있는 셈입니다.

그런데 실험을 했던 셀리그만 교수는 또 하나의 이야기를 들려줍니다. 비관이 학습되듯이, 낙관도 학습된다고 말입니다. 셀리그만은 이를 '학습된 낙관주의(learned optimism)'라고 했습니다. 낙관을 연습하듯이 꾸준히 시도하면 스스로를 긍정적으로 믿게 된다는 것이지요. 우리가 교실에서 무기력한 학습자들에게 어떤 지도를 해야 할지 보여주는 이론이라고 생각합니다.

똑똑하지만 수업에 참여하지 않던 아이

어느 유명한 교수의 아들을 가르친 적이 있습니다. 아이는 영특했지만 수업 시간에 집중하지 않을 뿐더러 잘 참여하지도 않았습니다. 아이가 큰 소리로 "아, 재미없어. 시시하다"라고 말할 때마다 애써 준비한 것이 원점이 되는 것 같았습니다.

그런데 힘 빠지는 소리만 골라하던 아이가 어느 날 수학 시간에 툭 하고 던진 아이디어가 참으로 독특했습니다. 교과서에서 한 번도 보지 못한 새로운 해결 방법을 내놓았던 겁니다. 수업하면서 이 부분을 크게 칭찬했는데, 아이가 그게 좋았던 모양인지 다음에도 그 다음에도 새롭고 독특한 아이디어를 내놓더라고요.

그렇게 한 해가 지나갈 무렵, 아이의 아버지와 이야기할 기회가 있었습니다.

"저는 아이가 산만한 것을 잘 알지만, 그것에 화를 내지는 않았습니다. 대신 아이가 잘하는 것에 집중하려고 했습니다. 못하는 것에 집중하면 아이도 스트레스 받을 뿐 아니라 부모도 힘들 테니까요. 물론 생각은 그렇게 하고 있어도 부모인지라 아이가 잘하는 것보다 못하는 게 먼저 눈에 띄니 아이와 부딪칠 일이 많았습니다.

그런데 얼마 전에 아이가 자신은 아이디어가 기발하다고 하더군요. 자기가 아이디어를 낼 때마다 선생님이 좋아하신다고요. 그 말을 듣고 바로 이것이구나, 생각했습니다. 앞으로 저도 아이의 아이디어가 좋은 점에 집중해 보려고 합니다. 이렇게 노력하다 보면 아이가 어려워하던 것조차 나름의 방식으로 끌어올리는 때가 오겠지요."

그때 나눴던 대화가 저에게는 '학습된 무기력'에 관한 좋은 실마리가 되어주었습니다.

학습된 무기력, 이렇게 다가가자

1. 성취의 경험을 맛보게 합니다.

큰 목표를 이루는 것만 훌륭한 게 아니라, 작은 것을 해내는 것도 아이들에게는 대단한 일입니다. 셀프학습 체크리스트를 하루하루 하는 일도 아이들에게는 작은 성취가 되고 숙제를 매일 해내는 것도 성취일 수 있습니다. 작은 성취가 큰 성취로 가는 디딤돌이 되어줍니다. 교사가 먼저 학생들을 적극적으로 칭찬하고 격려하는 분위기를 만들어야 합니다.

2. 학생들이 자신의 강점을 찾아 서로 가르쳐주고 배우게 합니다.

학교에선 영어 단어를 많이 외우는 것이 훌륭하지만 사회에선 남들보다 셀카를 잘 찍는 것도 대단한 일입니다. 조금만 넓게 생각하면 그 어떤 것도 사회에선 훌륭한 재능으로 쓰이지요.

학생들이 서로 잘하는 것을 배우고 가르쳐주게 합니다. 영어, 수학을 잘하는 아이만 공부 잘하는 아이가 아니라 달리기 잘하는 아이도 공부 잘하는 아이이고, 피아노를 잘 치는 아이도 공부 잘하는 아이라고 인식을 바꾸게 됩니다. 이 과정에서 학생들의 자존감도 높아지게 되지요.

저는 학생들이 친구들에게 가르쳐줄 정도로 좋아하고 자신 있는 것을 칠판에 적은 다음, 이를 배우고 싶어 하는 친구들과 짝을 지어줬습니다. 수학 공부, 손글씨 쓰기, PPT 만들기, 높이뛰기, 피아노 치기, 셀카 잘 찍기까지 다양한 강좌들을 학생들이 직접 운영하였습니다.

친구가 가르치는 강좌를 선택해서 들으며 아이들끼리 사이가 좋아진 것은 물론입니다. 자기 강좌를 배우는 친구가 좋아할 수 있도록 수업을 준비하고, 수업이 끝나고 사탕을 보상으로 줄 정도로 열성적이었지요. 한번은 수학을 잘하는 아이에게 체육을 잘하는 아이가 이렇게 말하는 것을 보았습니다.

"난 네가 부럽지만 전만큼은 아니야. 오늘 수업은 네가 어려워하는 2단 멀리뛰기를 할 거야. 좀 어렵겠지만 내가 쉽게 가르쳐줄게."

이 말을 하는 아이의 표정은 매우 의기양양했지요.

3. 가치 있는 일을 하고 있다고 스스로 믿게 합니다.

사소한 일에도 가치를 부여하게 되면 일하는 이의 마음가짐이 달라집니다. 공부의 가치를 알지 못하면 자신이 만든 '할 수 없다'는 마음의 틀에서도 벗어날 수 없습니다. 그래서 공부는 가치 있는 일이며 발전적인 일임을 학생들이 알게 하는 것이 중요합니다.

저는 '공부를 왜 하지?', '내가 공부를 하면 세상은 어떻게 달라질까?' 등의 주제를 학생들에게 주고 1천 자 이상 에세이를 써오게 하고 발표하고, 토론도 하게 했습니다.

4. 나는 오늘도 성장한다고 믿게 합니다.

우리 뇌는 가소성이 있다고 합니다. 한쪽 뇌에 문제가 생기면 다른 쪽 뇌가 신경회로를 변경시켜 그 기능을 일부라도 대신할 정도로 말이에요. 그런데 우리 사회에는 머리 나쁜 사람은 평생 고생한다는 식의 인식이 팽배해 있습니다. 뇌는 언제든 성장할 준비가 돼 있는데도 말입니다.

아이들에게도 나무처럼 꾸준히 성장하고 있음을 믿게 해야 합니다. 성장하고 있다고 믿으면 지금 조금 못하는 것은 아무래도 상관없지요. 이렇게 꾸준히 지도하면 아이들이 이렇게 말하는 것을 보게 됩니다.

"오늘 단원평가가 좀 어려웠어요. 점수도 지난번보다 나빠요. 하지만 계속 노력하고 있으니까 다음엔 잘할 거예요."

실패를 바라보는 시각이 달라지는 겁니다. 이쯤 되면 낙관이 학습된 상태라고 봐야겠지요.

매일 조금씩 나아진다는 믿음은 학생에게도 중요하지만 교사에게도 중요합니다. 이미 여러 번 강조한 것이지만, 자신을 소중하게 여기고 가치 있는 일을 하고 있다고 믿는 교사는 쉽게 포기하거나 불평하지 않습니다. 앞을 향해 꾸준히 나아가고 있기에 잠시의 불편함은 얼마든지 참을 수 있는 것이지요.

선생님, 학생들도 스스로 만든 무기력의 틀을 깨고 나올 수 있도록 도 와주세요. 학생들이 교사가 되어 가르쳐보는 직접적인 경험도 필요하고, 칭찬과 격려 속에서 스스로 괜찮은 사람이라고 여기게 만드는 것도 필 요합니다. 그 어떤 것이든 학생들이 자발적으로 공부에 참여할 수 있도 록 최선을 다해 도와야 할 것입니다.

수학 성적이 형편없고
수준 차가 커요

반 학생들의 수학 점수가 형편없습니다. 부진 학생도 많고요.
구구단도 잘 모르는 아이가 있는가 하면, 경시대회 문제를 푸는
아이도 있는데, 이런 수준 차 때문에 수업을 하려면 여러 가지
로 힘듭니다.

A 수학 성적을 끌어올리려면 나선형 방식의 수업을 해야 합니다. 수준 차가 클 경우, 기본 공부는 함께하고 나머지 선택 활동을 다르게 해보세요.

사실 선생님의 고민은 다른 과목의 수업에서도 마찬가지입니다. 사회나 과학 역시 어떤 아이는 수준이 매우 높고 어떤 아이는 형편없을 테니까요. 그런데 학생들 사이의 수준 차가 유독 크게 느껴지는 과목이 수학입니다. 왜 그럴까요? 여러 이유가 있겠지만, 가장 결정적인 이유는 한국의 초등 수학이 가진 특성에 있습니다. 많은 것을 배워야 하고 또한 초등학생이 배우기에는 몹시 어렵다는 점 말입니다.

초등학생에게는 너무 어려운 수학

특히 초등학교 4학년은 학생들이 수학을 가장 어렵게 느끼는 시기로 손꼽힙니다. 예를 들어 이 시기에 학생들은 수학 시간에 '억'과 '조'를 배웁니다. 학생들로서는 명절에 세뱃돈으로 '만'이나 '십만' 단위의 돈을 본 것이 전부인데도 말이죠. 실제로 수학 수업 시간에 조가 어떤 수라고 생각하는지 묻자, 한 학생이 이렇게 답했습니다.

"우리 아빠가 숫자에 0이 열두 개 붙으면 그게 조라고 했어요. 평범한 사람은 평생 볼 일이 없고, 나라에서 예산 세울 때나 쓰는 거래요."

외국에서 살고 있는 한국인들에게 물어보면 하나 같이 입을 모아 말합니다.

"한국에서 살다 온 아이들은 다른 과목은 몰라도 수학만큼은 아주 잘합니다."

이 말에서 새겨들어야 할 부분은 '한국에서 살다 온 아이'입니다. 어려운 수학에 익숙한 한국 초등학생들에게 연산만 잘해도 되는 다른 나라 수학은 상대적으로 쉽게 느껴질 수밖에 없습니다.

문제는 다른 나라에서는 연산만 잘해도 되는 초등 수학이지만 한국으로 넘어오면 연산만 잘해서는 안 된다는 겁니다. 한국의 초등 수학에서 연산은 기본 중의 기본이니까요.

한국 학생들은 연산은 물론 수학적 원리와 추상적인 개념까지 문제 해결에 응용할 수 있어야 합니다. 고학년으로 올라갈수록 문제를 해결하기 위해 좀 더 높은 수학적 사고능력이 필요해지고 연산 말고 다른 영역에서도 고르게 잘해야 하니까요.

예전에 『기적의 계산법』 시리즈가 한창 인기를 끌던 적이 있습니다. 저도 교실에서 기적의 계산법을 지도했던 적이 있습니다. 어느 정도는 점수가 올라가는데 분명 한계가 있었습니다. 연산은 기본이고 도형이나 통계, 숫자와 수의 관계, 규칙도 알아야 하는데 연산 하나만 해결했으니 또 다른 문제가 남은 셈이었지요.

그런데 우리 수학 교과서는 전체 단원과 구성이 일직선으로 나열돼 있습니다. 앞에서 배운 게 뒤에 다시 나오지 않아요. 수학에 자신 없는 학생들 입장에선 그렇지 않아도 어려운데 잊어버리기까지 하니 더 어려울 수밖에요.

수학이 전보다 쉬워졌어요

2학년을 담임할 때였습니다. 진단평가를 봤는데 다른 반보다 수학 평균점수가 약 15점이 낮았습니다. 여러 가지 방법을 고민하던 끝에 마침 한국어로 번역된 핀란드 수학 교과서를 발견했습니다.

1년 동안 한국 수학 교과서와 핀란드 수학 교과서를 같이 지도했습니다. 그 결과 학년 말 평가에서 옆 반보다 수학 성적이 평균 5점 이상 높아졌습니다. 뒤처졌던 15점에, 앞선 5점을 합하면 무려 20점이 오른 셈입니다.

비슷한 방식으로 6학년 학생들을 가르쳤는데, 학기 초에 심각한 학습 더딤 학생이 무려 네 명이 있었습니다. 반 학생이 열둘인데 말이에요. 그런데 이 아이들 모두 학년 말 수학 평가에서는 가볍게 90점을 넘겼습니다. 이때 아이들이 입을 모아 한 말이 있습니다.

"수학이 전보다 쉬워졌어요."

다음은 제가 경험한 것을 토대로 정리한 수학이 쉬워지는 수업의 다양한 방법입니다.

수학이 쉬워지는 수학 수업

1. 교육과정을 나선형 체계로 구성합니다.

핀란드 수학 교과서는 우리 수학 교과서와 다루는 내용은 비슷한데, 나선형 체계로 돼 있습니다. 예를 들어 1단원이 '100까지의 숫자'일 경우, 이 단원에서 수만 다루는 게 아니라, 연산—도형—통계—그래프—규칙 찾기를 함께 다룹니다. 2단원인 도형 단원에서도 도형—연산—통계—그래프—규칙 찾기가 다 나옵니다.

한 학기가 끝날 때까지 모든 단원에서 수—연산—도형—통계—그래프—규칙 찾기가 반복되니 교과서만 열심히 풀어도 앞 단원에서 배운 내용까지 꾸준히 복습하는 셈입니다. 우리나라 수학 교과서처럼 앞에서 배운 내용이 뒤에서 나오지 않아 잊어버리는 일이 없지요.

우리 수학 수업에 핀란드 수학 교과서의 나선형 체계가 살짝만 녹아들어도 효과를 크게 거둘 수 있습니다. 교육과정을 재구성해서 한 단원 안에서 도형, 연산, 통계, 규칙 등을 반복해서 경험할 수 있게 지도합니다.

재구성을 위해 약간의 수고가 필요하지만 결과를 눈으로 보면 그 수고가 아깝지 않을 것입니다.

2. 다른 과목보다 관심을 갖고 시간을 조금 더 투자합니다.

제가 가르친 학급은 다른 반보다 언제나 국어 점수가 높았습니다. 어떤 학년을 가르쳐도 그랬습니다. 다른 선생님들에게서 담임 닮아서 그렇다는 말도 많이 들었는데 사실 제가 국어를 좋아하니 좀 더 자신 있게 가르칠 수 있어서 점수가 더 좋았던 것뿐입니다.

바꿔 말하면 교사가 얼마나 더 관심을 갖느냐에 따라 아이들의 성적이 얼마든지 달라질 수 있다는 뜻입니다. 교사가 수학 수업에 관심을 더 갖는 것으로도 학생들의 수학 성적이 크게 좋아질 수 있다고 생각하고 시간을 들여 관심을 기울이면 결과도 좋아질 수 있어요.

3. 수준 차를 존중합니다.

수준 차가 난다는 것은 학생마다 학습 속도가 다르다는 뜻입니다. 같은 교실에 있어도 모든 학생의 배우는 속도가 다 다른 것이 사실입니다. 저는 수업 중 꼭 배워야 하는 기본 활동만 집중해서 다 같이 배우고, 나머지는 각자 수준에 맞게 자유롭게 선택해서 익히게 했습니다.

`예시`

✎ 기본 활동 1 : 교과서 28~29쪽 분수의 곱셈 익히기

✎ 기본 활동 2 : 익힘 30~31쪽 문제 풀고 점수 주기

　　익힘 80점 이상 : 선택 활동

　　익힘 80점 미만 : 배움짝에게 물어보기→통과하면 선택 활동→통과
　　　　　　　　　 하지 못하면 선생님에게

✎ 선택 활동 : 개인 활동 →어려운 건 선생님에게→결과 사인 받기

수학 시간에 위와 같이 칠판에 적어놓곤 했습니다. 일종의 알고리즘처럼 수업을 구성한 것이지요. 복잡해 보여도 학생들과 저에게는 익숙했기에 아무도 어려워하지 않았습니다. 그밖에도 저는 학생들의 셀프학습 체크리스트를 확인하면서 학생들이 세운 계획들이 잘 진행되는지 체크했습니다.

기본 과정을 충분히 이해하지 못한 학생이 진도를 무작정 따라가지 않

았습니다. 대신 각자의 속도에 맞게 문제를 더 풀거나 어려운 문제를 풀었습니다. 선택 활동 시간에 경시대회 문제를 가져와서 물어보는 학생이 있는가 하면, 수업 시간의 기본 활동을 저와 따로 공부하는 학생도 있었지요.

4. 단원평가는 각자의 배움 속도에 맞게 운영합니다.

단원평가도 각자의 배우는 속도에 맞추어보게 했습니다. 덕분에 학생 전체가 같은 날에 수학 단원평가를 하는 일이 드물었습니다.

수학을 잘하는 A, B, C 학생은 월요일 방과 후에, D 학생은 화요일 아침에, 수학을 어려워하는 E, F 학생은 수요일 수학 시간에 시험을 보는 식이었습니다.

학생들이 셀프학습 체크리스트에 모든 진행 과정을 기록하고 있었기 때문에 교사가 힘들진 않았습니다. 오히려 각자의 수업을 자신이 알아서 챙기는 자율적인 구성이었기 때문에 저에게는 수업 준비를 위해 더 많은 시간이 주어졌지요.

선생님, 교실 수업에서는 문제가 생겼을 때 문제를 있는 그대로 바라보는 게 해결의 시작이 될 수 있습니다.

수학 수업도 학생들의 수준 차를 인정하고, 그 속도를 제 나름대로 조절해 나갈 수 있게 돕는 것이 수학 수업이 쉬워지는 첫걸음입니다. 잘하는 아이는 제 힘으로 더 어려운 문제를 해결하기 위해 노력하고, 못하는 아이는 교사가 좀 더 곁에서 챙기고 돕는 것이지요.

고백하건대 저는 학교 다닐 때 수학이 제일 어려웠습니다. 교사가 된 뒤 그런 저의 영향으로 아이들이 수학을 싫어하게 될까 봐 억지로라도 가장 열심히 가르치려고 노력했던 과목이 수학이었답니다.

선생님이 좋은 수학 수업을 하기 위해서는 먼저 수학이란 과목에 마음을 여는 것이 중요하다는 이야기도 함께 드리고 싶습니다.

Q

사교육을 경험한 아이들이
수업에 관심이 없어요

학급에 학원을 다니는 아이들이 많습니다. 평소 다 배운 것이라고 수업 시간에도 관심이 없고, 물어보면 대충 대답하기 일쑤입니다. 사교육을 경험한 아이들은 어떻게 지도해야 할까요?

A 수업 시간에 생각할 거리, 고민할 거리 등 '할 거리'를 주세요. '할 거리'가 있는 수업에서는 어떤 아이도 놀지 않습니다.

　　선생님, 사교육을 이야기하기 위해 먼저 우리의 뇌를 살펴보려 합니다. 우리의 뇌는 다음 중 어떤 것을 좋아할까요?

　① 새롭고 흥미로운 것
　② 익숙하고 편안한 것

　　뇌는 우리 몸의 에너지 대부분을 소비합니다. 열심히 운동하는 것 못지않게 앉아서 책을 읽고 글을 쓰는 것 역시 중노동인 셈입니다. 그런데 뇌는 몹시도 이기적이어서 익숙하고 편안한 것을 좋아합니다. 최대한 에너지를 덜 쓰려 하는 것이지요. 뇌를 활성화시키려면 익숙하고 편안한 환경이 아니라 낯설고 새로운 것이어야만 하는 것이지요.

　　매일 가던 길이 아닌 새로운 길로 출근하라고 조언하는 것도 그래서입니다. 늘 해오던 식으로만 해서는 뇌가 움직이지 않으려 하기 때문이지요. 뇌는 흥미롭고 새로운 것 아니면 깨어날 생각을 하지 않습니다.

학원이나 과외에서 학교에서 배울 내용을 이미 학습하고 온 아이들의 뇌는 어떠할까요. 이미 배운 것을 학교에서도 반복하고 있다고 여길 것입니다. 단순한 반복을 할 때 뇌는 활성화되지 않는데 말이에요. 학교에서도 학원과 같은 식으로 족집게 강의를 하면 사교육을 경험한 학생들은 같은 걸 또 가르친다고 여깁니다.

아이들의 뇌가 수업을 단순 반복으로 여기는 한 활성화되지 않습니다. 지루하고 재미없다고 느끼는 것에서 깨어 움직이지 않는 것이지요. 학원을 다녀도 성적이 쉽사리 좋아지지 않는 이유가 바로 여기에 있습니다.

결국 교실에서 아이들의 잠자고 있는 뇌를 깨우기 위해서는 같은 내용이어도 학원과는 전혀 다른 방식의 인출작업이 필요합니다. 학습 내용이 반복되어 지루함을 느낀다면 새롭게 생각할 거리, 새롭게 표현하기, 문제를 푸는 새로운 방법 찾기 등 다양한 학습 전략을 구사하게 해야 합니다.

사교육을 경험한 아이의 뇌를 깨우기

1. 요약하게 하기

단순한 기록이 아니라 '배운 내용 500자로 요약하기'와 같이 단서를 달면 이를 해결하기 위해 고민할 수밖에 없습니다. 고민이 시작되면 뇌도 동시에 움직이지요.

2. 새로운 해결 방법 찾기

학원, 인터넷, 교과서에서도 찾아볼 수 없는 '새롭게 문제 푸는 방법'을 찾아보게 합니다. 새로운 해결 전략을 세워야 하기 때문에 흥미를 갖고 참여할 수 있지요.

3. 그림, 시, 글, 마인드맵으로 표현하게 하기

알고 있는 것을 그림이나 시로 표현하게 하거나 글로 나타내게 하면 아이들은 방법을 고민할 수밖에 없습니다. 방법만 가르쳐주면 아이들은 가지치기 하듯이 무한정 뻗어나가는 마인드맵도 그려냅니다. 뇌가 깨어나는 것이지요.

4. 퀴즈 문제 만들게 하기

학습 내용으로 퀴즈를 만들도록 합니다. 다양한 문장으로 배운 내용을 구성하면서 더 깊이 익히게 됩니다.

5. 한 문장으로 말하게 하기

'배운 내용 요약하기'처럼 학습 내용을 핵심적으로 압축해서 한 문장으로 표현하게 하면 아이들의 고민이 깊어집니다. 어떤 문장이 가장 학습 내용을 잘 표현한 것인지 토론하게 하면 더욱 효과적이지요.

교사의 수업이 학습 내용을 잘 전달하는 데 집중하면, 이미 배우고 온 학생들은 좀처럼 수업에 흥미를 느끼기 어렵습니다. 학생들로서는 어차피 중요한 내용은 학원에서 다 가르쳤다고 믿으니까요.

따라서 학생들이 이미 배운 것을 지루하지 않게 또 배우게 하기 위해 고민하기보다는, 배운 내용을 다양하게 표현하는 방법을 고민하는 데에 초점을 두는 것이 좋습니다. 이런 수업이라면 학원에 다니는 학생이라도 수업 참여도가 높아질 수밖에 없습니다.

Q

아이가 수업 시간에
멍하니 딴 생각을 해요

특별히 문제가 있는 건 아닌데 성적이 좋지 않은 아이가 있습니다. 수업 시간에 멍하니 딴 생각에 빠져 있어서 자신의 이름이 불려도 알아차리지 못하는 경우가 많아요. 이런 아이는 어떻게 지도해야 할까요?

A 조용하게 산만한 학생을 위해, 과제 나누어 제시하기, 큐 사인을 주어서 주의 환기하기, 타이머 활용하기 등의 지도 방법을 추천합니다.

소아과 의사였던 하인리히 호프만(Heinrich Hoffmann) 박사는 오래전에 『하늘을 올려다보는 조니(*The Story of Johnny Look-in-the-air*)』라는 동화를 썼습니다. 책에서 조니는 평소 멍하게 하늘을 바라보면서 걸어 다닙니다. 둥둥 떠다니는 구름과 하늘을 바라보느라 사람들이 조심하라고 소리치는 것도 제대로 듣지 못해요.

달려오는 강아지를 보지 못해서 강아지와 함께 굴러 떨어지기도 하지요. 심지어는 학교 가던 길에 강에 빠지기도 합니다. 지나가던 사람들 덕분에 무사히 빠져나오긴 하지만 책가방도 잃어버리고, 갖고 있던 책도 모두 잃어버리지요.

선생님이 이야기하시는 아이가 조니 같은 아이는 아닌지 궁금합니다.

'조용하게 산만한 아이'

오래전에 제가 가르쳤던 아이 가운데 조용하고 차분한데 왠지 성적은 나쁜 아이가 있었습니다.

"왜 이렇게 점수가 나쁘니? 틀린 문제들 모두 전에 안다고 했던 문제들이잖아."

답답해서 물어보면 아이는 언제나 같은 대답을 했습니다.

"몰라서 틀린 게 아니에요. 시간이 부족했어요."

그런데 아이를 유심히 관찰하면서 알게 됐습니다. 착하고 온순하여 다른 사람에게 피해를 주지는 않지만 혼자만의 세계에 조용하고 깊게 빠져 있는, 사실은 '산만한 아이'라는 것을 말이에요.

정신과 전문의에게 자문을 구했습니다. 아이의 상태를 설명하자 '조용하게 산만한 아이'일 수 있다고 말해 주었습니다. '조용하게 산만한 아이'도 ADHD에 해당되니 전문의와의 상담이 꼭 필요하다는 말도 해주었지요. 고민 끝에 학부모님에게 보내는 학부모통신문에 '조용한 ADHD'에 관련한 내용을 적었습니다. 마침 며칠 후에 아이 엄마를 만날 일이 있었습니다. 저는 대뜸 이렇게 말을 꺼냈습니다.

"서영이 어머니, 혹시 제가 보낸 통신문 읽어보셨어요?"

서영이 엄마의 눈빛이 살짝 흔들리는 것을 보았습니다. 타이밍을 놓치지 않으려고 얼른 덧붙였습니다.

"제가 볼 때 서영이가 조용한 ADHD 같은데 정신과에서 상담을 받아보시면 어떨까요?"

참 센스 없지요. 같은 말이어도 얼마든지 다르게 할 수 있는데 말이에요. 물론 지금 같으면 같은 이야기여도 최대한 상대를 배려하면서 말하겠지요. 가령, 이렇게요.

"서영이 어머니, 제가 며칠 전에 보낸 통신문 혹시 보셨어요? 저희 반에 몇몇 아이가 집중을 잘 못해서 요새 좀 고민이에요. 수업을 듣고 있는 것처럼 보이기는 하는데 막상 자세히 살펴보면 집중하는 시간이 아주 짧더라고요. 서영이는 평소에 집에서 어떤 모습인가요?"

이렇게 말했다면 아이 엄마 입에서 자연스럽게 집중력이 약하다는 부분이 먼저 나왔겠죠. 그러면 상담하고 싶은 부분으로 자연스럽게 흘러갈 수 있었을 텐데, 그때는 그런 직설화법 말고는 어떻게 말해야 하는지 잘 몰랐습니다. 아이 엄마는 당연하게도 몹시 언짢아했습니다.

"선생님, 뭘 얼마나 안다고 그렇게 얘기하세요? 정말 불쾌하네요."

서영이 엄마는 버럭 화를 내면서 그대로 나가버렸고, 아이는 큰 변화 없이 한 해를 지냈습니다. 마치 조니처럼 멍한 상태로 걸어 다니다가 넘어지기도 하고, 시험을 볼 때마다 시간이 모자라 미처 반도 못 푼 상태로 시험지를 내곤 했습니다. 어떻게 지도해야 할지 몰랐으니 저도 서영이를 돕지 못한 채로 시간이 흘러버렸지요.

주의력이 결핍된 아이들은 주어진 시간에 다른 아이들만큼 집중할 수 없어요. 시험 시간에도 창밖을 보면서 딴 생각을 하거나 멍하니 있으면서 풀어야 할 문제조차 전혀 손대지 않고 내버려둡니다.

이런 행동은 수업 시간이나 모둠활동처럼 선택적으로 주의를 기울여야 하는 경우에도 마찬가지예요. 활동에 적극적으로 참여하지 않다 보니 다른 아이들은 이런 아이들과 같이 활동하기를 꺼려합니다. 어느 교실에나 이런 아이들이 하나둘은 있게 마련이니, 머릿속에 그 모습이 대충 그려지실 거라고 생각합니다.

일반적으로 주의력 결핍에 따른 증상은 다음과 같이 몇 가지로 나눌 수가 있습니다.

- ☑ 일의 자세한 내용에 대한 주의가 부족하거나, 공부와 일 또는 다른 활동에서도 부주의하여 실수를 자주 합니다.
- ☑ 공부를 포함하여 어떤 일이나 놀이를 할 때 주의집중을 하지 못하고, 다른 사람이 이야기하는데도 듣지 않는 것처럼 보일 때가 있습니다.
- ☑ 정당한 지시에 대해서도 따르지 못하는 편이며, 학교 숙제나 일상생활에서의 일 등을 적절하게 마치지 못합니다. 반항하는 것과는 또 다르지요.
- ☑ 일이나 활동을 조직하고 체계화하는 데 어려움이 있습니다.
- ☑ 공부나 숙제처럼 지속적인 관심과 노력이 필요한 일이나 활동을 싫어하거나 꺼려합니다.
- ☑ 숙제, 장난감, 연필, 책처럼 꼭 필요한 물건을 자주 잃어버립니다.

'조용한 ADHD'는 학업 능력이 확연하게 떨어지거나 눈에 띄게 두드러진 문제가 있는 건 아니에요. 하지만 학습의 성과를 거두기 어렵습니다. 교사가 주의 깊게 바라보지 않으면 알 수도 없거니와 학부모는 더더욱 아이의 상태를 객관적으로 바라볼 수 없겠지요. 당연히 무작정 혼내거나 야단하는 것으로는 문제를 해결할 수 없습니다.

이런 아이들을 지도하는 것은 참으로 어렵지만 교실에서 할 수 있는 몇 가지 지도 방법이 있습니다.

조용하고 산만한 아이를 위한 지도 방법

1. 학부모와 꾸준히 상담합니다.

학부모의 이해를 돕기 위해 객관적이면서도 자세한 행동 관찰 기록을 해야 합니다. 아이의 행동을 육하원칙에 따라 기록해 둡니다. 교사가 무턱대고 아이의 집중력이 떨어진다고 설명하는 것보다 객관적인 자료를 근거로 이야기하면, 학부모 입장에서는 받아들이기가 쉽습니다.

2. 수업 중간 중간 교사와 학생만 아는 큐사인이 필요합니다.

수업 시간에 학생이 산만한 행동을 하면 보통은 교사가 해당 학생을 불러 주의를 환기시킵니다.

"자, 여기 봐. 서영아. 선생님 잠깐 볼래."

그런데 산만한 학생은 수업 시간에 이런 행동을 자주 하기 때문에 교사는 그 학생의 이름을 몇 번이고 부를 수밖에 없습니다. 이렇게 되면 다른 학생들은 이 학생을 교사의 특별한 주의가 필요한 학생으로 여깁니다. 그래서 교사와 해당 학생만 알 수 있는 사인을 미리 약속해 두는 게 좋습니다.

예를 들어 교사가 말없이 학생의 곁에 가서 책상을 콩콩 두 번 두드리면 '하던 것을 멈추고 선생님을 보렴'의 사인인 것이지요.

3. 아이 곁에서 꾸준히 지켜보는 이가 필요합니다.

교사 책상 앞에 아이를 앉혀서 자주 신경 써야 합니다. 현실적으로 자리 조정이 어렵다면 아이 옆에 집중을 잘하는 학생을 앉혀서 짝이 체크하게 합니다.

"지우야, 선생님이 방금 익힘책 풀라고 하셨어. 이거 먼저 하고 연필 깎아야지."

이렇듯 아이에게 지금 해야 할 일이 무엇인지 누군가가 옆에서 꾸준히 이야기해 주는 겁니다.

4. 활동 과제는 나누어 제시합니다.

집중력이 약한 아이들은 한 번에 긴 과제를 끝까지 해결할 수 없습니다. 중간에 집중이 흐트러지면서 무엇을 하고 있었는지 잊어버리는 공황 상태가 오는 것이지요. 이런 경우를 대비해 학습 과제를 나누어서 제시합니다.

대부분의 아이들은 수학익힘 책 한 쪽을 쉬지 않고 다 풀 수 있습니다. 하지만 산만한 아이들이 끝까지 딴 생각을 하지 않기란 몹시 어렵습니다. 문제 두 개를 풀고 확인하고, 두 개를 풀고 확인하는 식으로 과제를 나누고, 짝이나 교사가 수시로 확인합니다.

5. 타이머를 이용합니다. 이 과정에서 나타나는 작은 성과도 아낌없이 칭찬합니다.

아이들의 집중력을 기르기 위해 과제 해결에 걸리는 시간을 단축시키는 훈련을 평소에 자주 하고, 그에 대한 칭찬과 격려를 아끼지 않아야 합니다.

저는 아침 자습 시간에 두 자릿수 곱하기 두 자릿수의 암산 문제를 수학 공책에 풀게 했습니다. 이때 타이머로 다섯 문제를 푸는 데 걸리는 시간을 스스로 매일 체크하게 했습니다.

학급의 모든 아이들이 집중해서 문제를 해결해야 할 때는 칠판 구석에 자석이 부착된 타이머를 부착해 두고, 제한시간 안에 문제를 해결하게 했습니다. 주어진 시간, 해야 할 일, 교사가 줄 수 있는 도움 등을 자세하게 설명해 주고 타이머를 작동시켰습니다.

이런 식으로 타이머를 활용하면 아이들이 주어진 시간 안에 활동을 마무리하기 위해 노력합니다.

위에서 설명한 몇 가지 방법들을 꾸준하게 지도하는 것만으로도 아이들의 주의집중 시간이 길어지고, 학습능력도 충분히 끌어올려집니다.

기원전 493년, 히포크라테스가 자신의 한 환자에 대해 이런 말을 한 적이 있습니다.

"감각 경험에 대해 잽싸게 반응하면서도 끈기는 없다. 왜냐하면 영혼이 재빨리 다른 곳으로 옮겨 갔기 때문이다."

이는 곧 한 가지 일에 끈기 있게 집중하기 어렵다는 뜻이지요. 어쩌면 그 시대에도 ADHD를 고민했는지 모릅니다. 히포크라테스도 고민하던 것인 만큼 교사에게도 쉽지 않은 지도일 것입니다.

멍한 아이들은 수업 시간에 자신이 무엇을, 어떻게 해야 하는지를 정확히 모르기 때문에 머뭇거리는 것입니다. 이때 학생들에게 정확한 지도와 안내를 하여 바람직한 변화를 이끌어내는 것은 결국 교사의 몫이겠지요.

다른 친구들보다 더딘 아이들의 더딘 속도를 인정해 주고, 어떤 도움이 필요한지 살펴보고 돕는다면 아이들은 충분히 해냅니다. 믿고 기다려주는 교사가 곁에서 함께한다면 말이지요.

Q
아이들이
수업 시간에 산만해요

수업 시간에 엉뚱한 질문을 하는 아이, 집중해서 문장을 읽지 않는 아이, 친구에게 말을 거는 아이 등 산만한 아이를 지도하는 방법이 궁금합니다.

A 다양한 문제 상황에 맞게 지도하면 됩니다. 무엇보다 미리 약속하고 이를 지키게 하는 것이 중요해요.

선생님, 영화 〈타짜〉에 이런 대사가 나오지요?

"손은 눈보다 빠르다."

저는 그 문장을 빌려 산만한 아이들의 머릿속을 이렇게 표현하고 싶어요.

"산만한 아이들의 생각은 손보다 빠르다."

이 아이들은 실제로 생각이 행동보다 앞서기 때문에 아무 때나 묻고 싶은 걸 묻고, 머릿속에 스치는 생각이면 그게 무엇이든 아무 때고 이야기합니다. 생각을 정리하고 나서 묻는다는 공식이 없는 겁니다. 그래서 수업 시간마다 선생님에게 듣는 단골 잔소리가 있지요.

"선생님 이야기를 끝까지 들은 다음 질문해."

평범한 아이에게는 긴 문장을 한 번에 집중해서 읽고 뜻을 이해하는 것이 아무렇지 않은 일이지만, 산만한 학생에게는 몹시 어려운 일일 수 있습니다. 이를 인정하는 것이 먼저입니다. 그렇지 않으면 교사는 교사대로 아이는 아이대로 학교생활이 몹시 힘들어진답니다.

수업 시간에 주의집중이 잘 되지 않는 학생의 산만한 행동은 그 유형이 몹시 다양하지만 크게 몇 가지로 요약해 볼 수 있습니다. 읽어야 할 문장에 집중하지 못하거나, 쓸데없는 질문을 자꾸 해서 수업을 방해하거나, 친구들에게 자꾸 말을 건다거나 하는 식이지요.

뜻밖에도 이런 학생들의 대부분은 자신이 무엇을 잘못하고 있는지, 왜 그러면 안 되는지 모르는 경우가 많습니다. 그래서 선생님이 구체적인 행동을 안내하고 세심하게 살피는 것이 중요합니다. 여러 가지 산만한 행동에 맞춰 각각의 지도 방법을 소개합니다.

먼저 문장을 대충 읽는 아이를 위한 지도 방법입니다.

문장을 집중해서 읽게 하는 지도 방법

1. 문장 아래에 불투명한 자를 놓고 읽게 합니다.
아래 문장을 자로 가리면서 읽기 때문에 읽어야 하는 문장에만 집중할 수 있습니다. 자가 없으면 손으로 짚어가면서 읽게 합니다. 교실에서 지도했을 때 손으로 짚는 것보다 종이로 가리거나 불투명한 15센티미터 자를 이용하는 게 더 효과적이었습니다.

2. 문장에 밑줄을 치거나 중요 단어에 표시를 하게 하는 등 목적을 갖고 문장을 읽게 합니다.

저는 평소에 저학년이든 고학년이든 할 것 없이 학기 초에 4색 볼펜 사용방법을 꼼꼼하게 지도했습니다.

- ☑ 빨간색은 중요한 단어에 밑줄을 그을 때
- ☑ 파란색은 처음 보는 단어나 인상 깊은 단어에 밑줄 그을 때
- ☑ 초록색은 내 생각을 적을 때
- ☑ 형광펜은 중요한 단어를 표시할 때

이처럼 약속해 두고 학기 초에 집중적으로 연습하게 했습니다. 연습이 어느 정도 이루어진 다음에는 여러 필기도구를 활용하면서 목적을 갖고 문장을 읽게 했습니다. 이렇게 읽으면 산만한 아이들이 무료하지 않고, 끝까지 세심하게 읽을 수 있습니다.

3. 세 문장이나 두 문장으로 요약하게 합니다.

고학년으로 갈수록 읽는 문장의 단락이 크기 때문에 끝까지 집중하기 어려운 경우가 많습니다. 이럴 때는 읽은 내용을 두 문장으로 요약하기, 두 문장 요약이 잘되면 다시 한 문장으로 요약하기와 같이 의도를 갖고 문장을 읽게 합니다.

글을 읽는 목적이 분명하면 집중하기가 훨씬 쉽습니다. 왜 끝까지 집중하지 못하느냐 타박하기 전에 집중할 수밖에 없는 읽기 활동을 지도하는 것이 훨씬 교육적이지요.

다음은 친구들에게 말을 걸어서 수업을 방해하거나, 참여하지 않고 딴짓을 하는 학생을 위한 지도 방법입니다.

수업 시간에 친구에게 말을 거는 아이를 위한 지도 방법

문제가 되는 학생 한 명을 지도하는 것보다 처음부터 전체 학생을 대상으로 지도하는 게 좋습니다.

이때 사용하는 규칙이 있습니다.

"수업 시간에 친구가 수업과 상관없이 말을 걸면 '쉬는 시간에 말하자'라고 말하기."

규칙을 '~ 하지 않기'와 같이 정하면 규칙을 만들 때는 편합니다. 그런데 학생들 입장에서는 '그럼 뭘 어떻게 하지?' 생각하게 됩니다.

교사가 학생에게 원하는 행동이 있다면 그것을 학생들에게 구체적으로 어떻게 행동해야 할지 가르쳐주는 게 훨씬 효과적입니다.

잡담을 자주 하는 아이도 학급의 모든 아이들이 "약속대로 쉬는 시간에 말하자"라고 답하면 말할 상대가 없어집니다. 결국 수업 시간에 쓸데없는 이야기로 친구의 주의를 흐트러뜨리고 수업을 방해할 일이 없어지는 것이지요.

어떤 학생이든 수업 시간에 친구에게 말을 걸거나 떠들면 안 된다는 것을 알고 있습니다. 물론 실제 수업에서는 하고 싶은 말을 아무 때나 해대는 아이들도 무척 많습니다. 이런 아이들이 많을수록 교실은 어수선합니다. 저학년 수업이 산만한 이유도 이런 약속이 내면화돼 있지 않기 때문입니다.

보통 이러한 문제 상황이 생길 때마다 그때그때 교사가 나서서 지도합니다.

"선생님이 몇 번 말해야 알겠니? 수업 시간에는 떠들지 말라니까."

이런 상황이 반복되면 교사는 교사대로 짜증이 나고 학생은 학생대로 교사에게 자주 야단맞으니 교사 앞에서 자꾸만 주눅 들게 되지요. 그보다는 정한 규칙대로 모든 학생이 똑같이 "쉬는 시간에 말하자"라고 말하게 하는 편이 훨씬 효과적입니다. 이와 연관 지어 수업 내용과 관계없는 돌발적인 질문으로 수업을 방해하는 학생도 지도할 수 있습니다.

창의적인 수업과 관련된 강의를 했을 때 선생님들에게서 가장 자주 듣는 질문은 '질문이 창의성 계발에 좋다고 많이 들었는데, 수업 시간에 아무 질문이나 하는 아이들은 어떻게 해야 하나요?'입니다.

좋은 질문이 창의적이고 비판적인 사고능력을 길러주는 데에 매우 효과적이라는 것은 교사 누구나 동의할 것입니다. '이건 왜 그럴까', '만약 ~ 했다면 어떻게 됐을까' 생각해 보는 것은 학생들의 사고를 빠르게 넓혀줍니다. 세상에 나쁜 질문은 없습니다. 다만 질문하기에 적절한 때와 그렇지 않은 때가 있을 뿐이지요.

만약 한참 수업하고 있는데 전혀 엉뚱한 질문을 하는 학생이 여럿이라면 교사는 질문에 답하느라 제대로 수업을 진행할 수 없을 것입니다. 질문 때문에 오히려 다른 친구에게서 더 많은 것을 배울 수 있는 기회를 빼앗을 수도 있는 것이지요. 그래서 이 부분은 학기 초에 학생, 학부모와 깊이 이야기 나누는 것이 좋습니다.

수업과 관계없는 엉뚱한 질문을 하는 아이를 위한 지도 방법

예를 들어, 근대화를 주제로 사회 수업을 하고 있는데 전혀 엉뚱한 이야기를 툭 던지면서 수업의 흐름을 끊는 경우입니다.

학생: 그런데 선생님, 왜 흥선대원군은 흥선대원군인가요?

수업과는 전혀 관련 없이 문득 생각난 것을 묻는 질문입니다. 일단 질문한 것에 대해서는 긍정적으로 반응해야 합니다. "왜 자꾸 쓸데없는 걸 물어보냐"는 식으로 답하면 해당 학생은 물론이고 다른 학생의 바람직한 질문의 싹마저 잘라버리게 됩니다.

교사: 갑자기 그게 생각났니? 궁금한 게 많은 건 좋은 거지. 잘 물어봤어. (질문에 긍정적인 반응으로 답하기)

학생: 네, 그게 궁금해요.

교사: 정말 미안한데, 선생님이 지금 설명하던 것이 있으니까 우선 이 설명까지 마칠게. (바로 답하지 않는 이유 설명하기)

학생: 저는 지금 듣고 싶은데요.

교사: 그래. 네가 당장 듣고 싶은 건 이해해. 하던 이야기를 설명하고 시간이 남으면 그 질문에 대답할 수 있지만, 시간이 모자라면 쉬는 시간에 따로 설명해야 될 것 같아. 이해해 주면 좋겠어. (즉답을 하지 않는 것에 대해 이해를 구하기)

앞에서 수업 시간에 말을 거는 친구에게 "우리 쉬는 시간에 이야기하자"라고 말해 주듯이, 수업의 흐름을 끊는 엉뚱한 질문에 교사가 학생에게 "우리 쉬는 시간에 이야기하자"라고 말해 주는 것입니다.

저는 수업 시간에 미처 질문하지 못했을 경우 공책에 적게 하고, 이때 표시할 질문 기호도 학기 초에 학생들과 따로 약속해 두었습니다. 학생이 공책에 '?' 표시를 하고 질문을 적어두면 검사하면서 간단히 답을 썼고, 함께 생각해 볼 좋은 질문은 학급 학생 모두가 답을 고민해 보게 했지요. 이렇게 하면 수업 시간에 곧바로 해결하지 못해도 학생의 질문을 깊게 다룰 수 있습니다.

또한 교실에서 교사가 학생들에게 사용하는 언어는 언제나 친절하고 부드러워야 합니다. 교사가 딱딱한 말투로 "쓸데없는 말 하지 말고, 이따 얘기해"라고 말하는 것보다는 "그래, 궁금한 거 물어보니까 좋다. 그런데 선생님이 하고 있던 이야기 있으니까 마저 하고 답해 줄게"처럼 부드럽게 말해 주어야 질문한 학생이 무시당한 기분이 들지 않습니다.

수업에서 아이들이 돌발적인 질문을 하거나 분위기를 흐리는 갑작스런 말을 하더라도, 부드럽고 침착하게 일관된 지도를 한다면 얼마든지 해결할 수 있을 것입니다.

3장

아이의 마음
어루만지기

3장은 아이들의 인성교육과 상담에 관련된 내용을 다루었습니다. 내성적인 아이, 욕을 하는 아이, 거짓말하는 아이, 폭력적인 아이 등과 같이 교실에서 만나는 다양한 아이들에 관련된 고민을 살펴보고, 아이의 마음을 어루만질 수 있는 방법들을 제안하였습니다. 교실에서 학생들의 마음을 따뜻하게 품어 안는 선생님이 되길 바랍니다.

Q

수업에는 관심이 없고
축구만 좋아해요

수업에는 관심이 없고 오로지 축구만 좋아하는 남학생이 있습
니다. 이런 아이들은 어떻게 이해해야 할까요?

A 교사가 좋아하는 것이 있듯이 아이들도 그러합니다. 아이가 좋아하는 것을 함께 좋아해 주는 교사가 되면 어떨까요. 아이의 마음을 얻을 수 있겠지요.

선생님의 고민을 들으면서 교실에서 만났던 남자아이들의 모습이 떠오릅니다. 남학생치고 축구를 좋아하지 않는 아이는 드물지요. 그렇지만 그 많은 축구팬 가운데에도 축구를 싫어하는 남자아이가 섞여 있는 것 역시 사실입니다.

저는 축구를 좋아하는 아이는 물론이고 축구를 싫어하는 아이에게도 교실은 행복한 곳이어야 한다고 믿습니다. 교사 역시 학생들과 마찬가지로 좋고 싫음을 존중받아야 한다고 생각합니다. 교실은 학생과 교사 모두에게 행복한 곳이어야 하니까요. 그러기 위해 우리는 서로에 대해 깊이 이해하고 많은 것을 들여다볼 필요가 있습니다.

한 번은 반 아이들끼리 편을 갈라 축구를 하고 있었습니다. 거기에 끼지 않고 어깨를 나란히 한 채 운동장 가장자리를 따라 걷고 있는 남학생 둘을 보았습니다. 그 둘이 빠진 것과 상관없이 경기는 진행되고 있었습니다. 두 남학생에게 왜 그러고 있냐고 묻자, 이렇게 말하더군요.

"저희는 축구를 좋아하지 않는 소수파예요."

"그럼 너희들은 축구가 싫어?"

"네, 저희는 축구 잘 못해요. 교실 들어가면 안 돼요? 교실에서 책 읽을래요. 여긴 햇볕도 너무 뜨겁고……."

"중간에 빠지면 아이들이 뭐라고 할 텐데?"

"괜찮아요. 우리는 있으나 마나 하거든요. 빠지는 게 도와주는 거예요."

있으나 마나 하다? 그 말이 잠깐 새에 많은 것을 생각하게 했습니다. 결국 그들은 경기를 하지 않고 교실로 들어갔습니다. 그쪽 편은 난리가 났지요. 선수가 둘이나 빠지는 바람에 졌다는 겁니다. 아이들은 긴급 학급회의를 열고는 이 문제에 대해 한참을 이야기했습니다. 그러고는 정말로 뜨거운 토론 끝에 누구나 좋아하는 게 다를 수 있다는 결론에 도달하더군요. 그럼에도 불구하고 경기에서 맘대로 빠지는 것은 안 된다고 그 둘에게 사과도 요구했지요.

그 과정에서 아이들은 나름의 약속을 만들어냈습니다. 내가 좋아하는 것을 남에게 강요하진 말자, 그게 모두에게 가장 좋은 것이다, 라는 약속을 말이에요.

그런데 저도 그랬습니다. 저도 아이들과 크게 다르지 않았습니다. 축구 좋아하는 아이가 축구 싫어하는 아이를 이해할 수 없듯이, 저도 제가 좋아하지 않는 일을 좋아하는 아이를 보면 이해할 수 없었습니다. 그런 제가 '아이들과 내가 좋아하는 게 다르다'는 사실을 인정하게 된 날이 있습니다. 그날은 생각보다 엉뚱하게 찾아왔습니다.

축구가 좋아서 장대비 속에도 뛰던 아이

오래전 어느 여름날의 일입니다. 운동장에서 교육장배 축구대회가 열리고 있었습니다. 그런데 내내 맑다가 비가 갑자기 쏟아지기 시작했어요. 시합이 끝난 학교들은 서둘러 돌아갔고, 결선에 오른 우리 학교와 축구부를 육성하는 옆 학교 아이들만 남아 있었습니다.

반에서 가장 축구를 좋아하는 아이가 시합에 참여하고 있었습니다. 아이가 돌아와야 퇴근할 텐데, 두고 간 가방이 그대로 있어서 이러지도 저러지도 못하고 아이를 기다리는 중이었습니다.

밖은 이미 어두워졌고, 굵어진 빗줄기가 장대처럼 운동장에 꽂히고 있었습니다. 어둑어둑한 운동장에 소리를 지르며 뛰어다니는 남자아이들만 간간히 눈에 띄었습니다.

'저렇게 재미있을까, 저 쏟아지는 비를 다 맞고 있네.'

속으로 중얼거렸지요. 저는 축구의 룰도 잘 모르고 할 줄도 모르기에 간간히 창문을 열어 경기가 계속되는지 아닌지만 살폈습니다. 비가 퍼붓는데도 아이들은 정말 지치지도 않고 작은 공 하나를 쫓았습니다.

갑자기 밖에서 축구를 하고 있는 아이와 나누던 대화가 떠올랐습니다. 평소엔 차분하고 조용한 아이가 공만 보면 좋아서 어쩔 줄을 몰랐습니다. 한 번은 아이가 복도에서 축구공을 차는 바람에 다른 친구가 맞을 뻔한 일이 있었습니다. 비슷한 일이 이미 여러 번 있었던 터라 저는 머리끝까지 화가 났습니다. 그런데 참으로 이상한 것이 여자 교사들은 화가 나면 팔짱부터 끼는 버릇이 있습니다. 저도 그랬습니다. 팔짱을 끼고 아이 앞에서 목소리를 한껏 높였습니다.

"다른 친구가 다칠 뻔했잖아. 왜 복도에서 공을 차?"

"죄송해요. 복도에선 안 찰게요."

아이가 금방 고개를 푹 숙였습니다.

"넌 왜 그렇게 축구가 좋은 건데?"

"몰라요. 축구를 하면 막 기분이 좋아지고, 공이 들어갈 때면 가슴이 터질 것 같아요."

축구를 이야기하는 아이의 얼굴에 금방 웃음이 번졌습니다. 밝고 상쾌한, 순도 백 프로의 행복한 웃음이었지요. 그 웃음을 보는 순간 저도 모르게 뾰족하게 화나 있던 마음이 살짝 누그러졌습니다.

"정말로 축구가 그렇게 좋니?

"네. 짜릿해요. 너무 좋아요."

"너 그러면 재희가 좋아, 축구가 좋아?"

참으로 짓궂은 선생이었습니다. 왜 꼭 그런 걸 묻고 싶었던 걸까요. 저는 아이가 평소에 좋아하던 여자아이의 이름을 대며 물었습니다. 뜻밖에도 아이는 단 1초의 머뭇거림도 없이 대답했습니다.

"당연히 축구죠."

"그럼 축구가 좋아, 학교가 좋아?"

"축구요. 세상에서 축구가 제일 좋아요."

"수학 공부하는 건 재미없다며?"

뜬금없이 수학 이야기를 했던 것은 조금 비겁한 질문이었어요. 아이는 수학을 잘 못했거든요. 워낙에 공부하고는 담을 쌓고 살던 아이였지요.

"전 수학 싫어요. 저 공부 못해요."

"그래도 해야지. 수학 못하고 대한민국에서 살아갈 수는 없어. 축구 그만두면 뭐 하고 살 건데? 축구만 하면 먹고 살기 힘들어. 나중에 너 후회할 거야."

어디선가 많이 듣던 소리를 아이에게 해대고 있었습니다.

"알았어요, 공부도 할게요. ……그래도 일단 좋아하는 거 먼저 하고요."

"그러지 말고 이제 축구 그만하고 선생님이랑 수학 공부할래? 내가 가르쳐줄게."

우리 반 아이들은 방과 후에 남아서 저와 공부를 했습니다. 아이들에게 "학원 가지 말고 남아. 선생님이 다 가르쳐줄게, 문제집만 가져오면 뭐든 풀어줄게"라고 말하곤 했습니다.

"그 시간에 그렇게 노력할 마음으로 공부를 해봐. 백점 맞을 수도 있을걸, 그놈의 축구는 뭐가 그렇게 재밌다고."

"수학 열심히 공부하면 축구해도 뭐라고 하지 마세요."

"그러면 이번 교육장배 이기고 와. 대신 이번에 지면 축구 그만해."

제가 뭐라고, 그때는 정말로 아이에게 그렇게 말했습니다. '지면 축구 그만해'라고.

"안 져요. 이기면 되죠. 이기는 거 보여드릴게요."

그렇게 나간 대회였습니다. 벌써 여섯 시 반, 너무 늦어서 이제 집에 가야겠다 하고 교실 창문을 하나씩 잠갔습니다. 그때 기다렸던 아이가 들어섰습니다. 어두운 교실에 어깨를 축 늘어뜨린 채 들어서는 아이를 보면서 저도 모르게 눈이 동그랗게 커졌습니다. 비에 흠뻑 젖어 있는 아이가 발을 옮길 때마다 발자국을 따라 물기가 흥건하게 배어들었습니다.

"경기 끝났어?"

"네……."

굳이 묻지 않아도 표정을 보니 알 것 같았습니다. 그런데도 굳이 물었습니다. 제가 나빴습니다.

"졌어?"

아이 얼굴이 살짝 일그러지더니 이내 울기 시작했습니다. 아이의 우는 모습을 보고 있자니 왠지 모르게 마음이 옥죄어들었습니다. 아이는 봄부터 여름에 있을 이번 대회를 기다리며 매일 코너킥을 연습하고 혹시 모를 순간을 대비해 승부차기까지 연습했습니다. 축구공 없이는 학교에 오지도 않는 아이, 그렇게나 축구를 사랑하는 아이가 제 앞에서 공 없이 맨몸으로 울고 있었습니다.

아이는 펑펑 울었습니다. 사실은 저도 잘 알고 있었습니다. 우리 학교는 지난해에도 그 학교에 졌지요. 아이는 그때도 우리 학교 축구팀의 주장이었습니다. 오전에 "이번에는 꼭 이겨야 돼"라고 말하면서 아이를 경기에 내보냈던 제 자신이 슬며시 부끄러워졌습니다.

"울지 마. 축구 해. 열심히. 다음 시합에선 이겨. 그러면 되잖아."

"엉엉. 진짜 열심히 했는데 왜 지냐고요."

어린 소년의 꼭 쥔 주먹에서 물이 뚝뚝 떨어졌습니다. 아이의 주먹에서 눈물인지 빗물인지도 모를 물이 교실 전체에 배어든 어둠 너머로 뚝뚝 떨어졌습니다. 전에 "축구가 그렇게 좋아?"라고 물었던 것에 대해 대답을 듣고 있는 것 같았습니다. 그래, 넌 축구를 그냥 좋아하는 게 아니구나, 너는 축구를 사랑하는 거였어.

그날 깨달은 게 하나 있습니다. 그건 바로 누군가는 축구를 사랑할 수도 있다는 것입니다. 사람은 저마다 사랑하는 것이 다르다는 것. 그 간단한 것을, 그 아이의 꼭 쥔 두 주먹을 보면서 그날에서야 깨달은 것입니다.

중학교에 가서도 축구를 하고, 고등학교에 가서도 축구를 하고, 축구선수가 되어 평생 공을 차면서 살고 싶다던 그 아이는 지금 아주 평범한 직장인이 되어 살아가고 있습니다. 물론 여전히 축구를 사랑하면서 말입니다. 아마도 그 아이는 그날 시합에서 져서 울던 것도 기억하지 못할 것입니다. 이기고 지는 모든 것을 기억하는 사람은 없기 때문입니다. 더 더군다나 그 대상이 내가 사랑하는 것에서라면 더 말할 것이 없지요.

네가 좋아하는 건 나도 좋아

그 일을 겪기 전만 해도 남학생들이 젊은 남자 선생님을 둘러싸고 "같이 축구해요"라고 말하는 것을 볼 때면 왠지 모르게 억울하기까지 했습니다. '내가 같이 책 읽자고 하면 싫다고 하더니, 축구하자고 저렇게 옆 반 선생님에게 다정하게 굴어?' 하면서 말입니다.

돌아보면 그 시절 제 안에는 어쩌면 어린아이가 살고 있었는지도 모르겠습니다. 끝없이 나만 사랑해 달라고 조르던 그 어린아이가 자라서 상대가 좋아하는 것을 인정하고 존중하기까지 시간이 필요했던 것이지요.

솔직히 교사도 사람인지라 자기가 좋아하는 일을 잘하는 아이들을 보면 왠지 모르게 마음이 더 가게 마련입니다. 하지만 바로 교사이기에 그런 자신을 넘어서려는 노력이 필요하다고 생각합니다.

선생님, 아이들이 좋아하는 일을 함께하는 교사가 되어주세요. 무슨 일이든 마음을 다해 함께하다 보면 자연스레 그 사람 편이 되고 맙니다. 그건 어떤 관계에서든 마찬가지더군요. 심지어는 옆 반 선생님이랑 학기마다 환경 정리를 같이하다가 결혼까지 하게 됐다는 선생님을 본 적도 있습니다.

"네가 좋아하는 건 나도 좋아."

아이에게 먼저 말해 보면 어떨까요. 아이들이 정말 행복해할 겁니다. 교사도 함께 부대끼고 땀 흘리다 보면 어느새 아이들 곁에 성큼 다가서게 될 거라고, 저는 믿습니다.

Q
좀처럼 속마음을
드러내지 않아요

겉으로는 교사와 친한 것 같은데 속마음을 좀처럼 드러내지 않는 아이가 있습니다. 아이를 깊이 이해하기 위해서는 지금의 아이를 만든 과거의 모습들도 알아야 한다고 생각합니다. 아이의 지나온 이야기를 들어볼 수 있는 지도 방법이 있을까요?

A 인생 그래프를 같이 그려보세요. 아이의 과거부터 미래까지 함께 이야기할 수 있답니다.

　　선생님, 정말로 아이들에게는 우리가 전혀 짐작도 할 수 없는 모습이 있습니다. 물론 어른도 마찬가지여서 겉으로는 더없이 당당한데 그 속은 한없이 연약한 사람이 있고, 겉으로는 부드럽기 그지없는데 안은 분노와 공포로 일그러진 사람도 있습니다.

　　이렇게 아이든 어른이든 인간이라면 누구나 감추고 싶은 모습과 보여주고 싶은 모습이 있습니다. 심리학 용어로는 페르소나(persona), 남들에게 보여주고 싶은 일종의 가면(假面) 말이에요.

　　만약 아이들 앞에선 도덕적인 모습을 보이다가 혼자 있을 때는 담배꽁초를 아무 데나 버리는 교사가 있다면 그 역시 사회적인 가면을 썼다 벗었다 하는 것이겠지요. 이건 비단 도덕적인 문제뿐 아니라 과거의 상처, 치부(恥部), 남들에겐 결코 들키고 싶지 않은 나약한 모습까지, 누구에게나 숨겨진 얼굴이 있게 마련입니다. 아이들 또한 마찬가지겠지요. 그러니 어른보다 약하고 할 수 있는 게 많지 않은 아이들로서는 거짓말도 할 수 있고, 센 척할 수도 있다고 바라봐주어야 하는 것이지요.

교사와 가까운 듯해도 아이의 속마음이 잘 드러나지 않는 것은 이야기하고 싶지 않은 그 어떤 부분이 있기 때문일 것입니다. 아이가 가면을 쓰지 않고도 내면의 이야기를 자연스럽게 들려줄 수 있게 하는 방법이 있습니다. 인생 그래프입니다.

인생 그래프를 살펴보면 아이들의 평소 성격이나 생활 방식, 생각하는 삶의 방향을 엿볼 수 있습니다. 밝고 쾌활한 아이는 앞으로의 삶도 긍정적으로 생각하지만, 평소 심드렁한 아이는 인생 그래프도 심플하게 그립니다. 이뿐 아니라 인생 그래프를 통해 아이들의 길지 않은 인생에도 송곳처럼 꽂힌 상처가 있음을 알 수 있지요.

인생 그래프로 아이 마음 살펴보기

1. A4 용지를 가로로 길게 놓습니다.

2. 종이를 가로로 반을 접었다 펴서 직선을 하나 그립니다.

3. 종이 뒷면에 살아오면서 기억에 남는 사건들을 적게 합니다.

4. 기억에 남는 사건 중 행복하고 기분 좋았던 일에는 + 표시를 하고, 나빴던 일에는 - 표시를 하게 합니다.

5. 직선의 왼쪽 끝은 탄생, 오른쪽 끝은 죽음입니다. 지난 기억들 가운데 나빴던 일은 아래쪽에, 좋았던 일은 위쪽에 적게 합니다. 많이 행복했던 기억일수록 위로, 많이 아팠던 기억일수록 아래에 표시하게 합니다.

6. 지나온 삶의 사건들을 기록한 다음, 앞으로 살아가면서 이루고 싶은 소망을 기록하게 합니다.

7. 희망하는 학생만 인생 그래프를 발표하게 합니다.

8. 이때 교사의 인생 그래프를 소개하면 학생들과 깊은 이야기를 나눌 수 있습니다. 나쁜 일과 좋은 일 모두가 지금의 나를 만들었음을 이야기해 줍니다.

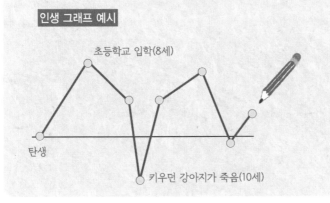

빨간 머리 앤. 선아를 보면 빨간 머리 앤이 생각났습니다. 털털하고 시원시원하고, 하고 싶은 말이 있으면 당당하게 할 줄 알고, 재미있고 엉뚱발랄한 아이. 제가 아는 선아의 겉모습이었습니다. 인생 그래프를 그려 보게 했을 때 선아가 가장 먼저 그려왔습니다.

그런데 선아의 인생 그래프를 보고 깜짝 놀랐습니다. 여섯 살 선아의 기억 속에 뾰족하게 송곳처럼 파고든 가슴 아픈 기억이 있더라고요. 작은 소리로 물었습니다.

"선아야, 이건 뭐니?"

선아가 잠시 머뭇거리다가 대답했습니다.

"……동생이 죽었어요. 그때."

잠깐 할 말을 잃었습니다.

"아, 그랬구나. 네 마음이 많이 아팠겠다."

"이거 인생 그래프 그리면서 처음으로 이야기한 거예요. 아이들은 몰라요."

금세 선아 눈이 빨개졌습니다. 선아의 붉어진 눈을 보면서 저도 모르게 마음이 울컥했습니다. 다른 아이들을 얼른 둘러봤습니다. 인생 그래프 그리기에 빠져 있어 우리를 보는 아이들은 없었습니다. 우리는 잠시 말없이 서로를 마주보았습니다. 저는 이렇게 말해 주었습니다.

"괜찮아, 선아야. 사람마다 누구나 상처가 있어. 말하기 싫은 것도 있고, 평생 숨기고 싶은 것도 있을 수 있어. 괜찮아."

인생 그래프에 희망도 그립니다

선아의 인생 그래프를 보면서 여러 생각들이 스쳐갔습니다. 선아의 인생 그래프는 서른 살에 높이 치솟았고, 그 옆에는 작은 글씨로 '기자가 되다!'라고 적혀 있었어요. 서른두 살에는 '결혼'이라고 씌어 있었습니다.

"서른둘에 결혼해? 남편은 기자 하다가 만나는 거야?"

"네, 아이도 셋 낳을 거예요."

"셋이나? 돈 많이 들 텐데?"

"그땐 우리나라도 선진국처럼 아이를 낳으면 끝까지 책임지는 나라가 될지도 몰라요. 희망을 가져야죠."

선아의 말에 저도 웃고, 아이들도 웃었습니다. 희망을 가져야 한다, 선아는 그날 그렇게 말했습니다.

아이의 인생이 어떻게 흘러갈지 우리는 모릅니다. 우리가 교실에서 만나는 그 많은 아이들 가운데 어떤 아이는 진실이 무엇인지 고민하는 기자가 될 것이고, 어떤 아이는 먼 바다를 항해하는 항해사가 될 것입니다. 어떤 아이는 아이를 여럿 낳아 기르는 엄마가 될 것이고, 또 어떤 아이는 인생의 쓴맛을 보며 좌절할지도 모릅니다.

아이들의 삶이 어떻게 펼쳐질지 모르기에 지금 이 순간, 열심히 가르치고 배우고, 함께 웃어야 합니다. 백지같이 깨끗한 도화지에 그려지는 아이들의 삶에 작은 보탬이라도 되고 있다는 희망을 가지고 말입니다.

교사 앞에서 보이는 아이들의 모습이 전부가 아닐 수 있습니다. 그렇지만 사랑하면서 그 곁을 지켜주면 언젠가 아이 스스로 자신의 참 모습을 찾아내 당당하게 이야기할 힘을 가지겠지요.

Q

소심하고 내성적이어서
친구들과 어울리지 못해요

무척 소심하고 내성적인 남학생이 있습니다. 친구들과 어울리는

것을 어려워하고 교사와도 이야기하기 꺼려합니다. 극도로 소심

한 아이는 어떻게 지도해야 할까요?

A 아이의 모습을 있는 그대로 인정하고 존중하는 게 중요합니다.

선생님, 내성적이고 소극적인 아이를 편하게 대한다는 것은 쉬운 일은 아닙니다. 좀처럼 마음을 열어주지도 않고 어떤 생각을 하는지 알기도 어렵지요. 선생님의 질문에 오래전에 가르쳤던 한 남학생이 생각납니다.

새하얀 운동화 때문에 혼자 서 있던 아이

꽤 오래전 일이지만 그날이 몹시도 선명하게 떠오릅니다. 아이는 멀뚱한 표정으로 나무 그늘 아래 서 있었습니다. 며칠째 비가 내리다가 오랜만에 해가 뜬 날이었습니다. 다른 아이들은 운동장에서 신나게 뛰어다니는데 아이만 혼자 거기 서 있었지요.

"어디 아파?"

"아니요. 신발이……."

말끝을 흐리면서 아이가 신발을 내려다보았습니다. 저도 아이의 시선을 따라 고개를 숙였습니다. 티끌 하나 묻지 않은 새 운동화였습니다. 그제야 짚이는 게 있었습니다.

"혹시 운동화가 새 거여서 그래?"

하고 싶은 말을 대신 해주자 아이 얼굴이 살짝 밝아졌습니다. '다른 아이들처럼 너도 좀 편하게 놀면 안 되겠니?'라고 말하고 싶은 걸 꾹 참고 아이 손을 잡아끌었습니다. 하지만 아이가 손을 뒤로 뺐습니다. 그때 마침 장난꾸러기 남학생 하나가 쪼르르 달려왔습니다. 저와 실랑이를 하는 걸 보면서 이렇게 말하는 겁니다.

"너 신발 샀어? 새 신발 사면 밟아주는 거라는데……."

무슨 장난기가 발동했던 걸까요. 그 말을 듣고 저는 아이에게 다가가 새하얀 운동화를 밟았습니다. 흙이 잔뜩 묻은 신발로 말이지요. 순식간에 아이의 운동화에 흙이 묻어 엉망이 되었습니다.

"아, 이게 뭐야."

아이 눈에 금방 눈물이 그렁그렁해졌습니다. 저는 놀라 얼른 사과했지만 아이는 다른 곳을 쳐다보며 울먹였습니다. 그리고 오랫동안 화를 풀지 않았습니다.

그러고는 한참의 시간이 흐른 뒤 전화가 한 통 걸려왔습니다.

"선생님, 저 김재혁이에요. 기억하세요?"

"아, 얼굴 뽀얗던 김재혁? 당연히 기억하지. 선생님이 그때 운동화 밟아서 미안했어."

김재혁이라는 이름 석 자에서 바로 뽀얀 얼굴과 가느다란 목소리, 그리고 흰 운동화가 떠올랐습니다.

"운동화요? 그런 일도 있었나요? 기억이 안 나는데요."

아이는 어느새 군인이 돼 있었습니다. 아이는 가장 고마운 선생님 하면 제가 생각난다고 말했습니다. 잘해준 것도 없는데 그렇게 말해 주어서 깜짝 놀랐습니다. 그리고 많이 미안했습니다.

머릿속에 남아 있는 재혁이는 매사 조심스러웠고 글씨는 꼼꼼하고 반듯했습니다. 친구들에게도 말 한 마디 실수하지 않으려 애쓰는 아이였습니다.

"제가 어릴 때는 좀 소심했죠? 제가 별일 아닌 것에도 울곤 했잖아요."

재혁이의 말에 제가 더 놀랐습니다.

"아니야. 그건 개성이지. 너 되게 꼼꼼했어. 공부도 잘하고 말도 신중하게 했지."

"그렇게 말씀해 주셔서 고맙습니다. 그때 쿨하지 못해서 죄송해요, 선생님."

재혁이가 전화기 너머로 크게 웃었습니다. 주변이 갑자기 시원해지는 것처럼 호탕한 웃음소리였어요. 소심한 어린아이는 사라지고 어느새 의젓한 어른이 거기에 있었습니다.

그날 전화를 끊고 한참 생각했습니다. 소심한 아이가 아니라 신중하고 세심한 아이로 대해주는 것이 교사가 할 일이라는 것을 말입니다.

교실에서 소심한 아이가 마음 편하게 지낼 수 있게 돕는 것이 교사의 역할입니다. 교사가 아이의 특성을 있는 그대로 인정하고, 소심하고 내성적인 아이가 존중받는 교실 문화를 만들어가야겠지요. 이를 위해서 교사가 할 수 있는 몇 가지 방법을 소개합니다.

소심한 아이를 위한 지도 방법

1. 재촉하거나 다그치지 않고 기다려줍니다.

소심한 아이는 자신을 쉽게 표현하지 않습니다. 이런 아이를 가장 힘들게 하는 것은 "무슨 말을 하고 싶은 거야? 얼른 말해 봐" 하면서 다그치는 것입니다. 아이가 자신을 표현할 수 있도록, 재촉하거나 다그치지 말고 기다려줄 수 있어야 합니다.

2. 소심한 아이도 편안하게 어울릴 수 있는 놀이를 합니다.

재능을 드러내야 하는 놀이는 소심한 아이에게 좋지 않습니다. 잘하고 못하는 것이 잘 드러나지 않는 놀이가 좋습니다. 이를테면 평범한 이어달리기보다 달리기를 잘 못해도 상관없는 달팽이 이어달리기가 더 좋지요.

3. 잦은 성공 경험으로 자신감을 갖게 합니다.

소심한 아이들에게 실패는 더 크게 남을 수 있습니다. 성공하는 기쁨을 맛보게 하여 자신감을 갖게 돕는 것이 중요합니다. 작은 성취도 크게 칭찬하고, 성공을 자주 경험하게 하면 용기를 내서 어려운 일에 도전하려는 마음을 갖게 됩니다.

4. 소심한 것이 나쁜 것이 아님을 알게 합니다.

소심한 아이들이 가장 자주 듣는 말 가운데 하나가 "넌 왜 이렇게 소심하니?"입니다. 어릴 때부터 듣는 '소심하다'는 말이 곧 좋지 않은 말이라고 믿게 되지요. 이런 아이들에게는 소심한 것이 나쁜 것이 아니라 그저 사람마다 가지는 특성 가운데 하나라고 여기게 하는 인식의 전환이 필요합니다.

"넌 참 소심하구나"가 아니라 "넌 참 신중하구나"라고 이야기해 주는 겁니다. 또 기회가 될 때마다 아이의 신중함을 칭찬하면 아이는 자신을 소심한 아이라고 믿는 대신 신중하고 세심한 사람이라고 여기게 되지요.

5. 내성적인 성격을 가진 위인의 이야기를 들려줍니다.

간디나 마더 테레사처럼 성격이 내성적이었던 위인의 이야기를 들려주는 것이 소심한 아이들에게 도움이 되는 것을 많이 보았습니다. 내성적이지만 마음의 근육이 단단하면 훌륭한 일을 많이 할 수 있다고 강조해서 이야기해 주는 것이지요.

Q
아이가 말 속에
자살을 암시해요

죽고 싶다는 말을 자주 하는 아이가 있습니다. 혹시라도 무슨 일
이 있을까 싶어 무척 걱정됩니다. 이런 아이를 어떻게 대해야 할
지 모르겠어요.

A 　내가 누구이고 무슨 일을 하는 사람인지 생각해 보는 것은 어린아이에게도 무척 중요한 일입니다. 스스로 소중하고 중요한 사람으로 여기게 지도해 주세요.

　　선생님, 20여 년 전의 일인가 봅니다. 교대 4학년 여름방학을 한 달 앞두고 교생 실습을 갔습니다. 저는 6학년 교실에 배정받았습니다. 담임 선생님은 일이 바빠 교실을 비울 때가 잦았습니다. 어찌할지 몰라 우왕좌왕하다 보면 어느새 반장, 부반장 같은 아이들이 교실 앞에 나와서 떠드는 아이들 이름을 적었습니다. 그 아이들이 분필을 집어 들면 교실이 순식간에 조용해졌지요.

　　그들 가운데 키가 크고 예쁘장한 여학생이 하나 있었습니다. 분홍색 머리핀을 긴 머리에 꽂고 성숙한 느낌이 드는 아이였습니다. 한 달 동안 임시 담임으로 맡은 열 명 가운데 그 아이가 있다는 게 살짝 기뻤습니다.

　　하루는 그 아이가 일기에 이런 글을 써왔습니다.

이대로 죽어버렸으면 좋겠다. 나는 공부도 못하고, 이대로는 대학도 못 갈 것이다. 하루하루 이렇게 살 거면 그냥 죽는 게 낫다. 아빠도 싫고, 엄마도 싫고, 동생도 싫다. 내겐 친한 친구도 없다. 선생님도 나를 싫어하는 것 같다. 내가 이런 생각을 한다는 걸 누가 알게 되면 난 그대로 죽어버릴 거다.

깜짝 놀랐습니다. 고개를 드니 일기를 읽고 있는 저를 아이가 보고 있었습니다. 그날부터 고민이 시작됐습니다. 아이가 진짜로 나쁜 선택을 하게 되면 어떻게 하지, 멀리서도 아이의 분홍 머리핀만 눈에 밟혔습니다.

늘 죽고 싶다는 아이의 일기

한 번 그런 일기를 써온 이후로 아이는 걸핏하면 죽고 싶다는 일기를 써왔습니다. 선생님에게 혼나도 죽고 싶고, 엄마가 잔소리를 해도 죽고 싶고, 친구들이 귀찮게 해도 죽고 싶다고 적었습니다. 그때마다 저는 어찌할 바를 몰라 하다가 아이의 일기보다 몇 배 더 긴 댓글을 쓰곤 했습니다.

그러는 사이 아이는 제 곁에 와서 머리카락을 만지며 웃었고, 점심시간에는 자기가 좋아하는 남학생에 대해 이야기했습니다. 어느 날인가, 친구들과 웃고 있는 아이 곁에 다가가 앉으면서 말을 걸었습니다.

"선생님하고 이야기 좀 할까?"

제 딴에는 용기를 낸 것이었습니다.

"어떤 이야기요?"

아이가 저를 빤히 보았습니다.

'으웅? 너랑 나랑 친한 게 아니었어?'

아이는 당황해하는 제 눈을 그대로 마주보았습니다. 당돌한 눈빛이었습니다. 뭔가 찌르르 하면서 전기라도 통하는 듯했지요. 그 사이 다른 아이들이 눈을 동그랗게 뜨고 모여드는 통에 저는 더 말하지 못하고 일어섰습니다.

"그래, 다음에 이야기하자."

아이는 길고 윤기 나는 검은 머리를 휙 돌렸습니다.

다음 날, 아이에게 다시 다가갔습니다. 아이가 앉은 채로 저를 빤히 올려다보았습니다. 아이의 이마에 살짝 주름이 잡히면서 여드름 몇 개가 그 사이로 사라지는 게 보였습니다.

"왜요?"

그 짧은 문장을 '사춘기 소녀 언어번역기'로 바꾼다면 아마도 이런 말이겠지요.

'선생님이 뭔데요?'

저도 모르게 할 말이 쏙 들어갔습니다. 아이는 그날 청소하면서도 제 곁을 그냥 지나갔습니다. 아이의 마음이 제게서 거두어지는 게 느껴졌습니다. 그후로 아이는 죽고 싶다는 일기를 더 이상 써오지 않았습니다.

그리고 실습이 끝나는 날이 왔습니다. 교실 문을 나서는데 아이가 제 손에 뭔가를 하나 쥐어주었습니다. 집에 와서 포장을 풀자 분홍색 머리핀이 얌전하게 고개를 내밀었습니다.

선생님, 그동안 쌀쌀맞게 굴어서 죄송해요. 사실은 선생님이 제 이야기 들어주셔서 정말 고마웠어요. 선생님을 못 잊을 거예요. 사랑해요.

또박또박 적은 아이의 쪽지를 보고는 멍해졌습니다. 문득 '아, 아이들

도 어른처럼 힘들어서 투덜대고 싶을 때가 있는 거구나' 했습니다. 그후
로 별다른 소식을 들은 적이 없으니 그 아이는 아마도 건강하고 행복하
게 잘 자랐겠지요.

스스로를 소중하게 여기는 마음 키우기

그 아이를 경험한 다음 누군가의 손길을 간절히 원하는 이들은 큰 도
움을 기대하는 게 아니라는 것을 배웠습니다. 또한 자살하는 사람이 매
우 특별한 사람이 아니라 어쩌면 곁에 있는 평범하고 아무 문제없어 보
이는 누군가일 수 있다는 것도요.

길가를 걷다 보면 눈에 잘 띄지도 않는 작은 들풀 하나에도 이름이 있잖
아요. 저는 그 풀꽃들이 모두 이름을 가졌다는 게 가끔 신기합니다. 이름이
있다는 것은 곧 그 존재를 누군가가 알고 기억한다는 뜻이니까요. 그렇게
작은 풀꽃에도 이름이 있고 알아봐주는 이가 있는데 우리 아이들이 세상
에서 귀하게 대접받지 못한다면 그건 정말이지 너무나 안타까운 일이지요.

한국건강증진개발원에서 발표한 자료에 따르면 2015년 1월부터 12월
까지 청소년 사망원인 1위는 자살이었습니다. 몹시 충격적인 결과지만
학교에서 생명 존중이나 자살 예방교육은 매우 미비하지요. 만약 학생
들이 자신을 소중하게 아낀다면 목숨을 스스로 끊어야겠다는 생각은
하지 않을 겁니다.

스스로를 소중한 사람으로 대하기 위해 가장 먼저 할 일은 자신을 깊
이 이해하는 것입니다. 자신의 감정, 생각, 장점과 단점, 매력과 아쉬운
점을 있는 그대로 바라보게 하는 겁니다.

내 마음을 들여다보는 단점 반박하기 놀이

한 번은 아이들에게 자신의 장점을 스무 개씩 적어오게 했습니다. 그런데 제대로 해온 아이가 없었습니다. 아이들은 도저히 장점을 스무 개나 찾을 수 없었다면서 도리어 저에게 "선생님은 장점이 스무 개 있어요?"라고 묻는 겁니다.

고민하다가 다음 날은 단점을 찾아오게 했습니다. 다들 스무 개는 기본이고, 서른 개 넘게 적은 아이도 있었습니다. 가장 심각하다고 생각하는 단점을 포스트잇에 세 개씩 적어보게 했습니다. 포스트잇을 칠판에 붙이고 다른 아이들에게 반박해 보게 했지요.

지형이의 단점

- ☑ 손톱을 항상 물어뜯어서 엄마한테 혼난다.
- ☑ 밥을 천천히 먹는다.
- ☑ 처음 만난 사람에게 먼저 말을 걸기 어렵다.

다른 친구들이 이렇게 말해 주었습니다.

"손톱이 길지 않아서 친구들을 할퀼 일이 없어."

"밥을 천천히 먹으니까 다른 사람들하고 이야기할 시간이 많겠구나."

"처음 만난 사람에게 너무 친절하면 유괴를 당할 수도 있는데, 너는 신중하니까 그런 일이 없을 거야."

친구들이 조금 엉뚱해도 자신의 단점을 감싸주는 말을 하면, 아이들은 쑥스러워하면서도 무척 좋아했습니다. 마무리는 스스로에게 들려주는 다짐과 따뜻한 응원을 편지로 작성하게 했습니다. 이 수업을 하고 난 다음 학생이 작성한 편지입니다.

지형아, 네가 손톱을 물어뜯는 걸 부끄럽게 생각하는 거 잘 알아. 그런데 덕분에 너는 손톱이 한 번도 길어본 적이 없잖아. 손톱이 길지 않으면 친구들을 할퀼 일이 없지. 참 다행이야. 하지만 이왕이면 손톱을 물어뜯지 않고 손톱깎이로 깎는 게 더 좋겠지. 그렇게 하면 엄마한테 혼날 일도 없잖아. 나는 네가 잘 해낼 거라고 믿어.

장점과 단점은 인격이라는 동전의 양면과 같습니다. 단점을 감추려고만 하는 게 아니라, 있는 그대로 자신을 바라보게 하는 것이 더 중요합니다. 아이들 스스로 잘하는 것, 자신 있는 것, 아름다운 모습을 찾아내게 하고, 그 이야기들을 들어주는 것이 우리가 할 일인 것이지요.

마음을 어루만지는 감정카드와 격려카드 놀이

기본적으로 어느 언어나 인간의 감정을 설명하는 단어들은 추상적이기 때문에 쉽게 이해하기 어렵습니다. 어린 학생들일수록 자신의 감정이 객관적으로 어떤 상태인지 말로 표현하는 게 힘들지요. 우울하고 지쳐 보이는 아이에게 '오늘 왜 그러는데?' 물어보면 '잘 모르겠어요' 또는 '그냥요' 하고 대답하기 일쑤입니다. 학교에서 따뜻하고 부드럽게 감정을 표현하는 방법을 가르쳐주어야겠지요. 처음에는 교사가 감정카드를 준비하고 익숙해지면 학생들이 직접 감정카드와 격려카드를 만들어보게 하세요.

준비물: 감정카드(기쁜, 슬픈, 괴로운 등 다양한 감정이 적힌 카드), 격려카드
(힘 내, 네 편이 되어줄게, 널 응원해 등 격려의 말이 적힌 카드)

🖎 감정카드를 책상 가운데에 올려놓습니다.

🖎 한 학생에게 지난 한 주 동안 기분이 어땠는지 감정카드로 말해 보게 합니다.

'고민하는' 카드를 고른 학생: 나는 이번 주에 고민하는 시간이 많았어. 왜냐하면 친하게 지냈던 친구랑 좀 다퉜거든. 그 애가 나랑 말도 안 해.

🖎 다른 학생들은 이 친구에게 해주고 싶은 이야기를 격려카드에서 고른 다음 돌아가면서 격려카드를 이용하여 격려의 말을 해줍니다.

'많이 속상했지?' 카드를 고른 학생: 많이 속상했지? 나도 그랬던 적이 있어. 아마 다음 주엔 좀 나아질 거야. 네가 먼저 말을 걸어봐.

유럽한글학교연합 교사세미나에 참여하신 선생님들과 함께 감정카드와 격려카드 놀이를 해보았는데 '네 편이 되어줄게', '힘 내', '잘할 거야' 같은 격려카드에 적힌 말을 듣고 눈물을 흘리신 분들이 있었습니다. 학생뿐 아니라 교사에게도 위로가 필요한 것이지요. 학교의 교직원협의회에서 이 감정카드와 격려카드를 활용하는 시간을 갖는다면 단순한 회의를 넘어서 학교 구성원들이 서로에게 공감과 위로를 건네는 따뜻한 시간이 될 수 있을 것입니다.

선생님, 아이의 이야기를 들어주고, 눈을 맞추며 웃어주고, 외로워할 때 손을 잡아주세요. 한 사람의 영혼을 어루만진다는 마음으로 가까이 다가가기 위해 꾸준히 노력하다 보면, 아이의 마음의 빗장이 정말로 어느 샌가 스르르 열리는 날이 꼭 올 겁니다.

Q

친구들하고는 말하는데,
교사와는 말하지 않아요

친구들과는 아무렇지 않게 수다도 떨고 이야기하는데 교사와는
이야기하지 않는 아이가 있습니다. 평소에 친절하게 잘 대해주고
많이 웃어준다고 생각하는데, 아이의 그런 반응을 보면 자꾸 힘
이 빠십니다. 이런 아이를 어떻게 이해해야 할까요?

A 아이의 마음이 열릴 때까지 기다리면서 천천히 부드럽게 다가가세요. '선택적 함묵증'일 수도 있는데, 이 또한 단계별로 접근하면 충분히 지도할 수 있습니다.

선생님의 고민을 들으면서 남편을 처음 만났을 때가 생각납니다. 말이 많지 않은 사람이어서 도대체 무슨 생각을 하고 있을까 궁금했습니다. 어쩌면 그 궁금해하던 마음이 지금의 남편과 저를 이어준 것인지도 모르겠습니다.

나중에 남편에게 물어보니 낯선 사람 앞에선 입이 안 떨어진다고 하더라고요.

아무하고나 잘 떠들고 금방 친해지는 저는 남편을 만나면서 알게 됐지요. 아무에게나 말을 걸 수 있는 사람이 있는가 하면 쉽게 말할 수 없는 사람이 있다는 것을요.

교사와 눈이 마주치면 고개를 숙이던 아이

오래전 만났던 송이는 저를 참 어려워했습니다.

'동그란 눈에 까만 작은 코~' 한창 볼이 발갛게 달아오를 정도로 신나게 노래를 따라하던 송이가 저하고 눈이 마주치는 순간 얼른 입을 다물면서 고개를 숙이는 겁니다. 단짝 친구에게는 웃어 보이기도 하고 재잘대면서 이야기도 나누는데 저하고는 아니었지요.

저는 송이가 사회성이 떨어지는 아이라고 생각했습니다. 어떻게 해서든 저나 다른 친구들 앞에서 발표도 하고 자신의 생각을 이야기할 수 있는 아이가 되도록 하고 싶었습니다. 다음 날, 아이들에게 송이가 발표를 하면 우리 반 모두가 운동장에 나가서 놀이를 하겠다, 송이가 발표를 하게 도와주면 그 모둠은 칭찬 점수를 몽땅 주겠다, 등을 약속했습니다. 주변 아이들의 성화에 못 이겨 결국 송이는 한참 머뭇거리다 결국 손을 들고 간단하게 발표까지 하게 됐습니다.

학년 말 방학을 앞두고 아이들에게 가장 기억에 남는 사건을 적어보게 했습니다. 많은 아이들이 송이가 발표한 것을 적었습니다. 그리고 드디어 송이의 쪽지를 보게 됐지요.

"발표한 것. 너무 힘들었다."

힘들다는 표현이 살짝 마음에 걸리긴 했어도 행동의 변화를 이끌어냈으니 나름 잘한 일이었다고 생각했습니다. 그러나 다음 해에 송이는 곧바로 원점으로 돌아갔습니다. 몹시 빠르게, 그리고 제가 처음 만났을 때보다 더 조용한 아이로. 송이의 담임교사는 친구들과는 이야기하는데 자신과는 이야기하지 않는다고 불편해했습니다. 송이의 상태는 전혀 나아지지 않았던 것이죠.

아이가 말할 때까지 기다려주는 것

남편이 송이 이야기를 듣더니 제게 이런 말을 해주었습니다.

"난 어릴 때 누가 나한테 뭐 물어보는 게 정말 싫었어. 그런데 선생님들마다 꼭 물어보는 거야. 넌 왜 말을 안 해, 무슨 일 있어, 하면서 말이야. 생각해 봐. 어린애가 자기가 무엇을 왜 싫어하는지 설명하기가 쉬운 건 아니잖아. 스스로 말할 때까지 기다려줄 수 있으면 얼마나 좋았을까."

저는 할 말이 단 한 마디도 없었습니다. 그런 거였습니다. 기다려주는 것. 아이가 입을 열고 말을 할 때까지 기다려주는 것. 교실에서 언제나 통하는 단 하나의 진리가 거기서도 작용하는 것이었습니다.

송이처럼, 발성이나 발음기관 등에 신체적인 결함이나 이유가 없음에도 불구하고 특정한 상황이나 상대 앞에서는 말을 하지 않는 것을 '선택적 함묵증'이라고 합니다. 다음은 송이처럼 선택적 함묵증을 보이는 아이와 말을 하는 방법입니다.

선택적 함묵증 아이와 말하기

선택적 함묵증은 처음엔 아주 작은 반응을 유도하는 것으로 시작합니다.

1. 반응 이끌어내기 단계
1) 묻는 말에 고개만 살짝 끄덕이게 합니다.

교사: 송이야, 오늘 수학 수업 재미있었어? 재미있었으면 고개를 끄덕여줄래?

2) 말하는 상대의 눈을 보게 합니다.

> 교사: 송이야, 수학 수업 어렵진 않았어? 선생님이 널 무섭게 하려는
> 게 아니라, 네 이야기를 듣고 싶어서 그래. 이야기할 때는 선생
> 님 눈을 봐주면 좋겠어.

2. 예/아니오 대답하기 단계

끄덕이기와 눈 마주치기가 잘 되면 그 다음은 '예'와 '아니오'로 답하게
합니다. 일상생활과 관련된 사소한 질문을 가볍게 던져서 편하게 답할
수 있게 합니다.

> 교사: 송이야, 오늘 점심 반찬 맛있었어?
> 학생: 네.
> 교사: 송이야, 선생님 머리 오늘 예쁘니?

3. 짤막한 문장으로 말하기 단계

아이와 어느 정도 가까워진 다음은 짤막한 문장으로 답하게 합니다. 좋
아하는 것, 싫어하는 것, 잘하는 것 등을 가볍게 질문하면 아이가 자신
의 생각을 자연스럽게 말하게 됩니다. 교사가 신변에 관한 가벼운 주제
로 먼저 이야기하고, 아이에게 같은 내용을 묻는 식으로 다가갑니다.

> 교사: 선생님은 햄이 제일 맛있더라. 너는 어때?
> 학생: 저도요.
> 교사: 선생님 머리 짧게 자를까?
> 학생: 아니요.

짤막한 문장을 주고받는 상황에 익숙해지면 아이도 서서히 하고 싶은 말을 하게 됩니다. 무엇보다 시간이 흐르면 언젠가는 아이가 말을 먼저 하게 될 거라는 믿음을 가져야 합니다. 교사가 믿고 기다리고 인내하는 자세가 절대적으로 필요한 것이지요.

나중에 비슷한 아이를 만난 적이 있습니다. 베트남 엄마를 둔 아이였는데, 남자 교사나 담임교사와는 이야기를 하지 않고 친한 친구 한 명하고만 말을 했습니다.

그 아이에게 위에 소개한 것과 같이 단계별로 접근해 보았습니다. 차츰 나아져서 나중에는 수업 시간에 손들고 발표하고 생각을 이야기하는 데까지 자연스럽게 나아갔습니다. 아마 송이를 만나지 않았다면 저는 그 아이를 어떻게 지도해야 할지 몰랐을 겁니다.

선생님, 교사는 언제나 아이보다 느긋해야 합니다. 충분히 무르익었다 생각할 때조차도 한 박자 더 기다려주어야 해요. 마음이 열릴 때까지 기다려주세요. 아이가 먼저 선생님에게 눈으로 말하는 날이 올 거예요.

'선생님, 저 준비됐어요.'

그때 말을 해주는 것이지요.

"이제 세상을 향해 말을 해볼래? 우리도 너의 이야기를 들을 준비가 됐어."

Q

아동학대를 경험한 아이를
어떻게 지도해야 할까요

아버지에게 어릴 때부터 아동학대를 받아온 아이가 있습니다. 마음에 상처가 있어서인지 다른 아이들과 어울리기보다는 공격적인 행동을 할 때가 많습니다. 이런 아이를 어떻게 지도해야 할까요?

A 〈빈 의자 놀이〉와 〈역할 바꾸기 놀이〉처럼 교실에서 쉽게 응용할 수 있는 심리치료 기법들을 추천합니다.

『나의 라임오렌지나무』의 주인공 제제는 다섯 살배기 어린 꼬마 아이입니다. 제제는 장난이 심해서 아버지와 형에게 야단맞기 일쑤죠. 제제의 아버지가 심하게 때렸을 때 제제는 가장 가까운 친구이자 라임오렌지 나무인 밍기뉴에게 이런 말을 합니다.

"밍기뉴, 내 안에는 악마가 있나 봐. 나는 태어나지 말걸 그랬어. 나 같은 나쁜 아이는 태어나지 말았어야 해."

아버지에게 정신을 잃을 정도로 심하게 맞았음에도 제제는 자신이 나쁜 아이여서 그렇다고 생각합니다. 학대받는 아이의 생각을 단적으로 보여주는 예이지요.

학대는 상처받은 어린 자아를 남깁니다

국가건강정보포털에서는 아동학대에 정서적 학대, 신체적 학대, 성적 학대, 방임이 포함된다고 분류하고 있습니다. 아이에게 정서적으로 피해를 줄 수 있는 욕설과 비난은 물론이고 신체적 폭력과 노동력 착취, 성적인 착취와 성폭행, 의도적으로 아이를 돌보지 않고 내버려두는 방임까지 모두 아동학대에 해당하는 것입니다.

그렇다면 과연 누가 아동을 학대할까요. 안타깝게도 대부분은 제제의 아버지처럼, 부모가 아동을 학대합니다. 2015년에 한국형사정책연구원이 발표한 「아동학대의 실태와 학대피해아동 보호법제에 관한 연구」에 따르면 실제로 최근 10년 동안 아동학대로 신고된 가해자의 82.7퍼센트는 피해아동의 부모였습니다.

부모는 어린아이에게 절대적인 존재입니다. 먹여주고, 입혀주고, 재워주는 양육의 주체이며 생명의 근원이니까요. 그런 부모에게서 학대당하는 것을 아이 입장에서 부정하고 싶어 하는 것은 어쩌면 당연한 일인지도 모릅니다.

문제는, 아닌 것처럼 잊은 듯 살아도 학대를 경험한 아이의 내면에는 제제처럼 자신의 존재를 부정하는 분노와 슬픔이 남아 있다는 것입니다. 학대의 경험은 아이의 마음 깊숙한 곳에 상처받은 어린 자아를 남깁니다. 이른바 '상처 입은 내면아이'는 마음 깊은 구석에 웅크리고 있다가 다른 사람과의 관계에 문제가 생길 때마다 어른 자아에게 말을 겁니다.

'네가 사랑받기엔 부족한 사람이라서 사람들이 너를 떠나는 거야. 저 사람이 아니라 바로 네가 문제인 거야.'

'네가 거절하면 사람들은 너를 싫어할 거야. 그러니까 싫다고 말하면

안 돼. 착한 아이의 모습으로 지내야 사랑받을 수 있어.'

'뻔해. 저 사람도 곧 본색을 드러낼걸. 사람을 깊이 믿으면 안 돼. 믿었다가는 또다시 상처받을 거야.'

상처 입은 내면아이의 목소리에 어른 자아는 멈칫거립니다. 사랑하지 않으려 하고, 헤어짐을 두려워하고, 누군가 상처 주는 것에 지나치게 예민하게 반응하거나 반대로 정당하게 방어하는 일마저 포기해 버립니다. 화를 낼 상황이 분명한데도 오히려 자신이 잘못해서 그런 것이라고 상대의 잘못을 덮어버리기도 하지요.

교실에서 가끔 지나치게 착한 아이들이 있지요? 분명히 상대에게 화를 내야 하는데도 화 내지 않고, 정당한 방어조차 하지 않는 아이들. 그런 아이들과 이야기해 보면 '내가 화를 내면 나는 친구도 잃게 되고 선생님도 나를 싫어할 거야'라고 생각한다는 것을 알 수 있습니다. 매사에 분노할 필요는 없지만 그렇다고 해서 누군가의 모욕적인 언행을 억지로 참아야 할 필요도 없는데 스스로 자신을 방어하기를 포기하는 것입니다. 상대의 모욕적인 말과 행동에 자신을 방어하는 것 역시 내면의 힘 없이는 어렵기 때문이지요.

한 걸음 더 나아가 어린 시절 학대를 경험한 아이가 부모가 되면 또 다른 문제를 마주하게 됩니다. 자녀에게 지나칠 정도로 집착하거나 방임하면서 아예 관심을 갖지 않는 것이지요.

심지어 자녀에게 행해지는 폭력을 정당한 것으로 여기는 경우도 많습니다. 폭력이 세습될 수 있다는 점에서 모두가 관심을 가져야겠지요. 지금부터라도 아동학대에 적극적으로 대응하고 아이들을 함께 보호하는 사회를 만들어야 합니다.

'네 잘못이 아니었어'

선생님, 영화 〈파더 앤 도터〉를 혹시 보셨나요? 어린 시절 어머니가 교통사고로 죽고, 소설가이던 아버지마저 병으로 죽자 어린 딸은 어른이 되어서 혼자 남게 된 자신을 끝없이 다양한 방식으로 학대합니다. 아무 의미 없는 남자를 만나 하룻밤을 보내고, 자신을 사랑해 주는 사람을 만나서도 사랑받는 것이 두려워 도망치지요. 결핍이란 그만큼 무서운 것입니다. 언젠가 또 버려질 거라는 생각은 깊은 공동(空洞)을 만들어 내면을 잠식하니까요.

그런데 중요한 것은 이 다음입니다. 인간은 따뜻하고 안정적이며 변함없는 사랑을 주는 누군가를 만나면 누구나 변화할 수 있다는 것이죠. 이것이야말로 우리가 아이들을 사랑해 주고 인정해 주고 기다려주어야 하는 단 하나의 이유입니다.

자신을 쓸모없이 버려지는 존재가 아니라 사랑받고 귀하게 대접받는 아름다운 존재라고 인정하는 순간에야 인간은 변화합니다. 결국 인간의 내면을 위한 유일한 치료제이자 해결 방법은 언제나 사랑 하나인 것입니다. 사랑으로 변화된 인간은 자신의 내면아이에게 따뜻하게 말을 걸어 '네 잘못이 아니었다'고 말해 줄 수 있게 됩니다.

'네 잘못이 아니었어. 너는 어리고 약해서 보호받아야 할 존재였잖아. 그런 너를 어른들이 때리고 괴롭히고 흔들었지. 네가 나빴던 게 아니라 그 사람들이 잘못한 거였어.'

결국 내면의 자아에게 치유의 말을 들려줄 수 있는 사람도, 치유의 길을 선택하는 것도 자신인 셈입니다. 우리는 아이들이 용감하게 자신을 마주보고 상처가 아닌 치유의 삶을 선택하도록 도와야겠지요.

교실에서 아이들과 함께 상처받은 자아에게 말을 거는 방법으로 〈빈 의자 놀이〉와 〈역할 바꾸기 놀이〉를 소개합니다.

〈빈 의자 놀이〉는 심리학의 '빈 의자 기법'을 활용한 것으로 빈 의자에 이야기하고 싶은 누군가가 앉아 있다고 상상하면서 이야기를 나누는 겁니다. 〈역할 바꾸기 놀이〉는 정해진 시점부터 역할을 바꾸어보는 역할놀이입니다. 전문상담사가 아니어도 학생들의 아픈 마음을 달래고 충분히 깊은 이야기를 나눌 수 있습니다.

〈빈 의자 놀이〉로 아버지를 이해한 아이

다음 이야기에 등장하는 지영이는 아버지의 매우 엄한 훈육으로 심하게 주눅이 들어 있던 아이였습니다. 학교에서도 표정이 밝지 않았고, 작은 실수에도 "죄송해요. 잘못했어요. 혼내주세요. 저는 혼나도 싸요" 같은 말을 하곤 했습니다.

지영이와 〈빈 의자 놀이〉를 하면서 저도 지영이도 많이 울었습니다. 나중에 지영이는 "왠지 모르게 마음에 위로가 됐어요. 집에 와서도 자꾸만 눈물이 나면서 아빠 마음이 이해가 되더라고요"라고 말했습니다.

이 기법들은 『서준호 선생님의 교실놀이백과 239』의 저자 서준호 선생님에게 배웠습니다. 2014년에 『행복한 진로교육 멘토링』을 집필하던 중 인터뷰를 위해 서준호 선생님을 만났지요. 그때 교실에서 아이들과 가장 쉽게 할 수 있는 심리치료 방법으로 가르쳐주신 것들입니다. 선생님도 교실에서 아이들과 마음을 나누는 방법으로 활용해 보시길 바랍니다.

교실에서 활용하기 쉽도록 제가 교실에서 했던 〈빈 의자 놀이〉와 〈역할 바꾸기 놀이〉를 그대로 옮겨봅니다.

〈빈 의자 놀이〉 지도 방법

1. 아이를 의자에 앉히고, 옆에 빈 의자를 하나 놓습니다.
2. 상황을 가정합니다.
3. 학생이 이야기하고 싶은 상대를 빈 의자에 앉혔다고 상상합니다.

교사: (빈 의자를 가리키며 말합니다.) 지영아, 이 빈 의자에는 아무나 앉을 수 있어. 네가 직접 앉아도 되고, 네가 이야기하고 싶은 누군가를 앉혀도 돼. 가장 이야기하고 싶은 상대를 말해 볼래? 우리 그 사람을 앉혀보자.

지영: 아빠와 이야기하고 싶어요.

교사: 아빠한테 네가 하고 싶은 이야기를 맘껏 해봐. 이 의자에 앉아 있는 사람에겐 네가 하고 싶은 이야기를 얼마든지 할 수 있어.

지영: (빈 의자를 바라보며 말하게 합니다.) 아빠, 왜 나한테 그때 화냈어요? 지난번에 아침에 밥 안 먹는다고 하니까 아빠가 막 화냈잖아요. 아빠가 화낼 때 너무 무서웠어요.

교사: 더 하고 싶은 이야기는 없니? 얼마든지 해도 돼.

지영: 저는 아빠가 저에게 자주 웃어주면 좋겠어요. 그리고 아빠가 술 먹고 들어오면 항상 걱정돼요. 술 먹지 말고 빨리 들어와요. 수학 학원 같이 다니는 친구 아빠도 술 마시고 늦게 오다가 교통사고로 돌아가셨다고 했어요. 나는 아빠가 그렇게 될까 봐 정말 걱정돼요.

교사: 지영아, 또 하고 싶은 말은 없니?

지영: 있어요. 아빠, 나는 아빠 좋아해요. 아빠, 사랑해요.

교사: 더 하고 싶은 말 있니?

지영: 아빠, 사랑해요. 나는 아빠에게 사랑받는 딸이 되고 싶어요. 아빠
　　　가 때리지 않고 무섭게 안 하면 저도 아빠 말 잘 들을게요. 아빠가
　　　공부 못한다고 때리고, 시험 못 봤다고 때리면 내가 마치 아무것도
　　　아닌 것 같아서 차라리 죽고 싶어요.

　지영이는 눈물을 글썽거리면서 빈 의자에 대고 한참을 이야기했습니다. 실제로 아버지와 이야기를 나눌 수 있다면 얼마나 좋을까요. 그럼에도 불구하고 아이의 다친 마음은 이렇게 이야기를 나누면서도 어루만져집니다. 마른 땅에 물 한 방울이 절실하듯이 상처가 깊은 사람에게는 작은 위로도 큰 도움이 되니까요.

　여기서 이야기를 끝내도 충분하지만 이야기를 좀 더 나눠야 할 필요가 있다고 생각되면, 〈역할 바꾸기 놀이〉를 이어서 진행합니다.

〈역할 바꾸기 놀이〉 지도 방법

1. 앞에서 '빈 의자 놀이'에 활용했던 의자에 아이를 앉힙니다.
2. 의자에 앉는 순간 상대가 되었다고 가정하고, 하고 싶은 말을 하게 합니다.
3. 느낀 점을 함께 이야기 나눕니다.

교사: 이제 의자를 바꿔서 선생님은 네가 되고, 지영이는 아빠가 되어서 이야기를 해보는 거야. 이 의자에 지영이가 앉는 순간 지영이는 아빠가 되는 거고, 지영이 의자에 선생님이 앉는 순간, 선생님은 지영이가 되는 거야.

(지영이 입장에서 방금 전에 나눴던 이야기를 묻습니다.) 아빠, 지난번에 왜 나한테 밥 안 먹는다고 화냈어요?

지영: (아빠가 되어 말하게 합니다.) 아, 그건 화낸 거 아니야.

교사: 아니에요. 화냈어요. 큰 소리로 무섭게 말했잖아요.

지영: 그건 네가 아침을 안 먹고 가면 학교에서 배고플까 봐 그랬어. 네가 미워서 그런 건 절대 아니야.

교사: 그럼 왜 공부 못한다고 화내면서 저를 때렸어요?

지영: 공부를 좀 더 잘하면 좋겠다고 생각해서 그런 거야. 아빠는 네가 잘되길 바라니까.

교사: 아빠가 때리면 내가 기분이 어떨 거 같아요?

지영: 속상할 거야. 많이 아플 거고. 미안해. 아빠가 너 아프게 해서 정말 미안해.

교사: 아빠는 앞으로 내가 어떻게 하면 좋겠어요?

지영: 아빠가 말하면 말대답하지 말고 그냥 들었으면 좋겠어. 아빠는 네가 말대답하는 거 진짜 싫어. 그렇게 해주면 아빠도 노력할 거야. 아빠는 너를 사랑하니까.

교사: 알았어요. 나도 말대답 안 하도록 노력할게요. 아빠도 노력해 주세요.

〈빈 의자 놀이〉와 〈역할 바꾸기 놀이〉를 끝낸 다음 지영이와 눈이 마주쳤던 그 순간을 어떻게 설명해야 할까요. 어른이라는 사실이 마냥 슬프고 미안했습니다. 왜 서준호 선생님이 이 두 기법을 추천했는지도 이해했습니다. 이 역할놀이는 서로의 마음을 들여다보는 가장 쉽고 깊은 방법이기 때문입니다.

가슴에 상처가 많은 아이들은 이런 상황극을 몇 번만 해도 눈물을 펑펑 흘립니다. 교사와 깊은 래포(rapport)를 형성한 다음에는 상황극을 하는 것이 아이들에게 위로가 되고, 힘이 된다는 것을 느낄 수 있었습니다. 무엇보다 중요한 것은 아이가 마음을 열고 이야기할 기회를 주는 것이기 때문입니다.

아동학대의 상처는 사랑만이 치유합니다

아동학대를 경험한 아이의 내면에는 얼마나 많은 생채기가 있을까요. 아마 우리가 상상할 수도 없는 상처와 나쁜 기억들이 아이의 가슴에 그대로 남아 있겠지요. 이 상처가 회복되고 치유될 때까지는 긴 시간이 필요합니다.

인간은 사랑받은 대로 다른 사람을 사랑합니다. 아이가 다른 아이에게 또 다른 방식으로 앙갚음하고 싶어 하는 것 역시 마찬가지의 일입니다.

아동학대를 오래 경험한 아이의 공격적인 행동을 평범한 아이의 우발적인 폭력과 동일시해서 규율과 규칙을 강조하면 이 문제는 해결하기 어렵습니다. 아동학대를 경험한 아이의 행동은 스스로를 보잘것없고 사랑받으면 안 되는 존재라고 낮추어 생각하는 데서 시작하기 때문입니다. 이런 경우는 사랑과 존중 말고는 치유할 길이 없습니다. 내면에 고인 상처가 흘러나올 수 있도록 숨구멍을 틔워주어야 하고, 아이의 공격적 행동 뒤에 가려진 아픔까지 보듬어 안을 수 있어야 합니다.

저는 지영이가 다른 아이를 때리는 문제도 마찬가지로 〈빈 의자 놀이〉와 〈역할 바꾸기 놀이〉를 통해 여러 차례 이야기하게 했습니다. 단순하게 "그럼 안 돼. 입장 바꿔 생각해야지" 하는 것과는 차원이 다른 지도였지요. 차츰 지영이는 '내가 아빠에게 맞을 때 아팠듯이 내가 때리면 친구도 아플 것'이라고 여기게 되더군요. 그리곤 공격적인 행동도 차차 줄어들었지요. 시간이 오래 걸렸기에 그 해에 담임교사가 해야 하는 가장 힘든 일 중 하나였습니다.

겉으로 드러난 상처도 다 아무는 데까지 몇 주는 걸립니다. 마음에 난 상처가 아무는 데 걸리는 시간은 말할 수 없이 길겠지요. 그건 교사도 마찬가지입니다. 어쩌면 나도 잘 모르는 나의 상처가 있을지 모릅니다. 그 상처를 아이와 함께 만져보고 따뜻하게 어루만지는 시간을 꼭 만들어보셨으면 좋겠습니다. 상처 입은 사람이 상처 입은 사람을 끌어안을 때의 온기는 그 어느 것보다 따뜻하고 크답니다.

태어나지 말았어야 하는 사람은 아무도 없습니다. 인간은 누구나 세상을 아름답게 빛나게 하는 존재입니다.

아동학대를 당한 것이
의심되는 학생을 만나면
어떻게 해야 하는지 궁금합니다

교사가 학생의 아동학대 사실을 알게 됐을 때 신고하는 것은 법률상
의 의무입니다. 신고 절차를 알고 있어야 하고, 아이를 세심하게 돕기 위
해 충분한 고민이 필요하겠지요.

아동학대범죄의 처벌 등에 관한 특례법

제10조(아동학대범죄 신고의무와 절차)

② 다음 각 호의 어느 하나에 해당하는 사람이 직무를 수행하면서 아동학
대범죄를 알게 된 경우나 그 의심이 있는 경우에는 아동보호전문기관 또
는 수사기관에 즉시 신고하여야 한다.

제63조(과태료)

① 다음 각 호의 어느 하나에 해당하는 사람에게는 500만원 이하의 과태
료를 부과한다.

2. 정당한 사유 없이 제10조제2항에 따른 신고를 하지 아니한 사람

여기서 아동학대 신고의무자는 직무상 교사와 의료인, 시설종사자 등 아동학대를 쉽게 발견할 수 있는 직업군을 의미합니다. 교사는 아동을 보호하고 감독할 책임이 있는 만큼 정당한 사유 없이 이를 신고하지 않는다면 그에 따른 법적인 책임도 져야 함을 법률상에서는 말하고 있습니다.

교사가 학생의 부모를 아동학대의 가해자로 의심하여 신고하는 것은 결코 쉽지 않은 선택일 것입니다. 그러나 폭력은 습관입니다. 아동학대는 지켜보는 것만으로 결코 개선되는 행동이 아닙니다. 그래서 신고 절차를 제대로 알고 있어야 잘 대처할 수 있다고 생각합니다.

우리나라는 '사랑의 매'라는 말이 있을 정도로 아동을 때리는 것을 관대하게 생각하지요. 특히 자녀를 부모의 소유물처럼 생각하는 경우도 많습니다. 그러나 아이는 부모의 소유물도 아닐 뿐더러 맞아도 되는 잘못은 없습니다.

아동학대를 인지했을 경우 신고 절차는 다음과 같습니다. 교사는 의무적인 신고자이므로 정말로 세심하게 학생들의 몸과 마음을 어루만지듯이 살펴보아야 합니다. 이때 아이의 마음이 다치지 않도록 주의를 기울이는 것이 가장 중요하겠지요.

아동학대를 알게 됐을 때 신고 절차

☑ 학대 의심 징후(상흔, 증언 등) 발견

아동학대 신고의무자용 점검표를 활용하되, 확실하게 판단이 어려우면 지역별 아동보호전문기관과 상의합니다.

☑ 응급 상황 시 아동의 안전과 신병을 확보

☑ 아동학대 신고

112로 신고하는 것이 원칙이나 여성가족부에서 운영하는 '반디톡톡' 웹사
이트나 '아동학대예방을 위한 착한 신고' 앱을 이용할 수도 있습니다.

☑ 현장조사 및 사례개입 협조

아동학대 의심 신고전화가 접수되면 경찰에서는 즉시 처리 절차에 들어갑
니다. 이때 현장조사는 아동보호전문기관, 경찰, 공무원이 동행하여 조사
합니다. 아동보호전문기관에서 학대여부를 판단하고 담당공무원은 행정
조치를, 경찰관은 행위자를 수사합니다.

☑ 사후지원 및 서비스에 협조

피해아동의 심리검사, 심리치료, 상담 및 교육을 실시하고 가해 행위자에
게는 아동학대의 재위험이 있는지 등을 판단하며, 심할 경우 고소고발까
지 조치하게 되어 있습니다.

Q

교실 안에서 비주류인
아이들이 있어요

교실에서 비주류로 살아가는 아이들이 있습니다. 좀처럼 다른 친구들이 하는 활동에 적극적으로 나서지도 않고 뒤로 빠져 있습니다. 다른 아이들과 어울리지 않다 보니 학급 내 조화가 어렵습니다. 교실 내 비수류 아이들을 어떻게 지도해야 할까요?

A 교실에서 비주류 학생이나 주류 학생 할 것 없이 누구나 고르게 사랑받고 존중받는다는 것을 학생들이 알고 있어야 해요. 비주류 학생들이 학급에서 편안하게 지내도록 도와주세요.

선생님, 『용이 되기 싫은 이무기 꽝철이』라는 책을 혹시 아시나요? 책의 첫머리에서 작가는 이런 말을 합니다.

이무기 이야기를 가만 읽다 보니 이런 의문이 생겼습니다.

'이무기는 왜 만날 용이 되고 싶어 안달일까. 이무기들도 각자 개성이 있을 텐데 모두 용이 되고 싶어 할 리 있을까? 기왕에 이무기로 태어났으면 멋진 이무기가 되면 안 되는 거야?'

이 문장 참 묵직하지요? 정말로 그냥 이무기면 어때요. 기왕에 이무기로 태어났으면 멋진 이무기가 되면 되잖아요. 교실에서 비주류인 아이들을 우리는 자신도 모르게 이무기처럼 대해온 건 아닐까 생각해 봅니다.

적극적인 아이들은 모둠활동을 주도적으로 이끌고, 학급 행사에 열정적으로 참여합니다. 교사도 이런 아이들에게 호감을 가질 수밖에 없습니다. 한편으로는 교실에서 비주류인 아이들도 있지요. 주류에게서 한 발짝 떨어져 있으면서 딱히 문제를 일으키는 것이 아니고, 교사의 학급 운영에 특별히 불만이 있는 것도 아니지만 왠지 교실 안의 공동체와는 거리가 있어 보이는 아이들 말이에요.

비주류도 주류도 다 아름다운 배역입니다

처음에는 이런 아이들이 주류가 되는 것이 가장 좋은 학급 운영이라고 믿었습니다. 어떻게든 이 아이들이 주류가 되어 무대 위에서 스포트라이트를 받게 하는 것이 중요하다고 믿었지요. 그런데 시간이 흐르면서 저 역시 주인공만 중요하고 나머지는 중요하지 않다고 믿어왔던 것은 아닐까 생각하게 됐습니다.

학급의 모든 아이들이 다 주인공이어야 한다는 생각의 반대편에는 주인공이 아닌 사람은 중요하지 않다는 생각이 깔려 있다는 것을 깨닫게 된 것이죠.

그 어떤 훌륭한 영화라 해도 주인공이 있으면 조연도 있고, '지나가는 행인 3'과 같이 누구의 눈에도 남지 않는 단역도 있습니다. 주인공만 스포트라이트를 받고 박수를 받는 것 같지만 그 속을 들여다보면 행인 3이 정확하게 제때 지나가줘야 영화의 한 장면이 완성될 수 있습니다. 결국 스쳐 지나가는 행인 3도 영화에선 매우 중요한 배역일 수밖에 없습니다.

시간이 흐른 다음에는 저도 그 아이들을 있는 그대로 인정하게 되었습니다. 지금 당장은 비주류처럼 보여도 끝까지 비주류로 남는 것도 아니었습니다.

작년에는 소극적이고 무심한 듯 보였던 아이가 올해 우리 교실에서는 제 몫을 톡톡히 해내는 것도 보았고, 우리 교실에선 비주류로 지낸 아이가 다음 해에는 다른 교실에서 교실을 주도하고 이끌어가는 모습을 보이는 경우도 보았습니다. 나와 지내는 동안은 학교생활에 소극적일 수 있어도 언제까지나 같은 모습일 거라고 단정 지을 수는 없다는 것이지요.

그러니 우리 교실에서 지내는 동안 소수의견을 내는 학생이라 하더라도 똑같이 존중받고 사랑받는 데 초점을 두고 지도하면 됩니다.

한 번은 저희 반 아이가 저에게 이렇게 말하더군요.

"선생님은 우리 반에서 가장 비주류예요."

"그게 무슨 소리야?"

"선생님은 한 명인데, 학생들은 많잖아요. 그래도 우리가 선생님을 잘 지켜드릴게요."

그 말에 그냥 웃었습니다.

아이들의 모습 그대로를 인정해 주고 존중해 주되, 곁에서 교사가 늘 따뜻하게 지켜보고 있다는 것을 학급의 모든 아이들이 알고 있으면 됩니다. 천성적으로 소극적이고 내성적인 아이마저도 내 맘에 들지 않는다고 해서 그 아이를 적극적이고 활달한 아이로 만들 수는 없습니다. 마찬가지로 주인공이 되기 싫은 아이에게 억지로 주인공 역을 맡길 수는 없습니다. 행인 3이 좋으면 행인 3을 맡으면 됩니다. 행인 3도 주인공만큼 박수받는 사회를 만드는 것이 어른들의 몫인 것이지요.

1. 역사 속 비주류를 찾아보게 합니다.

역사 속에서 시대를 앞서간 사람들 가운데에는 비주류가 많았습니다. 많은 이들이 가는 길과 다른 길을 선택했기에 당시에는 환영받지 못했지만 그들은 남들과 다른 생각과 철학을 실천하여 사회를 변화시키고자 끝없이 노력했습니다. 허균, 허난설헌, 원효 같은 이들의 이야기를 들려주고 많은 이들이 가지 않는 낯선 길을 선택하는 위인들의 삶을 생각해 보게 합니다.

2. 비주류가 주류가 되기도 한다는 것을 알게 합니다.

학급에서 주도적인 학생이 아니라고 해도 그것이 학생들의 학교생활에 큰 영향을 주지 않아야 합니다. 누구에게나 공평하게 기회가 있고, 본인이 원하면 언제든 무대에 나설 수 있다고 믿는 교실에서는 비주류 학생들이 딱히 불만을 갖지 않습니다. 교사의 공평하고 친절한 태도가 주류든 비주류든 학생들 모두를 편안하게 이끌 수 있습니다.

3. 발표토큰을 활용해서 친구들 앞에서 이야기할 기회를 줍니다.

발표토큰은 갖고 있으면 원할 때 어떤 발언이든 할 수 있습니다. 주류로 나서기를 꺼려하는 학생들을 위해 실제 동전 모양과 비슷하게 발표토큰을 만들었던 적이 있는데, 토론이나 토의 때도 이런 학생들이 자신 있게 나설 수 있게 하는 데 매우 유용했습니다.

특히 비주류로 보이는 학생들은 자칫 학급활동에서 자신들이 배제되고 있다는 피해의식을 가질 수 있습니다. 드러내놓고 더 많이 배려한다는 느낌을 주어서는 안 되지만, 교사가 충분히 자신들을 이해하고 있고 고민하고 있다는 것을 학생들이 느낄 수 있어야 합니다.

4. 학급의 작은 일도 토의와 토론으로 결정합니다.

학급에서 누구나 주도적으로 이야기하고 생각을 표현할 기회를 고르게 갖게 되면 특별히 도드라지거나 소외되는 일이 없어집니다. 학급의 작은 일도 학생들의 의견을 충분히 들어 결정합니다. 이때 평소 발언을 잘 하지 않는 학생들에게 먼저 말할 기회를 주면, 주류 학생들의 의견 때문에 뒤로 물러서려는 마음을 단단하게 붙잡아주게 됩니다.

평소에 발언하기 어려운 학생들을 위해서는 모둠토의와 디베이트 토론 등으로 모든 의견을 소중하게 들을 수 있는 기회를 자주 갖는 게 가장 좋습니다.

5. 서로 가르치고 배우게 합니다.

비주류 학생과 주류 학생의 구분을 없애는 가장 좋은 방법은 아이들 각자의 장점과 재능이 빛을 내는 기회를 갖는 것입니다. 교사가 서로를 존중해야 한다고 백 마디의 잔소리를 하는 것보다 학생 스스로 직접 보고 느끼는 것이 훨씬 효과적입니다.

자신이 좋아하고 잘하는 것을 친구에게 직접 가르친 다음 배운 내용으로 작은 발표회를 갖습니다. 사후 평가회에서는 이 과정에서 배운 것을 이야기해 보게 합니다.

평소에 주류 학생에게 치여 목소리를 내지 못했던 비주류 학생들에게는 이렇게 스스로 우뚝 서는 경험이 중요합니다. 꾸준히 지도하면 학생들이 서로를 존중하고 인정하는 것을 볼 수 있습니다.

아이가 자꾸만
거짓말을 해요

거짓말을 자주 하는 아이가 있습니다. 딱 봐도 거짓말 같은데 아무렇지 않게 거짓말을 하는 걸 볼 때마다 답답합니다. 거짓말하는 아이를 어떻게 지도해야 할까요.

A 거짓말을 하는 원인에 따라 다양한 지도 방법이 있습니다. 지도에 앞서 왜 거짓말을 하는지 먼저 아이들의 마음을 살펴볼 필요가 있어요.

집에 다섯 살짜리 아이가 놀러 온 적이 있습니다. 방을 잔뜩 어질러놓았기에 짐짓 놀라는 척 하면서, "아니, 누가 이렇게 방을 어질렀어. 진수가 그랬니?" 했더니, 아이가 이렇게 말하는 겁니다.

"어, 그거, 도깨비가 그랬어요. 도깨비가 방을 어지르고 방금 전에 도망가는 걸 제가 봤어요."

도깨비가 방을 어질러놓고 도망갔다고 하는 것도 그렇지만 자신이 봤다면서 손짓 발짓해 가면서 설명하는 게 더 재미있었습니다. 아이가 하는 거짓말을 재미있다고 생각한 것은 상황이 심각하지 않고, 누군가에게 피해를 끼친 것이 아니라고 생각했기 때문입니다.

유아가 하는 거짓말은 어른들에게 금방 들통이 나지요. 하지만 정작 아이들은 어른들이 알 거라고 생각하지 못하기 때문에 천연덕스럽게 거짓말을 합니다. 도깨비나 늑대가 찾아왔다, 같은 거짓말을 아무렇지 않게 하지요. 아이가 자신의 관점으로만 세상을 보기 때문입니다. 그런데 유아기를 지난 아이들이 거짓말을 하는 경우는 조금 다릅니다. 거짓말을 하는 데에는 여러 가지 원인이 있고, 그에 따른 지도를 해야 합니다.

따뜻하게 이해하되, 단호하게 타이르기

선생님, 교실에서 거짓말하는 아이를 보면 많은 생각이 들 겁니다. 정직하게 말해야 한다고 입이 닳게 말하는데 왜 거짓말을 하는지 이해할 수 없다고 화도 나실 겁니다. 그런데 조금 다르게 생각해 보면 이 문제의 해답을 찾을 수 있습니다. 인간은 누구나 거짓말을 한다는 것 말이에요.

어른이든 아이든 거짓말을 하지 않는 인간은 없습니다. 저는 바로 여기에 실마리가 있다고 생각합니다. 아이의 잘못된 행동을 그럴 수 있다고 생각하고 바라보는 것과 절대 그럴 수 없다고 생각하고 바라보는 것은 엄청난 차이가 있습니다. 그러므로 조금만 여유를 가지고 아이의 마음을 들여다보기 위해 노력한다면 거짓말에 관한 문제도 충분히 풀어갈 수 있습니다.

앞에서 다섯 살짜리 아이가 했던, 도깨비가 방을 어질렀다는 거짓말이 누군가에게 심각한 물질적, 심리적 피해를 끼치기란 어렵습니다. 물론 이런 거짓말도 하면 안 된다고 가르쳐야 합니다. 거짓말이 반복될 때 습관이 될 수도 있고, 정직하게 행동하고 말하는 것은 아이의 인성에 매우 중요한 지도이기 때문입니다.

따뜻하고 포근하게 이해해 주되, 단호하게 잘못된 행동을 타이르면 학생들은 변화됩니다. 아이에게 "거짓말을 하는 건 옳지 않아. 거짓말을 하거나 거짓된 행동을 하면 그게 누군가에게 피해를 줄 수도 있어. 하지만 선생님은 네가 옳은 행동을 할 거라고 믿어. 너는 충분히 옳은 판단을 할 수 있는 아이니까"라고 말해 주어야 하는 것이지요.

아이의 거짓말을 시험하고 취조하지 말아주세요

전에 학급에서 한 아이가 거짓말을 한다는 것을 알고 이를 시험해 보는 선생님이 있었습니다. 아이를 불러서 이렇게 저렇게 취조하듯이 묻고 "거봐, 내가 그럴 줄 알았어. 너 지금 거짓말했잖아"라고 말한 것이죠. 그때 이 학생은 거짓말을 하면 안 되는구나, 생각한 게 아니라 거짓말한 것을 걸리면 안 된다고 생각했지요. 이 학생은 바로 어린 시절의 저입니다.

교사가 된 다음 거짓말하는 아이를 만나면 지도 방안을 많이 고민할 수밖에 없었습니다. 거짓말하는 아이의 마음은 이해할 수 있는데, 실질적인 지도는 결코 간단한 게 아니었습니다. 그러나 아이의 마음을 열고 다가가기 위해 꾸준히 노력하면 분명 변화된다는 것도 경험했습니다.

다음은 교실에서 거짓말 하는 아이를 위한 지도 방법입니다.

거짓말하는 아이를 위한 지도 방법

1. 거짓말인지 아닌지 테스트하지 마세요.
거짓말인지 아닌지 아이를 시험해 보는 일만은 하지 않아야 합니다. 거짓말하는 행동 자체가 문제가 되어야지, 자칫하면 거짓말하는 것을 걸리면 안 된다는 잘못된 지도로 이어지기 때문입니다.

설사 아이가 뻔한 거짓말을 한다고 해도 그 자리에서 창피와 모욕을 주어서는 안 됩니다. 아이의 잘못을 대놓고 지적하는 것만으로도 아이는 안으로 숨어버립니다. 문제를 해결할 기회를 놓치는 것입니다.

그보다는 "지금은 솔직히 이야기하고 싶지 않구나. 그럼 조금 있다가 다시 이야기하자"라고 교사 자신도 호흡을 가다듬는 게 좋습니다.

2. 거짓말을 왜 하는지 원인을 찾아봅니다.

자신을 과장하기 위해 거짓말을 하는 아이, 습관적으로 거짓말을 하는 아이, 거짓말을 다시 거짓말로 덮으려는 아이, 애정결핍에서 오는 허전함을 거짓말로 채우는 아이 등 거짓말의 원인은 다양합니다. 이 중 어디에 해당하는지 깊이 살펴보고 원인에 맞는 처방을 해야 합니다.

✎ 자신을 과장하려고 거짓말을 하는 아이: 집에 비싼 물건이 있다거나 가족 중 누군가가 대단한 사람인 것처럼 말합니다. 사실이 아닌 것이 밝혀져서 부끄러움을 당하는 일은 없어야 합니다. 또한 자신을 과장하거나 부풀리지 않아도 충분히 사랑받을 수 있는 존재임을 알게 하는 것이 중요합니다.

✎ 습관적으로 거짓말을 하는 아이: 거짓말을 자주 하면 말을 하다가 거짓말이 보태지는 것조차 잘 모르는 경우도 많습니다. 이런 아이는 말보다 글로 여러 번 거듭해서 써보게 하고 거짓말이 아닌 사실만 골라보게 합니다.

✎ 애정결핍으로 거짓말을 하는 아이: 따뜻하게 감싸주고 사랑해 주는 것 말고는 다른 방법이 없습니다.

✎ 거짓말로 거짓말을 덮으려는 아이: 내면에 잘못된 행동을 하거나 말을 했을 때 크게 혼날 거라는 두려움이 있는 경우가 많습니다. 이런 경우는 거짓말이 아닌 사실을 말했을 때 아무런 피해가 가지 않을 것이고, 얼마든지 용서받을 수 있다는 생각을 갖게 해주어야 합니다.

3. 거짓말을 하는 것과 사실을 말하는 것 중 어느 것이 더 이익인지 말하기 전에 생각해 보게 합니다.

거짓말을 하기 전에 한 번 더 생각해 보게 합니다. "거짓말을 하면 당장은 위기를 모면하겠지만 언젠가는 알려질 것이고, 사실대로 말하면 힘들지만 떳떳해진다, 어느 것이 더 좋은 선택일까?" 학생에게 묻는 것입니다. 옳은 선택이 긍정적인 결과를 낳는다는 걸 학생 스스로 깨닫지 않고서는 변화되지 않기 때문입니다.

4. 아이를 솔직하게 말하라고 다그치거나 무섭게 혼내지 않습니다.

솔직하게 말하라고 다그치면서 화를 내면 거짓말하는 행동이 오히려 강화됩니다. 거짓말을 하다가 걸리면 혼난다는 공식이 성립되면서 또 다른 거짓말로 앞에 했던 거짓말을 덮으려 하는 것입니다. 포용적인 태도로 사실을 인정하고, 선생님에게 말하면 이해해 줄 거라고 믿게 하는 것이 더 효과적입니다.

5. 애정과 관심으로 다가갑니다.

애정결핍에서 오는 거짓말은 결핍이 채워질 때 개선됩니다. 그렇게 자신을 과대 포장하거나 거짓으로 감싸지 않아도 사랑받을 존재라고 여기기 때문입니다. "그렇게 하지 않아도 너는 충분히 사랑받을 수 있는 존재야"라고 아이 손을 잡고 따뜻하게 말해 주세요. 분명히 변화됩니다.

Q

공격적이고 폭력적인 아이는
어떻게 지도해야 할까요

말보다 주먹이 먼저 나갈 정도로 폭력적인 행동을 자주 하는 아이
가 있습니다. 주변 아이들과 자주 싸우고 교사에게도 난폭한 행동
을 합니다. 이런 아이는 어떻게 지도해야 할까요?

A 폭력이 아니라 말과 행동으로 표현하게 합니다. 작은 변화라도 보이면 바로 칭찬해 주세요.

어린 학생들은 옳고 그름, 선과 악을 매우 중요하게 생각합니다. 그래서 자신을 착하다고 생각하는 아이와 나쁘다고 생각하는 아이는 자존감의 차이도 큽니다. 아이들에게 그때그때 옳고 그름에 대해 분명하게 이야기해 주고 올바른 행동을 하도록 지도하는 것은 매우 중요한 일입니다.

단, 어떤 상황에서든 길게 설명하는 것보다는 짧고 간결하게 말해 주고, 이를 아이의 언어로 다시 설명해 보게 합니다. 그래서 교사와의 약속을 내면화하는 과정을 거치는 것이 좋습니다.

폭력적인 학생을 지도할 때 가장 중요한 것은 이 문제를 단순한 훈계의 차원으로 접근해서는 안 된다는 것입니다. 입이 닳게 설명하고 그렇게 하지 마라, 타이르는 것으로는 폭력적인 행동이 쉽게 고쳐지지 않습니다.

학생 스스로 공격적이고 폭력적인 행동을 할 것인가 그렇지 않을 것인가를 선택하는 문제라고 생각해야만 이 문제는 개선할 수 있습니다.

선택 권한이 있을 때 집중력이 높아집니다

EBS 다큐프라임 〈공부 못하는 아이〉에서 제작진은 이런 실험을 합니다. 초등학교 4학년 학생 열두 명을 두 그룹으로 나눕니다. 여섯 명의 학생에게는 "선생님이 이따가 와서 볼 거니까 이 80문제를 꼼짝하지 말고 풀어"라고 했습니다. 나머지 여섯 명에게는 80문제 가운데 풀고 싶은 과목을 고르고 문제도 몇 개씩 풀 것인지 먼저 선택할 수 있게 했습니다. 이 아이들은 문제를 풀고 싶은 만큼 풀어도 되고, 자유롭게 돌아다닐 수도 있게 했지요.

앞에서 선택할 수 있는 권한이 전혀 없던 학생들은 20분이 채 지나지 않아 집중력이 흐트러졌습니다. 끝까지 문제를 다 풀기란 어려웠지요. 그러나 선택할 수 있는 권한이 주어졌던 학생들 여섯 명 가운데 다섯 명은 80문제를 모두 풀어냈습니다.

이 차이가 어디에서 올까요. 그렇습니다. 학생들에게 '선택할 수 있는 권한'을 주었는가, 그렇지 않았는가에 있습니다. 학교에서 폭력적인 학생을 지도할 때도 똑같이 생각해야 합니다. 화가 나서 폭발하기 직전에 어떤 선택을 할지 학생이 정하도록 하는 것이지요.

"만약 때리고 싶은 순간을 참고 선생님에게 와서 말해 준다면 선생님이 너를 대신해서 그 아이와 이야기할 거야. 하지만 지금까지 해오던 대로 또 친구를 때린다면 선생님은 너에게 같은 방식으로 다시 화를 낼 거야. 선택은 언제나 네가 하는 거야. 선생님이 따라다니면서 너에게 이렇게 해라, 저렇게 해라 할 수 없어. 네가 올바른 선택을 해야 해."

이 내용을 몇 번이고 반복해서 지도하는 것입니다. 이때 학생이 조금이라도 변화를 보이면 얼른 놓치지 않고 칭찬해야 변화에 가속도가 붙습니다. 같은 식으로 일관되게 지도하면 폭력적이었던 학생의 행동이 교사가 원하는 방향과 정확하게 일치하는 때가 반드시 오게 돼 있습니다.

다음은 폭력적인 학생을 지도하는 방법입니다.

폭력적인 행동을 했을 때 지도 방법

1단계: 짧고 간결하게 잘못된 행동 말하기

교사: 오늘 네 행동은 누군가에게 상처를 줄 수 있는 일이었어.

2단계: 선택의 문제임을 알게 하기

언제나 선택의 권한이 학생 자신에게 있음을 강조해서 말합니다. 이 부분이 강조되면 그 누구의 잘못도 아니고 자신의 잘못임을 인정할 수밖에 없습니다.

교사: 다음에 네가 누군가를 때리면 선생님은 오늘처럼 또 화가 나고 속상할 거야. 하지만 네가 참고 내게 와서 말해 준다면 나는 네 편이 되어서 그 아이에게 네가 하고 싶은 말을 다 해줄 수 있고, 화도 대신 내줄 수 있어.

3단계: 아이의 언어로 말하게 하기

교사가 하는 말을 아이가 한 번에 알아듣기란 어렵습니다. 아이의 언어로 표현하게 하는 과정을 거쳐야 아이는 정확하게 어떻게 행동해야 하는지 이해할 수 있습니다.

교사: 선생님이 다음엔 어떻게 한다고 말했지?

4단계: 변화를 칭찬하기
새끼손가락을 걸고 약속을 받아둡니다. 다음 행동에서 약간의 변화라도 보일 경우, 크게 격려하고 칭찬해 줍니다. 특히 다른 학생들 앞에서 폭력적이었던 학생의 행동이 개선되고 있음을 자랑하듯이 말해 줍니다. 그러면 학생의 내면화가 더욱 깊어집니다. 아이들 입장에서 자신을 바라보는 주변의 긍정적 기대를 저버리기는 몹시 힘들기 때문이지요.

교사: 잘했어. 선생님은 네가 옳은 선택을 할 거라고 믿고 있었어. 이렇게 다른 친구를 때리거나 욕하지 않고도 얼마든지 네가 원하는 것을 표현할 수 있잖아. 아주 잘했어.

실제로 2학년 아이들을 가르칠 때 똑같은 방식으로 지도한 적이 있습니다. 3월 첫날 1교시 쉬는 시간에 나가서 막 입학한 1학년 아이를 때려서 코피를 터뜨리게 한 아이가 있었습니다. 그랬던 아이가 일체의 폭력적인 행동을 하지 않게 되었지요. 나중에 들어보니, 그 아이 입장에서는 "내가 너를 대신해서 화내줄게"라는 말이 굉장히 든든했다고 하더군요.

같은 식으로 일관되게 지도하자, 아이는 주먹을 꽉 쥐고 참은 다음, 저에게 와서 자신이 당한 부당한 일에 대해 이야기했습니다. 그러면 저는 매번 똑같은 말을 해주었습니다.

"그래, 선생님은 네가 얼마나 화가 났을지 충분히 이해해. 나라도 그랬을 거야. 선생님도 속상하다. 그런데 너는 어떻게 그 순간을 참았니. 넌 참 대단한 아이구나."

시간이 흐르면서 아이는 화냈던 일들을 대수롭지 않은 일로 여기게 되었습니다. 미주알고주알 사사건건 와서 이야기해 대는 일도 자연스레 없어지더군요. 그러고는 학년 말에 복도에서 놀리며 달아나던 다른 반 아이에게 이런 말을 했다고 합니다.

"너, 옛날의 나였으면 한주먹도 안 됐다. 그런데 나는 이제 그렇게 주먹 쓰는 일은 안 해. 난 훌륭한 사람이거든."

공격적인 행동을 하는 아이를 위한 평소의 지도 방법

1. 아이와 학부모의 생각에 공감해 줍니다.

공격적인 아이에게는 나름의 피해의식이 있습니다. '항상 나만 혼나'라고 생각하고 있고, 실제로 그런 학생의 학부모를 만나보면 모두들 입을 모아 "우리 아이만 잘못한 게 아닌데 항상 우리 애만 혼나요"라고 이야기합니다.

교사가 학부모와 아이의 피해의식에 먼저 공감해서 마음을 달래주는 게 굉장히 중요합니다. 이 과정이 선행되지 않으면 가정과의 연계지도가 어렵기 때문입니다.

2. 공격적인 것이 꼭 나쁜 것만은 아닙니다.

화내는 것은 무조건 나쁘다는 식으로 생각하는 경우가 많습니다. 하지만 오히려 착한 아이의 굴레 때문에 위험한 상황에서도 자신을 제대로 지키지 못하는 것이 더 나쁠 수 있습니다. 학생들에게 자신을 적절하게 보호할 수 있는 행동까지 나쁜 것은 아니라고 말해 주어야 합니다.

3. 단호하면서도 부드럽게, 어떤 행동이 옳은 것인지 이야기해 줍니다.

단호하면서도 부드럽다는 것은 할 소리는 다 하되, 무섭지 않게 이야기하는 것을 말합니다. 목소리를 높이지 않고 조곤조곤 말해도 그 내용이 정당한 것이면 학생들은 충분히 이해하고 수긍합니다. 옳은 행동과 그렇지 않은 행동을 학생이 이해할 수 있는 용어로 부드럽지만 단호하게 말해 줍니다.

4. 부모와 함께 지도해야 합니다.

학교에서는 안 된다고 하는 행동이 가정에서는 가능하다면 폭력적인 행동은 개선되지 않을 뿐더러 학교에서 지도하기가 더욱 어려워집니다. 또한 학부모가 사실을 인정하지 않고 오히려 자녀를 피해자로 여길 수 있습니다. 학부모와 상담해서 학교와 가정이 함께 지도할 수 있어야 합니다. 사전에 학생의 행동에 관련된 기록들을 모아서 객관적 자료를 함께 제시하며 이야기하는 게 좋습니다.

5. 예스 or 노 행동카드로 이야기하게 합니다.

감정은 자연스럽게 안에서 밖으로 뿜어져 나오는 것입니다. 어떤 상황에서 어떤 감정을 어떻게 표현하는 것이 올바른 것인지 학생들이 알고 있어야 합니다. 다양한 행동카드를 만들어보고 학생들에게 '예스 or 노'로 답하게 하고 이유도 함께 설명하게 합니다.

행동카드 만들기

준비물 : 색지, 잡지나 신문, 풀 등

✎ 색지를 엽서 크기로 자릅니다.

✎ 잡지나 신문에서 여러 장소를 찾아내어 카드에 붙입니다.

✎ 장소카드의 뒷면에 다양한 행동을 하고 있는 인물들을 오려내어 붙입니다.

✎ 자신이 만든 행동카드를 보면서 친구들과 이야기 나누게 합니다.

예) 노래하는 행동카드(뒷면 운동장)

　→ 운동장이니까 예스

사람을 때리는 행동카드(뒷면 편의점)

　→ 때렸으니까 노

옆 사람을 쳐다보는 행동카드(뒷면 교실)

　→ 그냥 쳐다봤으니까 예스

　→ 무섭게 노려보고 있으니까 노

Q

교사의 화법,
어떻게 해야 좋을까요

평소 교실에서 단호하지만 부드럽게 말하라는 조언을 많이 들었습니다. 그런데 막상 해보면 잘 안 되더라고요. 아이들에게 무섭지 않고 친절하게 말할 수 있는 교사의 화법을 가르쳐주세요.

A 평소에 친절하고 잘 웃는 교사가 되기 위해서는 노력이 필요하겠지요. 꼭 해야 할 말이 있으면 낮고 분명하게 말해보세요. 부드럽고 친절하게 말하되, 목소리를 높이거나 화를 낼 필요가 없습니다.

교사는 말하는 존재입니다. 아이들을 가르칠 때도 교사의 가장 큰 도구는 '언어'입니다. 몸으로 보여주는 언어, 말로 드러나는 언어. 수많은 언어를 통해 우리는 아이들과 교감하고 소통하지요. 그런 의미에서 교사가 구사하는 화법이야말로 가장 많은 연습이 필요한 것이 아닐까 싶습니다.

말은 쉬워도, 부드럽지만 단호한 교사가 되는 것은 참으로 어렵고도 대단한 일입니다. '부드러운데 어떻게 단호하지?'라고 생각할 수밖에 없지요. 정신과 의사들이 부모에게 가장 많이 하는 조언이 "부드럽지만 단호하게 말하세요"라고 합니다. 그런데 그 부모들이 가장 자주 하는 질문 또한 "부드럽지만 단호한 게 뭔지 모르겠어요"라고 하니, 결코 쉬운 일은 아닌 것입니다.

저는 교단에서 훌륭한 교사들을 많이 보았습니다. 그들은 큰 소리를 내면서 아이들을 야단하지 않았지만, 아이들을 귀 기울이게 했습니다. 꾸짖은 다음에도 아이는 교사를 원망하거나 미워하지 않고 그의 가르침을 그대로 존중하고 따랐지요.

그 모든 게 가능한 이유는 단 하나, 그가 부드러우면서도 단호한 교사였기 때문입니다. 더 정확하게는 교사가 부드러우면서도 단호하게 말했기 때문이지요.

아이의 감정에 함께 휘말리지 않으면서도 교사가 해야 할 이야기를 정확하게 표현하고 전달할 수 있는 것이야말로 교사가 갖춰야 할 가장 중요한 능력 가운데 하나입니다.

부드러우면서도 단호한 교사는 이렇게 말한다

1. "~구나"로 공감을 표현합니다.

'~구나'는 공감을 표현하는 가장 쉬운 방법이지요. 아이의 말을 한 번 되짚어주고 '~구나'로 마무리합니다.

아이 1: 선생님, 종이가 찢어져서 진짜 짜증났어요.

교사: 종이가 찢어지면 정말 짜증나겠구나. 속상했지?

아이 2: 지수가 제 지우개 가져갔어요.

교사: 지수가 지우개를 가져갔구나. 화났겠다, 그치?

2. 아이가 짜증낼 때 '왜'가 아니라 '어떻게'로 시작하는 말을 합니다.

짜증 난 아이의 감정에 휘말리지 않으려면 아이의 말에 공감하되, 교사의 말이 아닌 아이의 말로 답을 찾게 해야 합니다.

> 아이 1: 선생님, 이렇게 하면 재미없어요. 하기 싫어요.
>
> 교사 1: 그렇게 하면 재미없구나. 그러면 선생님이 어떻게 해야 재미있
> 을까. (○)
>
> 교사 2: 너는 왜 항상 재미없다고 하니. (×)

3. 목소리가 아닌 내용으로 말합니다.

초보 교사는 목소리를 높이지만, 베테랑 교사는 내용에 집중해서 낮고 분명하게 말합니다. 아이의 인격을 존중하되, 해야 할 소리는 다 하는 것이지요.

> 교사 1: 선생님이 아침에 분명하게 말했어. 복도에서 뛰면 안 된다고. 네
> 가 복도에서 뛰어서 이 아이가 다칠 뻔했어. 이 행동은 옳지 않
> 아. (○)
>
> 교사 2: 선생님이 뛰어다니지 말라고 했지? 왜 자꾸 뛰어다니면서 아
> 이들에게 피해를 주니? 이렇게 하면 너는 좋아, 안 좋아? (×)

4. 눈빛에 힘을 실어 말합니다.

아이에게 단호하게 말해야 할 때 교사의 눈빛은 매우 중요합니다. 눈빛에 힘을 주어 한 마디 한 마디 분명하게 말하도록 합니다.

5. 권위에 기대어 윽박지르지 않습니다.

교사가 가진 권위로 아이를 겁주기란 아주 쉽습니다. "이렇게 하면 엄마 오시라고 할 거야"라는 한 마디만 해도 아이들은 겁을 먹으니까요. 그러나 그런 권위에 기대는 말에는 진정한 힘이 없습니다. 말의 힘은 권위가

아니라 신뢰에서 오는 것이니까요.

"선생님은 네가 잘 해낼 거라고 믿어. 선생님은 너를 사랑하니까"라고 말하는 것이 "이렇게 하면 엄마 오시라고 한다"라는 말보다 열 배는 강력한 효과를 내는 것이지요.

훈육(訓育)은 가르치며 기른다는 뜻의 한자어입니다. 훈육을 혼내고 야단친다는 의미로만 이해해서는 안 될 것입니다. 또한 아이들도 잘못은 바로바로 혼내면서, 잘한 것은 무관심한 선생님을 싫어합니다.

화가 나려는 상황에서 숨을 한 번 돌리고, 짜증이 나려 할 때도 복도에 나가서 바람을 쐬고 온다든가 해서 그 순간을 한 박자만 늦추면 마음이 한결 차분해질 것입니다. 아이가 좋은 행동과 말을 했을 때 '당연히 그래야지' 생각하면 칭찬할 거리가 없지만 '이런 것도 해내다니, 정말 대단하구나'라고 생각하면 칭찬할 거리가 넘쳐납니다. 훈육을 무섭고 엄하게만 생각할 것이 아닙니다.

소설가 박완서는 산문집 『노란집』에서 이런 말을 했습니다.

"기 살리기와 응석받이를 혼동하지 말았으면 싶다."

아이의 기를 살리는 것과 응석을 마구잡이로 받아주는 것은 다릅니다. 아이의 마음을 다치지 않게 한다고 아이가 하는 모든 말을 그래, 그래, 해서도 안 되지만 잘못된 행동마다 잣대를 들이대듯이 옳고 그르고 판단 내려서도 안 됩니다. 부드럽지만 단호하게, 아닌 것은 아니라고 말하고 맞는 것은 맞다고 하면 됩니다.

오래전에 같은 학년 선생님 한 분이 학급의 학생과 이렇게 이야기 나눈 것을 보았습니다.

"선생님은 오늘 네 행동을 보고 많이 놀랐어. 네가 화를 못 참고 한 행동이 친구를 다치게 했으니까."

선생님의 목소리는 낮고 분명했습니다. 학생의 말이 이어졌지요.

"죄송합니다. 저도 모르게 그랬어요. 잘못했어요."

"선생님은 네가 나쁜 아이가 아니라고 믿고 있어."

"선생님…… 정말 죄송해요."

선생님의 입에서 흘러나온 나쁜 아이가 아니라는 말에 아이가 울먹였습니다.

"선생님은 네가 앞으로는 그런 행동을 하지 않을 거라고 믿어. 넌 선생님뿐 아니라 다른 친구들에게서도 사랑받을 자격이 충분히 있어. 네가 잘못된 행동을 하든 잘된 행동을 하든 선생님은 언제나 너를 사랑해."

아이는 그 말에 한참을 소리 내어 울었습니다. 나중에 알고 보니 이 아이는 수업 시간에 자신의 짝에게 가위를 던져서 하마터면 큰 사고가 날 뻔했다고 합니다. 그런데 선생님은 아이와 그 행동을 가슴에 품고 이렇게 말해 준 겁니다. 선생님은 네가 잘못된 행동을 할 때도 너를 사랑한다고 말입니다.

교사의 화법이란 이런 것입니다. 교사의 말은 아이의 가슴을 울리고 건드려서 아름답게 변화시킬 수 있습니다. 교사 스스로 자신이 하는 말이 가진 힘을 늘 기억해야 합니다.

Q
말끝마다
욕을 해요

욕을 하는 아이가 있습니다. 말끝마다 욕을 해서 야단하면 그 자리에선 잠시 좋아졌다가 습관처럼 또 욕을 하더라고요. 욕하는 아이를 어떻게 지도해야 할지 궁금합니다.

전에 친하게 지낸 선생님이 학년연구실에서 울고 있는 걸 보았습니다. 나이가 어려도 따뜻하고 좋은 선생님이어서 학생들은 물론이고 학부모와 동료 교사들에게도 크게 신뢰받는 분이었습니다.

"왜 그래? 무슨 일 있어?"

"아니에요. 괜찮아요."

한사코 괜찮다는 말에 잠자코 울음이 멈추길 기다리는 수밖에 없었습니다. 울음을 그친 선생님이 들려준 이야기는 충격적이었습니다.

이 선생님의 교실은 1층 건물의 모퉁이에 있었습니다. 6학년 학생들이 대신 와서 청소를 해주었는데, 그날 청소를 대충 하는 남학생 하나가 눈에 띄었답니다.

"대충 하지 말고 깨끗하게 잘해."

그러고는 교실로 들어갔다가 나오면서 보니, 이 아이가 다른 친구가 깨끗하게 청소해 놓은 바닥에 침을 찍 뱉더랍니다.

"너 지금 그게 뭐 하는 짓이니? 애써 청소해 놓은 곳에 침을 뱉으면 어떻게 해."

그러자 학생이 대뜸 선생님을 향해 이렇게 말했다는 겁니다.

"에이, 씨발!"

"뭐? 너 지금 뭐라고 했어?"

그러자 아이는 한 술 더 떴습니다.

"에이, 씨발. 지랄하네. 지가 뭐라고!"

그 일이 있고 나서 어떻게 지도했는지 물어보니 교감 선생님한테 인계하고 교무실에서 학생에게 사과를 받긴 했는데 그게 진심이었는지 모르겠다고 했습니다. 말하는 내내 눈물이 글썽글썽한 모습을 보니 마음이 아팠습니다. 착하고 좋은 교사인데 그런 소리를 들었으니 얼마나 상처를 받았을까 싶었습니다.

집에 돌아오는 길에 나라면 그 상황에서 어떻게 했을까 생각했습니다. 몇 번을 거듭 생각해 봐도 저라면 공개 사과를 받았을 겁니다. 제 인격을 모독한 일에 대해서 학부모와 학생 모두에게 분명한 사과를 요구했을 것이고, 두 번 다시 비슷한 상황이 벌어지지 않도록 엄포를 놓았을 겁니다.

아이들이 욕을 계속하게 되는 이유

어린 아이들이 욕을 하는 모습을 보면 섬뜩합니다. 어쩌면 그렇게도 거칠게 말을 할까 싶어서 아이의 눈을 다시 들여다보게 되지요. 그날 그 선생님도 아이의 입에서 터져 나온 말에 무척이나 당황하고 놀랐을 겁니다.

아이의 비행은 단지 아이만의 문제는 아닙니다. 아이의 잘못된 행동이나 말은 반드시 그만한 이유가 있고, 주변 어른이 아이의 비행을 부추기고 있다는 데 더 큰 문제가 있습니다. 대부분의 아이들은 무슨 뜻인지도 모르면서 욕을 해댑니다.

마치 형용사처럼 욕을 섞어서 쓰는 아이들조차도 자신의 입에서 나오는 말이 무슨 뜻인지 모르는 경우가 대부분입니다.

아이는 가까운 누군가가 습관적으로 내뱉는 나쁜 말에 꾸준히 노출되면서 욕을 학습하게 됩니다. 그리고 학교에서 친구에게 욕을 할 때 다른 아이들이 겁을 먹고 두려워하는 것을 알고 나면 욕하는 행동은 강화됩니다. 즉 나쁜 말이 가진 힘을 아이가 자연스럽게 깨닫고 계속해서 욕을 하게 되는 셈입니다.

욕이나 나쁜 말, 인격과 정신에 크게 상처를 주는 말에 어떻게 대처할지 학생들과 학기 초에 분명하게 이야기해 두는 게 좋습니다.

저는 교실에서 친구들끼리 서로를 부를 때도 "야! 김지수!"처럼 부르지 않고 "지수야!"처럼 이름만 다정하게 부르도록 했습니다. 졸업한 제자들에게 가장 기억에 남는 일을 물어보면 '남학생 여학생 가리지 않고 서로 따뜻하게 이름을 불러준 것'이라고 답하는 경우가 매우 많습니다. 그만큼 아이들은 서로에게 따뜻한 우정을 기대하고 있다는 것이지요. 다정하게 이름을 불러주는 작은 일부터 시작하면 따뜻한 교실 분위기가 서서히 자리 잡습니다.

다음은 욕하지 않는 교실을 만드는 구체적인 지도 방법입니다.

1. 왜 욕을 할까?

정확하게 무슨 뜻인지 알면서도 욕을 하는 아이는 없습니다. 무슨 뜻인지 알면서 욕을 하는 게 아니라 상대의 반응 때문에 하는 것이지요. 아이들은 욕을 하면 누군가를 쉽게 화나게 할 수 있고, 친구들 사이에서도 우위를 차지할 수 있다고 믿기 때문에 욕을 합니다. 이 과정이 몇 번 반복되면 욕을 하는 것이 재미있어집니다. '이렇게 말하면 아이들이 무서워하는구나' 하고 생각하는 것이지요.

듣는 이가 기대한 것보다 차분하게 나오면 욕을 하는 학생이 오히려 당황하게 됩니다. 이 원리를 학생들에게 설명해 주고 어떻게 반응해야 할지 이야기해 보게 합니다.

2. 무슨 뜻인지 알아?

학기 초에 아이들이 알고 있는 모든 욕을 브레인스토밍 합니다. 생각나는 욕, 알고 있는 욕, 들어본 욕 등을 칠판에 적고 그 뜻을 하나하나 짚어가면서 설명해 줍니다. 우리말의 욕은 대부분 성적인 것과 관련이 있습니다.

예를 들어 씨발, 씨팔, 씹할, 씹 이렇게 적어보면 그 성적인 의미를 쉽게 알 수 있어요. 아이들이 자주 쓰는 지랄, 졸라, 존나 같은 단어는 물론이고 개새끼 같은 욕도 그 유래를 설명해 줍니다. 두루뭉술하게 대충 설명하는 게 아니라 원래 뜻 그대로 정확하게 말해 주어야 학생들이 욕이 왜 나쁜 것인지 이해합니다.

"그동안 너희들이 어떤 말을 하고 있었는지 알겠니?"

그러면 아이들이 자신의 입을 가리면서 무척 부끄러워합니다.

3. 욕을 들었을 때 어떻게 하지?

아무리 심한 욕을 해도 상대가 당황하지 않고 의연하게 대응하면 욕을 할 때의 재미가 반감될 수밖에 없습니다. 그래서 욕을 들은 아이의 반응이 매우 중요합니다. 욕에 감정적으로 바로 대응하지 않고 선생님한테 와서 상황을 설명하게 하는 것이 가장 좋습니다.

이 과정을 반복하는 것만으로도 욕하는 아이들이 눈에 띄게 줄어듭니다. 욕을 하는 동기 유발 요인을 제거하기 때문입니다.

4. 욕하는 아이, 어떻게 바라봐야 할까?

욕을 잘하는 아이들은 욕 자체보다는 욕을 했을 때 상대가 짓는 표정을 보면서 즐거워합니다. 무슨 뜻인지 모르지만 그 단어를 말하면 사람들이 싫어하고 무서워한다고 생각하기 때문에 반복해서 하는 것이지요. 학생들에게 다음과 같이 말해 줍니다.

"욕이 무슨 뜻인지 알고 나면 다음에는 그 말을 하는 사람이 다르게 보일 거야. 욕을 하는 사람은 무서운 사람이 아니야. 부끄러운 사람이지. 그러니까 욕하는 사람을 두려워하지 마. 그 사람들은 우리가 두려워하는 걸 즐기기 때문에 욕을 하거든. 내가 두려워하면 다음에 또 나에게 욕을 할 거야."

5. 욕은 혼자 하면 재미없어!

가만히 살펴보면 아무리 욕을 잘하는 아이라고 해도 혼자 있을 때조차 욕을 하는 경우는 드뭅니다. 주로 친구들과 어울려 다니면서 욕을 하지요.

　학생 1: 야, 이거 졸라 재밌다. 그치?
　학생 2: 그러게. 왜케 재밌어. 졸라 웃겨.

이렇게 말입니다. 이런 학생들은 친구 사이의 우정을 확인하는 수단으로 욕을 하는 것이지요. 욕을 욕으로 답하지 않으면 서로의 유대 관계를 확인할 방법이 없다고 생각하는 겁니다. 그렇기 때문에 친구들끼리 욕을 하면서 말하지 않아도 될 때까지 일관되게 지도해야 합니다.

화나면 욕할 수도 있지, 저 정도 욕은 괜찮아, 라고 여유 있게 생각해서는 좀처럼 효과를 보기 어렵습니다. 학기 초부터 끝까지 꾸준히 지도하고, 학급 토론을 통해 욕을 하는 삶과 그렇지 않은 삶의 차이 등을 깊이 생각해 보게 하세요.

욕하는 아이를 지도하기 위해서는 아이가 욕을 하는 원인을 찾아야 합니다. 욕의 속뜻을 모르고 있고, 상대가 감정적으로 반응하고, 반복된 학습 효과로 욕을 한다고 보고, 이 동기들을 제거하는 지도를 하는 것이 효과적입니다. 욕하는 아이를 지도하기 위해서는 욕하는 행동이 아닌, 욕하는 행동의 동기를 바라보아야 하는 것이지요.

저는 교실에서 아이들이 욕을 하는 것뿐 아니라 '헐'과 같은 단어를 써도 야단했습니다. 인간의 숨결 하나에도 정신이 담기는 것이니 '헐', '헉' 등 사람이 죽어갈 때 내는 소리를 하지 말라고 가르쳤습니다. 쉽게 던진 말이나 욕이 누군가의 마음에 깊이 상처 줄 수 있음을 1년 내내 일관되게 지도했습니다. 말은 곧 정신이고 그 사람의 인격입니다. 화나는 순간에 어떤 말을 해야 할지 선택하는 것도 아이들이 배워야 하는 일 중 하나입니다.

선생님, 욕을 하는 아이는 그 자리에서 따끔하게 야단치고, 누군가의 인격을 말로 모독하는 것에 대해서 진심으로 사과하도록 지도해 주세요.

또한 교사라고 해서 아이의 욕을 참아야 하는 것도 아닙니다. 교사도 인격이 있는 존재이고, 존중받아야 하는 인간입니다. 그래서 학생의 욕설을 참고 견디는 식으로 넘어가서는 안 되고, 이를 알리고 보호받아야 합니다. 다른 교사들에게도 비슷한 일이 일어나지 않도록 할 수 있다는 점에서도 더 효과적입니다.

말은 습관이기 때문에 지도하는 데 시간이 걸리긴 해도 반드시 고쳐집니다. 집요하다 싶을 정도로 꾸준히 지도해야 합니다. 학기 초부터 학기 말까지 끝까지 지도해 주세요.

가정 형편이 어려운 아이를 편애해도 될까요

가정 형편이 매우 어려운 아이가 있습니다. 다른 아이보다 왠지 안 쓰러운데 이 아이를 따로 예뻐하는 것이 괜찮을까 망설여집니다. 어떻게 해야 할까요?

A 교실에서는 교사가 채워야 하는 2퍼센트의 사랑이 필요합니다. 사랑이 조금 더 필요한 아이 곁에서 모든 걸 다 해주는 게 아닌, 부족한 부분을 조금만 채워주세요.

전에 김두식 교수가 쓴 『불편해도 괜찮아』를 읽다가 '지랄 총량의 법칙'이라는 말을 보고는 혼자 한참을 웃었습니다.

모든 인간에게는 평생 쓰고 죽어야 하는 '지랄'의 총량이 정해져 있다. 어떤 사람은 그 지랄을 사춘기에 다 떨고 어떤 사람은 나중에 늦바람이 나기도 하지만 어쨌거나 죽기 전까진 반드시 그 양을 쓰게 되어 있다.

문득 인간에겐 지랄뿐 아니라 사랑 역시 똑같이 평생 동안 받아야 할 총량(總量)이 정해져 있는 게 아닐까 생각해 보았습니다. 이른바 사랑총량의 법칙!

우리가 약한 존재로 태어난 건
사랑이 필요하기 때문입니다

톨스토이가 쓴『사람은 무엇으로 사는가』에서 천사 미카엘은 죄를 짓고 인간의 모습으로 살아가게 됩니다. 그리고 사람이 살아가는 동안 꼭 필요한 세 가지가 무엇인지 알아오라는 하나님의 목소리를 듣습니다. 인간이 된 미카엘은 아무리 냉정해 보이는 인간이라 하더라도 다른 인간을 사랑하는 마음을 가지고 있다는 것을 깨닫게 됩니다. 이 책은 미카엘을 통해 인간이란 누군가를 사랑하고 사랑받으면서 살아가는 존재라고 말하고 있지요.

날 때부터 뛰고 달리는 동물과 다르게 인간은 몹시 나약한 존재로 태어납니다. 누군가에게 끝없이 사랑과 돌봄을 받지 않으면 생존이 불가능하지요. 인간은 왜 이렇게 연약하게 태어날까요. 다른 동물처럼 많은 것이 준비된 상태로 태어나는 게 생존에는 더 유리할 텐데요.

저는 이것을 거꾸로 생각해 봅니다. 그처럼 나약한 존재로 태어나지 않는다면 이기적인 인간이 타인을 위해 결코 자신을 희생하려 하지는 않을 거라고 말이에요.

아마도 인간이 다른 인간을 위해 할 수 있는 가장 아름다운 행위가 바로 사랑이기에, 하나님은 우리를 한없이 연약한 존재로 세상에 태어나게 하는 것은 아닐까요.

교실에서 만나는 아이들의 생김새가 저마다 다르듯이 아이들에게는 정말로 다양한 사연들이 있습니다. 어떤 아이는 사랑을 듬뿍 받으면서 자라고, 어떤 아이는 어렵고 가난한 환경에서, 또 어떤 아이는 부모 없이 할머니, 할아버지의 얼굴만 보면서 자랍니다.

가정에서 사랑받지 못한 아이들이 교실에서 교사의 사랑조차 받지 못하면 세상이 너무나 차갑게 느껴지겠지요.

세상과 사람으로부터 소외된 아이들을 교사가 조금 더 사랑해 준다면 그것이야말로 아이들에게 부족한 사랑의 총량을 채우는 가장 작은 노력이 아닐까요.

아이에게 부족한 2퍼센트의 사랑을 채운다는 생각으로 노력한다면, 조금은 편해질 것입니다. 저도 그랬으니까요.

사랑이 필요했던 아이의 거짓말

지애는 학기 초 기초조사서에 엄마하고 둘만 산다고 했습니다. 아이들은 지애네가 잘살아서 주말에 만날 때면 지애가 친구들에게 햄버거를 돌린다고 했습니다. 부모님의 의견을 적는 칸에는 지애 글씨로 '많이 사랑해 주세요'라고 또박또박 써왔지요.

그런데 아이들, 특히 여학생들은 지애를 썩 좋아하지 않았습니다.

"선생님 같이 가요."

제가 점심을 먹고 식당에서 나오면 지애가 쏘옥 나타나서는 제 손을 잡아당겼습니다. 그러면 곁에 섰던 여학생들이 너나 할 것 없이 차별하는 거냐고 뾰로통했습니다. 차별한다는 소리가 듣기 싫어서 저는 잡힌 손을 살짝 빼곤 했습니다. 그게 가장 나은 선택이라고 믿었습니다. 모두에게 공평한 선생이 되어야 한다고 믿었으니까요.

공평한 선생이 된다는 것은 정말 중요한 일입니다. 그러나 그것이 좀 더 사랑해야 하는 아이에게도 해당되는 것은 아닙니다. 이건 지도의 문제가 아니라 그저 사랑에 대한 일이니까요.

어느 날 지애 엄마가 다른 곳에 직장을 구해서 전학 문제를 상의하러 왔습니다. 그때야 비로소 공평한 선생이 가장 좋은 선생이라고만 믿어왔던 제 생각이 틀렸다는 걸 알게 됐습니다.

놀랍게도 지애에게는 오빠가 있었습니다. 장애가 있는 오빠가 근처 중학교에 다니고 있는데 지애는 그걸 감쪽같이 숨겼던 겁니다. 지애 엄마는 지애 오빠가 직업 교육을 받게 하려고 큰 도시로 이사하기로 마음먹었다고 했습니다. 지애네는 부자도 아니었습니다. 지애 엄마는 오랜 시간 병으로 고생해 온 할아버지와 할머니까지 돌보며 생계를 모두 책임지고 있었습니다.

지애 엄마는 저에게 이렇게 말했습니다.

"선생님, 지애가 가끔 거짓말을 해요. 학교에서도 거짓말을 했을 거예요. 죄송해요. 선생님이 조금만 너그럽게 용서해 주세요. 진즉 찾아뵀어야 하는데, 너무나 죄송합니다."

지애 엄마는 1년 동안 딱 한 번 학교를 찾아왔는데 모든 걸 알고 있었고, 저는 1년 내 아이를 보았지만 아는 게 없었던 겁니다. 수학 90점, 국어 95점, 일주일 전에 본 시험 점수는 기억하는데, 그게 다 무슨 소용이랍니까.

저는 모두에게 공평한 선생 노릇을 하느라 정작 좀 더 사랑이 필요한 아이의 마음은 들여다보지 못했던 겁니다.

지애는 먼 도시로 전학 갔습니다. 떠날 때에 지애는 저를 끌어안고 울었고, 다른 여학생들은 덤덤했습니다. 그러고는 소식이 끊어졌지요.

좀 더 특별하게 사랑해야 하는 학생이 있습니다

선생님, 공평한 사랑은 없습니다. 누군가를 사랑한다는 것은 곧 그만큼 그가 특별해진다는 것을 의미하니까요. 특별하다는 말은 그 자체로 남과 다름을 뜻하잖아요. 좀 더 가까이, 좀 더 뜨겁게, 좀 더 많이, 좀 더 깊이…… 그게 바로 특별한 거잖아요.

저는 지애와 그렇게 헤어진 뒤에 학급에는 좀 더 특별하게 사랑해야 하는 학생이 있다고 생각을 바꾸었습니다. 그리고 거기에 하나 더 보태서 누구나 조금씩 특별하게 사랑하고 있다고 느끼게 하자고 생각했습니다. 그래서 제가 만나는 모든 아이들에게 "선생님은 너를 특별하게 사랑한다"라고 말해 주었습니다.

말 그대로 모두를 특별한 아이로 바라봐주고, 존재 자체로 감사하기 위해 노력했습니다.

김주환 교수의 『회복탄력성』이란 책에서도 이야기했듯이, 누군가 한 사람만이라도 진정으로 아끼고 사랑해 줘도 아이들은 비뚤어지지 않고 멋진 모습으로 자랍니다. 이 누군가가 부모면 더할 나위 없이 좋겠지만 그렇지 않을 수도 있습니다. 사랑이란 대상이 중요한 게 아니라 그 깊이가 중요한 것이니까요. 사랑의 총량을 채운 아이들은 잠시 방황하더라도 결국 자신이 가야 할 길을 다시 찾아냅니다.

선생님이 아이에게 부족한 2퍼센트를 채운다고 생각하시면 이런 수고가 한결 편해질 거예요. 만약 그때 제가 지애에게 100퍼센트가 아닌 2퍼센트만 주려고 노력했다면 저는 지애의 손을 매번 뿌리치지는 않았을 겁니다. 저는 모든 아이에게 공평하게 대하기 위해 모든 아이에게 똑같이 아무것도 주지 않았으니까요.

'너무 잘하려고 하지 말자' 생각하니까 아이들을 사랑하는 일도 조금씩 편해졌습니다. 가끔 옆 반 선생님들이 "그 반 아이들은 어떻게 선생님과 사이가 그리 좋아요?" 물어볼 때면 늘 같은 대답을 했습니다.

"저는 아이들이 선생님은 자신을 조금 더 사랑한다고 믿게 해요."

다른 선생님들은 농담인 줄 알았지만 정말 그랬습니다. 저희 교실 모든 아이들이 우리 선생님은 나를 좀 더 특별하게 생각한다는 착각 속에서 지냈으니까요.

'우리 선생님은 다른 아이들보다 나를 조금 더 좋아해. 일기장에 선생님은 나를 특별하게 사랑한다고 써주셨거든.'

이 말은 맞는 말이기도 하고 틀린 말이기도 합니다. 사실은 모든 아이들의 일기에 선생님은 너를 특별하게 사랑한다고 써주었거든요.

서로에게 특별해지면 그 누구도 사랑하는 사람의 마음을 쉽게 저버리지 못합니다. 저는 제가 사랑하는 아이들을 실망시키고 싶지 않았고, 아이들도 사랑하는 저를 실망시키고 싶어 하지 않았습니다.

선생님, 교사와 학생이 가까워지면 학생은 교사가 원하는 행동을 합니다. 그건 진리입니다. 교실에 존재하는 몹시 특별한 단 하나의 진리.

그러니 선생님, 그 아이를 다른 아이보다 조금 더 사랑해 주셔도 됩니다. 눈을 마주쳐주면서 한 번만 더 웃어주세요. 이름을 불러주시고, 손을 잡아주세요. 많이 말고, 딱 2퍼센트만 더. 사랑의 모자란 총량을 채운다는 생각으로 말입니다.

자라면서 채워야 할 사랑이 미처 그 총량을 채우지 못하면 인간은 바르고 따뜻하게 성장할 수 없습니다. 사랑은 인간을 인간답게 만드는 마지막 퍼즐이기 때문입니다. 그렇기 때문에 학생을 사랑하고 품어서 끌어안는 것은 교사가 평생을 짊어지고 가야 하는 가장 아름다운 행위입니다.

선생님이 그 아이의 마지막 사랑의 총량을 채우고 있다고 믿고 한 번만 더 손을 내밀어주세요. 선생님의 손을 잡고 아이가 일어서고, 그 마음근육에 힘이 보태져 조금 더 나은 삶을 꿈꾸게 할 수 있을 겁니다.

분명 교실에서 선생님을 기다리는 어떤 아이에게는 '나는 선생님에게 조금 더 사랑받고 있다'라는 생각 하나로 세상이 따뜻하게 느껴질 거니까요.

Q

아이들의 사춘기,
교사가 더 힘들어요

고학년 담임을 하다 보니 아이들이 사춘기인 것이 자주 느껴집니다. 좋았다 나빴다 변덕스럽고, 화내고 짜증내면서 별것 아닌 일로도 토라집니다. 어지간한 일로는 화를 내지 않고 이해하려고 노력하지만, 자꾸 지칩니다. 사춘기 아이들을 어떻게 이해해야 할까요.

A 사춘기는 '심리적인 이유(離乳)'의 시기입니다. 아이가 스스로 설 수 있게 도와주세요.

선생님, 사춘기 아이들 만나는 것 참 힘들지요?

말귀를 다 알아들어도 자기들 나름의 가치관과 잣대가 있으니 무턱대고 교사를 잘 따라주지도 않잖아요. 저는 사춘기가 '심리적 이유(離乳)'의 시기라고 생각합니다. 아이들 스스로도 어떻게 통제해야 할지 몰라 어쩌면 아이들이 더 힘든 시기라고.

사춘기, 그 전의 나와 헤어지고 새로운 나를 만나는 때

큰딸 성연이는 어렸을 때 몹시 예민한 아이였습니다. 낮잠이라도 한 번 자려면 어찌나 울어대는지 정신이 하나도 없었어요. 밤에도 애써 재우고 나면 금방 깨어서 울곤 했습니다. 그런데 재우는 것보다 몇 배는 더 힘든 일이 곧 닥쳐왔습니다.

성연이가 어느 날 갑자기 인형을 잘근잘근 물어뜯더니 그것도 모자라 이불을 빨아댔습니다. 그러더니 열이 오르기 시작했습니다. 원인을 알 수 없는 열이 한밤중에도 40도까지 올라갔습니다. 응급실에 여러 번 가고 난 다음에야 경험 많은 소아과 의사선생님을 만나게 되어 원인을 알았습니다. 알고 보니 이가 나려는 것이었습니다.

안 그래도 예민한 아이가 잇몸을 뚫고 이가 올라오니 아프고 힘들었던 것이지요. 하루는 칭얼대다 잠든 아이 곁을 지키다 저도 모르게 잠이 들었습니다. 문득 깨어보니, 아이의 분홍빛 잇몸에 조그만 이가 하얀 점처럼 쏘옥 올라와 있었습니다. 얼마나 신기하던지요.

그렇게 이가 난 다음에는 그 전까지 먹던 부드러운 유동식(流動食)이 아닌 단단한 음식을 먹기 시작했습니다. 막상 이가 하나둘 올라오면서 쌀밥도 먹고, 고기도 먹을 수 있게 되자 아이는 몇 배는 더 튼튼하게 자라났습니다.

사춘기 아이들을 보고 있노라면 그 시절 성연이의 잇몸에 올라왔던 작은 이가 생각납니다. 그렇게나 힘들게 얻은 건 고작 작은 이 하나지만 그게 어떻게 작은 이 하나일까요. 그건 이전과는 전혀 다른 새로운 나를 만나는 첫 번째 문인 것이지요.

사춘기도 똑같지 않을까요? 어쩌면 사춘기는 젖을 떼기 위해 이가 나려는 이유기가 아니라, 심리적인 이유의 시기일 겁니다. 그 전의 나와 헤어지고 새로운 나를 만나는 때, 폭발적인 신체적 성장과 정신적 성숙이 함께 이루어지는 질풍노도의 날들. 그게 우리가 교실에서 흔하게 보는 아이들의 사춘기일 겁니다.

사춘기를 이해하려면 뇌 발달을 이해해야 합니다

사춘기가 없다면 아이들은 당연히 어른이 될 수도 없습니다. 마치 어린 아기가 이가 생긴 다음에야 이유식을 시작하듯이 아이들은 사춘기를 지나야 비로소 어른이 되는 것이지요. 그런 치열한 시기 없이 인간은 성장할 수 없습니다. 마치 영원히 어린아이인 피터팬처럼 살아야 하겠지요. 그러니 얼마나 감사한 일인가요. 사춘기가 찾아온다는 것은.

그렇게 바라본다면 사춘기를 겪는 아이들을 이해하는 것이 조금은 쉬워지지 않을까요. 어린 아기가 이가 날 때 아픈 건 당연한 것이고, 사춘기 아이들이 사고치는 건 당연하지 않다면 불공평하지요.

사춘기 아이들의 뇌는 어른의 것과 그 무게가 거의 비슷합니다. 이미 뇌의 대부분은 성장을 마친 상태인 것이지요. 그런데 중요한 것은 이성적인 판단과 합리적인 사고를 담당하는 전두엽은 아직 발달을 마친 상태가 아니라는 겁니다. '불쾌'와 '쾌' 등 감정을 담당하는 변연계는 사춘기에 거의 완성되는데 말이지요. 행동을 자제하는 전두엽은 변연계에 비해 발달이 덜 됐으니, 누가 살짝만 기분 나쁘게 해도 욱하는 감정을 참을 수가 없는 셈입니다.

이런 아이에게 "네가 몇 살인데, 이 간단한 걸 몰라서 이렇게 행동해?"라고 하면 아이는 입으로는 "죄송해요"라고 해도 뇌에서는 '네, 잘 몰라요. 전 아직 제대로 판단할 수 없거든요' 할 겁니다.

그러므로 교사가 사춘기 아이의 심리적 특성, 신체적 특성, 뇌의 특성을 모두 이해하고 있어야 아이들을 제대로 품어줄 수 있겠지요. 선생님들이 자주 묻는 질문들을 위주로 사춘기 아이들을 지도하기 위한 방법들을 소개합니다.

사춘기 아이들을 위한 지도 방법

1. 틴트를 바르고 오는 여학생을 어떻게 지도할까요?

학생이 화장을 하는 문제는 고학년 담임 선생님들이 가장 많이 하는 고민 중 하나입니다. 사춘기가 시작되었다는 걸 가장 먼저 알 수 있는 것은 외모의 변화입니다. 아이들로서는 키가 크고, 여드름이 나는 자신의 외모에 관심을 갖지 않으면 그게 오히려 이상한 것이죠.

고학년 교실에는 거울과 빗을 끼고 사는 여학생들이 대부분입니다. 틴트나 비비크림, 심지어는 아이라인을 그리고 등교하는 학생도 있습니다. 저는 교실에 좋은 틴트를 여러 개 사놓고 아이들에게 마음껏 바르라고 말했습니다. 어차피 아이들은 자신의 외모를 예쁘게 꾸미고 싶어 하는데, 하고 싶은 걸 못 하게 막는 것보다 자연스럽게 표출하게 하는 방법을 가르쳐주는 게 더 적절하다고 생각했기 때문입니다.

아이들과 이 문제를 토론해서 학급 규칙으로 정한다는 선생님도 보았습니다. 사실 여학생들의 예뻐지고 싶은 욕구는 토론해서 해결되는 것이 아닙니다. 그보다는 지나친 것과 지나치지 않은 것 사이에서 학생 스스로 선택하게 하는 것이 훨씬 효과적입니다.

『톰 소여의 모험』에 보면 톰이 울타리를 칠하다 귀찮아지니까 친구들에게 이렇게 말합니다. "안 돼. 이건 아무나 하는 일이 아니야." 그러자 아이들이 서로 울타리에 페인트칠을 하겠다고 나서지요.

심리학에서는 이를 '욕망이론'이라고 합니다. 한마디로 하고 싶어 하는 걸 못 하게 하면 더 하고 싶어지는 게 인간의 마음이라는 겁니다.

앞의 다양한 문제 상황에서 살펴봤듯이 갈등 상황에 놓인 학생에게 선택의 권한을 주는 것과 그렇지 않은 것은 차이가 매우 큽니다. 자율적으로 행동을 선택할 수 있는 권한을 주면 그게 무엇이든 오히려 교사가 원하는 행동을 하는 것을 보게 됩니다.

저는 사다놓은 틴트를 마음껏 바르는 아이를 보지 못했습니다. 선생님 틴트는 귀한 것이니까 아무 때나 쓰지 말고 꼭 필요할 때 써야 한다고 하더라고요. 좋은 선크림을 발라야 한다, 립밤을 바르고 틴트를 발라야 입술이 트지 않는다, 비비크림을 뜨지 않게 바르는 법을 진지하게 가르쳐주었습니다. 하지만 실제로 화장을 하고 등교하는 아이들은 없었습니다.

2. 여학생이 생리한다고 체육 수업을 빠지겠대요.

요즘은 초경 시기가 빨라져서 4학년 여학생들 가운데에서도 초경을 시작하는 아이들이 있습니다. 미리 지도해 두지 않으면 학교에서 난처한 상황이 생길 수도 있습니다.

전에 6학년을 담임할 때 초경을 하면서 옷을 전부 버린 여학생을 본 적이 있습니다. 집에서 옷을 가져오게 하고 다른 학생들은 모두 체육을 하라며 운동장으로 내보내는 식으로 수습했지요. 어떻게 대처할지 미리 가르치지 않은 것이 너무 미안했습니다.

그 이후로는 체육 수업 시간의 일부를 성교육 시간으로 따로 정해서 꼼꼼하게 지도했습니다. 생리대를 가져와서 팬티에 직접 착용하는 방법부터 가르쳤고, 그게 남학생이 알아서 부끄러운 일도 아니고, 그걸로 놀려서도 안 됨을 강조해서 지도했습니다.

또한 여학생에게는 당연한 일을 핑계로 체육 수업을 빠지거나 불평해서도 안 된다고 지도했습니다. 참을 수 없을 만큼 힘든 아이는 제가 대신 전담 교사에게 이해를 구했습니다.

남자 교사라고 하더라도 무조건 보건실에 가보라고 할 게 아니라 사전에 성교육과 관련하여 꼼꼼하게 지도하는 게 좋습니다. 특히 생리를 하는 것이 부끄러운 게 아니라 자연스럽게 커나가는 과정이라고 말해 주는 게 무척 중요합니다.

사전에 이런 지도를 철저하게 해두지 않으면 남자 교사 앞에서 "저 생리하니까 체육 수업 빠져도 되죠?"라고 말하면서 핑계를 대는 여학생을 만나게 될 수도 있습니다. 이때 아무렇지 않은 말투로 "그래서?"라고 되묻는다면 아이가 더 할 말이 없겠지요.

3. 학생들이 끼리끼리 뭉쳐서 서로 싸웠다가 금방 화해하는 것을 반복해요.

EBS 다큐프라임 〈10대 성장 보고서 −2부 이상한 봄, 사춘기〉 편에 이런 실험이 나옵니다. 위험한 행위를 해야 하는 컴퓨터 게임에 참여한 10대를 관찰하는데, 혼자일 때와 친구가 보고 있을 때 그 결과를 비교해 본 것이죠. 이 실험에서 10대 아이는 성인이 볼 때는 아무 영향이 없었지만, 친구가 보고 있을 때는 뇌의 보상체계가 활성화됐습니다. 즉 사춘기 아이들의 삶은 친구의 영향이 엄청나게 크다는 뜻입니다.

게다가 사춘기는 감정의 변화가 매우 큽니다. 이유 없이 화를 내거나 별것 아닌 일도 대수롭게 넘기지 못하고 짜증을 냅니다. 친구와의 관계를 가장 중요하게 여기는 시기에 감정이 변화무쌍하니, 잘 놀다가도 절교를 한다는 둥, 쟤랑 놀면 안 된다는 둥 말하는 것을 자주 볼 수밖에 없는 것입니다.

친구와 절교할 거라고 말하는 초등학교 4학년 여학생을 본 적 있습니다. 이 아이는 장난이 아니라 진지하게 친구와 다신 놀지 않으려고 생각하고 있었습니다. 나름의 관점으로는 친구가 잘못된 행동을 했으니 그렇게 대응하는 것이 옳다고 믿은 것이었지요. 마치 어른이 아이를 혼내듯이 '절교'라는 극단적인 방법으로 친구를 혼내주고 싶은 겁니다. 이걸 그 자리에서 야단치면 아이가 어떤 것이 잘못됐는지 모르는 채 마음을 닫아버리게 됩니다.

그보다는 감정 표현을 어떻게 해야 하는지 가르쳐주는 것이 효과적입니다. 화가 났을 때, 슬퍼졌을 때, 우울할 때, 두려울 때, 기쁘고 행복할 때 등 자신의 감정을 정확하게 이해하고 표현하게 하는 것입니다.

감정카드를 준비해 두었다가 아이가 자신의 감정이 어떤 것인지 잘 모르고 힘들어할 때 사용하는 것이 좋습니다.

> 교사: 지금 기분이 어때? 이 카드 중에서 지금 기분과 가장 비슷한 걸 하나만 골라볼래?
>
> 아이: 잘 모르겠어요. 화가 난 것 같기도 하고 아닌 것 같기도 해요.
>
> 교사: 그래도 네 생각과 가장 비슷한 카드를 골라봐.
>
> 아이: 음. 화난 거요.
>
> 교사: 화가 난 걸 골랐구나. 그러면 왜 화가 났는지 선생님에게 이야기해 줄래?
>
> 아이: 아까는 지수가 제 지우개 뺏어가서 화가 많이 났는데, 이제는 가라앉았어요.
>
> 교사: 좋아. 화가 가라앉았구나. 어떻게 가라앉게 됐는지 말해 볼래?

아이가 스스로 자신의 감정을 표현하고 정리하게 하는 기회를 자꾸 주는 것입니다. 교사의 화법에서 다룬 것처럼 '~구나'를 활용해서 물어보면 됩니다. 정신과에서 어린아이와 상담할 때 주로 활용하는 방법이지요.

감정카드 만드는 방법

1. 엽서 크기로 색지를 여러 장 준비합니다.
2. 준비한 색지에 얼굴 모양을 매직으로 그립니다.
3. 빈 얼굴에 화남, 슬픔, 즐거움, 기쁨, 행복함 등을 직접 그려보게 합니다.

4. 학생들에게 카드를 설명해 보게 합니다.

4. 아이들이 야동을 봐요.

앞에서 설명했듯이 사춘기 아이들의 뇌는 아직 전두엽이 채 완성되지 않은 상태입니다. 전두엽은 우리 뇌에서 이성적인 판단과 행동을 절제하는 역할을 합니다. 아직 전두엽이 자라 있지 않은 아이는 어른처럼 자제할 수가 없습니다. 어른도 재미있는 것을 보면 자제하기 어려운데 말이에요.

음란 동영상이나 인터넷 게임에 중독되는 아이들이 많은 것도 그 까닭입니다. 성적 쾌락, 중독에서 오는 쾌락, 먹고 마시는 데서 오는 쾌락 등 어른들이 느끼는 거의 모든 쾌락을 아이들도 똑같이 느끼지만 아이들로서는 자제하고 싶어도 할 수가 없는 것이죠.

오래 전에 6학년을 담임할 때 학생들이 음란 동영상을 돌려보았다는 것을 알게 됐습니다. 그 사실만으로도 충격이었지만 더 놀라운 것은 동영상을 안 본 아이가 전체 마흔 명 가운데 다섯 명뿐이었다는 점입니다. 그렇게 많은 학생들이 동영상을 돌려보는 동안 교사인 저만 몰랐다는 게 너무 화가 나서 얼마나 야단을 했는지 모릅니다. 그땐 어떻게 지도해야 할지 몰라서 무작정 혼을 냈습니다. 제가 가장 잘못했던 것이 바로 '무턱대고 화를 낸 것'이었습니다. 그건 지도가 아니니까요.

이런 경우는 "절대 보면 안 돼"라고 지도해서는 효과가 없습니다. 단순하게 "음란물을 봤으니 혼나야 돼" 정도로는 아이의 행동에 변화를 가져오기 어렵습니다. 음란물을 끊으면 당장 재미있고 즐거운 일을 못하게 된다고 생각하기 쉬우니까요.

음란물이 나쁜 것은 비현실적인 성적 자극이 너무 크기 때문에 현실에서도 성폭행을 모방하고 싶어 한다거나 어지간한 자극으로는 만족할 수 없게 된다는 것입니다. 2015년 여성가족부가 음란물 자극에 노출된 학생을 대상으로 실시한 조사에서 학생들의 14.5퍼센트가 모방 충동을 느꼈다고 답했습니다. 학생들에게 지도할 때 이 부분을 솔직하게 말해 주는 게 오히려 효과적입니다.

"그건 실제와 다른 거야. 음란 동영상을 자꾸 보게 되면 실제와 환상이 뒤섞여서 어떤 것이 옳은 것인지 분별하지 못하게 돼. 그게 우리 뇌의 특징이거든.

뇌는 자꾸 반복해서 경험하게 되면 그걸 그대로 따라하려는 특징이 있어. 음란 동영상을 반복해서 보다 보면 모방하고 싶어질 수도 있다는 거야. 정말 무서운 일이지?

선생님은 너희들이 음란 동영상을 어쩌다가 본 것은 이해할 수 있지만, 반복해서 보는 것은 그래서 위험하다고 말해 주고 싶어. 선택은 너희들이 하는 거야. 선생님은 너희들이 옳은 선택을 하길 바란다."

아이들에게 음란 동영상을 보아서는 안 되는 이유를 정확하게 설명하는 것입니다. 또한 음란물 관련 지도는 학부모와 함께 지도해야만 효과가 있습니다. 가정에서도 같은 내용으로 지도하고, 학생이 사용하는 컴퓨터와 스마트폰에 음란물 차단 프로그램을 깔아서 사전에 예방하는 것이 중요합니다.

5. 인터넷 게임에 중독됐어요.

게임 중독은 음란물을 보는 것과 마찬가지입니다. 아이는 아직 절제할 수 있을 만큼 전두엽이 채 자라지 못해서 게임에서 빠져나올 수 없는 것입니다. 무작정 하지 말라고 야단하기보다는 게임 대신 할 수 있는 것을 하도록 돕는 게 좋습니다.

    ◈ 축구, 야구, 달리기 등 몸으로 놀기

    ◈ 일정 시간 동안 스마트폰 없이 살아보기

    ◈ 게임한 시간과 기분을 기록하는 게임 일기 쓰기

    ◈ 약속한 만큼 공부하면 게임 쿠폰 쓰기

이런 활동으로 하루에 몇 분씩이라도 게임하는 시간을 줄이는 노력을 하게 합니다.

저는 5, 6학년 담임을 하며 학부모들과 상담할 때면 항상 똑같은 이야기를 해드렸습니다.

"사춘기를 겪지 않고 어른이 되는 사람은 없어요. 아이가 아침마다 거울 앞에서 시간을 오래 보내는 것에 대해서 고맙게 생각해야 돼요. 외모에 관심을 갖기 시작했다는 건 이제 여자가 되어간다는 거잖아요. 얼마나 예뻐요. 아이가 소녀가 되고 아가씨가 되기 위해 첫발을 뗀 거예요.

물론 짜증도 나고 화도 나죠. 자신을 둘러싼 모든 게 변화하잖아요. 몸도 변하고 세상을 바라보는 눈도 변하는데 어떻게 달라지지 않을 수 있겠어요. 주변을 둘러싼 모든 것이 너무 빨리 변해버리니까 아이 입장에선 자기도 모르게 짜증이 나는 거죠.

우리가 문제 아이라고 생각하는 순간 아이는 문제 아이가 됩니다. 어느 순간에도 당연하고 자연스러운 것이라고 믿고 기다려줘야 돼요. 기다려주고 있다는 걸 아는 아이들은 자기 자리로 돌아와요. 그런데 돌아올 자리가 없으면 어떻게 되겠어요. 아이가 돌아올 수 있게 그 자리에서 든든하게 믿고 기다려주세요. 너무 심각한 상황이 되면 제가 말씀드릴게요. 그 전에는 괜찮습니다. 같이 믿고 기다려주세요."

사춘기는 지나가는 바람입니다

초등학교에서 고학년 담임은 주로 젊은 선생님들에게 배정됩니다. 그만큼 에너지와 열정을 많이 필요로 한다는 뜻 아닐까요. 선생님들이 얼마나 고생하고 있을지 잘 압니다. 저도 고학년을 위주로 담임했으니까요. 그러나 교사와 학생의 관계가 좋은 경우는 사춘기 아이라 하더라도 교사가 하는 말을 마음으로 이해하고 따라줍니다. 교사를 존경하고 사랑하면 인간 대 인간으로 이야기할 수 있지요.

졸업해서 어른이 된 제자들을 만나서 "그때 왜 그렇게 속 썩였어?" 물어보면 정말로 하나같이 말합니다. "그러게요. 그땐 제가 미쳤었나 봐요." 그 말을 들을 때마다 이제는 어른이 된 제자와 함께 한바탕 웃습니다.

사춘기는 지나가는 바람 같은 것이라고 생각하시면 됩니다. 앞으로 사춘기 아이들을 만나면 말해 주세요.

"너에게 드디어 새로운 이가 올라오는구나. 지금은 힘들어도 언젠가 지금을 떠올리면서 웃는 날도 올 거야. 선생님도 그렇게 어른이 됐거든" 하고 말이에요.

4장

학교 안의 관계,
학교 밖의 관계

4장에서는 교사들이 학교 안과 밖에서 경험하게 되는 다양한 인간관계에 관련된 고민들을 엮었습니다. 학부모와의 상담, 동료 교사와의 관계, 교장 교감 선생님과의 갈등 같은 문제는 겉으로 드러나진 않지만 교단을 속으로 곪게 하는 가장 큰 원인 가운데 하나입니다. 좋은 게 좋은 것이라는 식의 문화가 팽배해 있는 한국 사회에서 학교라는 독특한 문화를 경험하는 초임교사들에게 이런 문제는 특히나 어렵고 힘든 것 중 하나지요. 선생님들의 삶이 위로와 공감으로 가득 차길 바랍니다. 힘내세요, 선생님.

Q

학생들끼리 싸웠는데
학부모의 다툼으로 번졌어요

학생들이 놀다가 싸웠습니다. 양쪽 학부모를 모두 불러서 상담하려고 했는데, 자기 아이만 잘 했다고 학부모들이 고집하는 바람에 가운데에서 무척 힘들었습니다. 3자 대면하는 학부모 상담은 어떻게 준비해야 할까요?

A 기록보다 좋은 상담은 없습니다. 육하원칙에 따른 정확한 기록물을 준비해서 이야기하세요.

선생님, 3자 대면을 한다는 것은 그만큼 어려운 상황이기 때문에 만남을 주선하는 것입니다. 양쪽 학부모를 한 번에 대할 때 가장 어려운 것은, 학부모들은 양보의 여지 없이 자녀의 편을 든다는 겁니다. 그런데 그것은 부모로서 당연한 일입니다. 물론 문제를 해결하기 위해 만든 자리에서 자신의 자녀를 위해 목소리를 높이는 학부모를 보면 담임교사로서는 한없이 힘들고 답답하지요.

오래전에 6학년 아이들을 가르칠 때의 일입니다. 남학생 둘이 싸웠습니다. 평소 즐겨 장난치던 사이인데 말다툼으로만 끝나던 다른 때와는 다르게 이날은 주먹질까지 갔습니다. 주변에 있던 학생들이 싸움을 말리고 저에게 데려왔는데, 아이들 다친 상태가 꽤 심각해 보였습니다. 구급상자를 꺼내서 응급처치를 간단하게 한 다음 잠시 고민하다가 양쪽 가정에 전화를 걸었습니다.

"지운이 어머님, 이러저러해서 싸움이 있었습니다. 얼굴에 상처가 났고, 약은 발랐지만 아직 손톱자국이 그대로 남아 있습니다. 학교에 오시면 좋겠어요. 몇 시가 좋으신지 말씀해 주세요."

"민형이 어머님, 이러저러해서 싸움이 있었습니다. 정강이를 맞았고 멍이 들었습니다. 팔과 손등에도 멍이 있어요. 학교에 오시면 좋겠습니다. 지운이네는 3시가 좋다고 했습니다."

엄마들이 오는 사이 주변에 있던 모든 아이들의 증언을 받았습니다. 말로 대답하게 하면 말할 때마다 조금씩 달라지기 때문에 서면으로 진술을 받았습니다.

육하원칙에 근거해서 진술서를 작성하게 했고, 근처에서 싸움을 말린 아이들까지 진술서를 쓰게 했습니다. 그때 받은 진술서만 13장이었습니다. 싸움의 당사자들은 물론이고 열세 명의 진술서까지 조합하니 퍼즐 조각이 맞춰지듯 사건의 개요가 그려졌습니다.

무슨 일이 있었는지 설명해 주세요

작성시간 : 2016. 12. 15. 수. 12시 30분 ~ 12시 45분

작성자 : 김지수

1. 언제 : 6교시 수업이 끝나고

2. 어디에서 : 운동장 가장자리 벤치에서

3. 누가 : 지운이와 민형이가

4. 무엇을 했나요?

민형이가 지운이한테 얼굴에 뭐가 묻었다면서 놀렸습니다. 지운이가 민형이한테 그만하라고 소리쳤는데도 계속하자 지운이가 민형이의 멱살을 잡았고, 민형이는 뿌리치다가 지운이의 얼굴을 할퀴었습니다. 얼굴에서 피가 나니까 이번에는 지운이가 민형이의 다리를 걷어찼습니다. 민형이가 아야, 하고 소리 지르면서 다리를 만졌습니다.

옆에서 놀던 재혁이와 지민이, 제가 같이 가보니까 정강이 살갗이 벗겨져 있었습니다. 민형이가 살갗이 벗겨진 걸 보고는 지운이를 때리고 그 다음부터는 서로 마구 때렸습니다. 그러다가 재혁이와 지민이, 저 셋이 말려서 싸움이 끝났습니다. 저는 싸움이 끝났을 때 학원버스가 와서 학원에 갔습니다.

5. 이 일을 보면서 무슨 생각을 했나요?

먼저 시작한 건 민형이지만 지운이가 다리를 걷어찬 건 잘못했다고 생각했습니다. 엄청 아픈 부위이기 때문에 저였어도 화가 났을 것 같습니다. 그래도 저는 친구들과 싸우지 않아야겠다고 다짐했습니다.

평소에 단짝인 지운이와 민형이는 그날도 학교가 끝난 다음 운동장에서 축구하는 아이들을 구경하던 중에 서로 가볍게 말다툼을 하다가 싸우게 된 것이었습니다.

지운이가 먼저 민형이의 멱살을 장난으로 잡았고, 민형이가 뿌리치다가 지운이의 얼굴을 할퀴게 되었습니다. 얼굴에 상처가 나자 화가 난 지운이가 민형이의 정강이를 걷어찬 것입니다.

아이들의 얼굴은 눈물, 콧물 범벅이 되어 있고, 여기저기 상처투성이였습니다. 차분하게 마음을 가다듬고 우선 제가 정리한 상황이 맞는지 물어보았습니다. 아이들이 맞다고 대답했습니다. 객관적인 사실 파악이 끝났으니 이제 두 아이가 화해하는 일이 남은 것이었죠.

서로 마주 본 아이들의 화해

두 아이에게 손을 잡고 서로의 얼굴을 바라보라고 했습니다. 처음엔 싫다고 하더니 나중엔 손을 잡고 얼굴을 바라보더니 피식 피식 웃기 시작했습니다. 민형이에게 먼저 물었습니다.

"지운이 얼굴 어때 보여?"

"많이 다쳤네요."

"누구 때문에?"

"저 때문에요."

민형이가 고개를 숙였습니다. 이번에는 지운이에게 물었습니다.

"민형이 팔에 멍 든 거 보이지? 지운이는 어때? 기분이 한결 시원하고 좋아졌니?"

"아니요."

"그럼 어떤데?"

"미안해요."

"어떻게 하면 좋을까? 이번 일은 너희 둘 다친 게 심각해서 엄마들 다 오시라고 했어."

아이들이 손을 맞잡은 채로 저를 보았습니다.

"진짜요? 아, 어떡해. 난 이제 죽었다. 왜 부르셨어요."

"아, 진짜 큰일 났다. 너도 큰일 났지."

"선생님, 저 학원 시간 다 됐는데 그냥 학원 가면 안 될까요."

아이들은 아픈 것도 잊고 엄마가 오신다는 사실에 더 난리였습니다.

"응, 안 돼. 이 모습으로 집에 들어가면 엄마가 어떻게 생각하시겠니. 엄마들을 오시라고 한 건 당연한 거니까 선생님한테 너무했다고 하면 안 돼. 이제 앞으로 둘이 어떻게 하면 좋겠는지 말해 봐."

서로 얼굴을 보더니, 민형이가 먼저 말을 꺼냈습니다.

"제가 먼저 잘못했어요. 얼굴에 상처 나서 기분이 많이 나빴을 거예요."

"그럼 뭐라고 말해 줘야 할까?"

"미안해."

"아니야. 어떤 것이 미안한지 정확하게 설명하고, 마음을 다해 미안하다고 말하는 게 사과야. 다시 이야기해."

"미안해. 내가 네 얼굴에 상처 낸 거 용서해 줘."

지운이에게도 물었습니다.

"너는 뭐 할 말 없고?"

"나도 미안해. 내가 네 정강이 걷어차서 멍들었잖아. 거기 엄청 아픈 데라는 거 나도 알아. 진짜 미안해."

"너희 원래 친하잖아. 절친 아니었어?"

"맞아요. 우리 베프예요."

"이제 어떻게 할 건데?"

"다시 사이좋게 지내야죠."

"그래. 일단 얼굴이랑 다리에 둘 다 약 발라야겠다. 같이 보건실 다녀와."

아이들은 서로 손을 꼭 붙잡고 보건실에 가서 약을 바르고 돌아왔습니다.

객관적인 증거자료가 문제를 해결합니다

그러는 사이 두 아이의 엄마 모두 약속한 시간에 나타났습니다. 아이 상태를 확인시키고 교사연구실로 엄마들을 모시고 갔는데, 두 분 모두 화가 단단히 나 있었습니다.

"선생님, 지금 이게 어떻게 된 일인가요? 저희 민형이 팔하고 다리에 멍이 얼마나 크게 났는지 보셨어요?"

"네. 봤습니다."

"선생님이 뭐라고 말씀을 해보세요. 이게 어떻게 된 거예요?"

자초지종을 전부 설명했습니다. 이야기를 듣고 있던 지윤이 엄마가 갑자기 얼굴이 하얘지면서 화를 냈습니다.

"지금 우리 애가 먼저 때렸다는 건가요?"

"네, 그렇습니다."

"그게 말이 돼요? 우리 지윤이가 누구 때리는 애 아니잖아요?"

대답 대신 자료를 내밀었습니다. 아이들 열세 명이 작성한 진술서를 가운데에 놓으니 엄마들이 빠르게 자료를 훑어보았습니다.

"거봐요. 그쪽 애가 먼저 때렸잖아요. 사과하세요!"

"지금 뭘 잘 했다고 큰 소리를 내는 거예요."

"뭐라고요?"

저는 그 광경을 말없이 지켜보았습니다. 그 순간에는 '조용히 해라, 내가 이야기하겠다' 같은 말이 필요한 게 아니라 서로 감정을 표출할 어느 정도의 시간이 필요하다고 판단했기 때문입니다. 아니나 다를까 엄마들이 서로 큰 소리로 몇 번 삿대질을 하며 상대를 향해 고함을 치더니 저를 흘끗 보더군요.

"두 분 말씀 다하셨으면 이제 제가 말해도 될까요?"

"네, 선생님. 죄송합니다. 목소리를 높여서."

지운이 엄마가 먼저 저에게 사과를 했습니다.

"아니요. 저도 제 아이 얼굴에 상처가 나면 속상할 겁니다. 지금 화내시는 거 이해해요. 그런데 이 과정에서 아이들이 이야기한 게 있습니다. 지금부터 확인해 드릴게요. 민형이 엄마도 혹시 더 하실 말씀 있으신가요?"

"음……."

그런데 이때 머뭇거리는 민형이 엄마를 향해 지운이 엄마가 호통을 치는 거예요.

"민형이 엄마도 아까 선생님 앞에서 목소리 높였잖아요! 얼른 선생님한테 사과하세요!"

그러자 민형이 엄마가 이렇게 말하더군요.

"선생님, 오늘 화가 너무 나서 저도 모르게 목소리를 높였어요. 죄송해요. 하지만 선생님께 화난 건 아닙니다."

"괜찮습니다. 사과까지 하셨으니 아까 목소리 높이면서 화내시던 모습들은 저도 잊어버릴게요. 지금 아이들 얼굴은 엉망이지만 이 아이들이 진짜로 원하는 게 뭐라고 생각하세요?"

"글쎄요."

"잘 모르시겠지요?"

"네. 잘 모르겠네요. 학교폭력대책자치위원회 열어야 하는 거 아닌 가요?"

"어머니, 아이들은 서로 사과했습니다. 이미 서로에게 진심으로 사과 했고, 상처 낸 것을 많이 미안해하면서 서로 같이 약도 바르고 왔어요. 그 아이들은 서로 가장 친한 친구예요. 담임으로서 제가 어떻게 하길 바라십니까?"

"아, 그렇게 된 거면 저희도 따로 할 말은 없어요. 선생님, 죄송합니다. 아이들이 서로 사과했으면 됐습니다. 어차피 상처는 아무니까요. 민형이 엄마, 아까 화내서 미안해요."

"아니에요. 아까는 아이 얼굴 보고 욱 해서 저도 모르게 그렇게 됐어 요. 선생님, 죄송합니다. 지운이 엄마 미안해요."

두 엄마는 누가 먼저라 할 것 없이 서로에게 사과를 하더군요.

다음 날 이 일을 어떻게 처리했는지 다른 아이들에게도 말해 주었습 니다. 정확하게 증언해 준 아이들에게는 고맙다는 말도 잊지 않았지요.

아이들 싸움의 진정한 해결은 내일 다시 노는 것

학급에서 아이들끼리 일어나는 다툼은 누가 더 잘하고 못하고보다 누가 먼저 시비를 걸었느냐가 문제되는 경우가 많습니다. 그래서 학급에 서 문제 사안이 발생할 때 가장 먼저 객관적인 증빙자료를 만들어야 합 니다.

철저하게 육하원칙에 의해서 객관적으로 작성하되, 주변에 있던 모든 사람의 증언을 확보해야 합니다. 학부모와 이야기할 때도 오직 이 자료에 근거해서만 말하는 것입니다.

학부모는 어느 순간에도 자신의 자녀를 옹호하려 합니다. 그건 부모로서 당연한 것이기 때문에 학부모에게 객관적으로 말해 달라고 해봐야 소용이 없습니다. 이런 다툼에서 객관적인 판단과 행동을 할 수 있는 사람은 교사뿐입니다.

그래서 교사 역시 힘들겠지만 화가 많이 나 있는 학부모들의 마음도 공감해 주어야 합니다. 어쩔 수 없는 부분이라고 생각하고 존중해 주되, '아이들 다툼에서 진짜 해결은 내일 아무렇지 않게 같이 노는 것'이라고 말해 주어야 합니다.

부부싸움은 칼로 물을 베는 것이라고 하지요. 아무리 싸워도 내일 또 얼굴 볼 사이니까요. 아이들 싸움도 비슷합니다. 언제 그랬냐는 듯 어깨 걸고 다시 같이 노는 것이야말로 아이들이 이런 저런 다툼 속에서도 배우는 것이랍니다.

다음은 학교폭력대책자치위원회의 진행 과정입니다. 저경력 교사나 신규 교사들을 위해 소개합니다. 알아두면 유용하겠지요.

학교폭력대책자치위원회는 어떻게 진행될까

1단계 준비

☑ **자료 준비** : 피해 학생 진단서, 가해 학생, 피해 학생, 목격자 등의 진술서, 학교 폭력 사안을 입증할 수 있는 (자치위원들이 관련 내용을 이해할 수 있는) 증거 자료 등을 준비합니다.

☑ 회의 장소 및 대기 장소 준비 : 피해 학생, 가해 학생 및 보호자들이 의견 진술할 기회를 줍니다. 이들이 의견 진술 전에 대기할 장소를 준비해 둡니다.

☑ 수당과 여비 지급 : 자치위원들에게 수당과 여비를 지급해야겠지요.

2단계 회의 열기

☑ 개회

☑ 책임교사가 사안 조사 결과를 보고합니다.

☑ 의견 진술 기회를 피해 학생 및 보호자에게 주고, 진술이 끝나면 퇴장합니다.

☑ 의견 진술 기회를 가해 학생과 그 보호자에게 주고, 진술이 끝나면 퇴장합니다.

☑ 피해 학생 보호 조치, 가해 학생 선도 및 징계 조치 등 어떤 조치를 취할 것인지 자치위원들끼리 의견을 나눕니다.

☑ 결과를 학교장이 통보합니다.

3단계 사후 처리

☑ 피해 학생에 대한 조치는 보호자의 동의를 얻어 학교장이 7일 이내 조치를 해야 합니다.

☑ 가해 학생에 대한 조치는 14일 이내에 해야 합니다.

☑ 조치한 다음 학교장이 자치위원회에 관련 내용을 보고합니다.

기타 알아두어야 할 사항

☑ 학교 폭력 사안에서는 피해 학생에게 들어가는 심리상담 비용, 요양이나 치료 비용을 가해 학생의 보호자가 부담하는 게 원칙입니다. 그러

나 피해 학생의 신속한 치료가 먼저이기 때문에, 학교안전공제회에서 우선 부담하고 사후에 가해 학생 부모에게 구상권을 행사할 수 있게 돼 있습니다.

☑ 공제회에 지급을 신청하면, 14일 이내에 학교안전공제회에서는 지급할 것인지를 결정합니다. 지급을 하기로 결정한 경우는 지체 없이 바로 지급하게 돼 있습니다.

Q

어려운 학부모,
어떻게 대해야 할까요

어떤 학부모는 이야기하는 것이 부담스럽고 때론 불쾌하기까지 합니다. 누가기록이 중요하다고 해서 기록도 해보지만, 막상 만나면 어렵고 불편해서 이야기가 힘들어요. 대하기 어려운 학부모와 이야기하는 방법이 궁금합니다.

A 다양한 유형의 학부모가 있습니다. 유형에 따라 학부모의 감정을 존중하면서 부드럽게 하고 싶은 이야기를 해보세요.

학부모는 학급 운영의 한 축이기에 언제나 가까이해야 하지만 동시에 교사에게는 가장 어려운 상대이기도 합니다.

교실에서 심각한 안전사고가 있었을 때, 평소에 양쪽 학부모와 사이가 좋았던 저는 해결도 어렵지 않을 거라고 기대했습니다. 그러나 사고 처리 과정에서 학부모가 돌변하는 모습을 보면서 많은 것을 느꼈습니다.

그전만 해도 학부모를 편하게 해주면 좋은 것인 줄만 알았습니다. 그렇지만 그런 제 생각은 문제의 본질에서 한참 벗어나 있었습니다.

학부모가 원하는 것은 교사와 친구가 되는 게 아닙니다. 학부모는 자녀가 학교에서 편안하고 즐겁게 생활하길 원합니다. 그리고 그것은 학부모와 교사 관계의 전부입니다. 이는 학부모를 친구처럼 편하게 대하지 않는다고 해서 교사가 큰 잘못을 저지르는 것이 아니라는 뜻입니다. 교사는 학생을 위해 최선을 다해 노력하되, 학부모의 협조와 이해가 필요할 때 이를 부드럽고 친절하게 설명할 수 있으면 그걸로 충분하다는 것입니다.

학부모와 교사 사이에 오해가 생기는 가장 큰 이유는 학부모는 교사의 학교생활을 자주 볼 수 없기 때문입니다. 교사의 생각과 지도방식이 아무리 훌륭한 것이어도 집에서 아이의 말만 전해 듣는 학부모로서는 오해하기 쉬운 경우도 많습니다. 그러므로 학부모의 이러한 우려와 감정을 공감하고 존중하는 것이 먼저입니다.

정리하면 학부모와의 관계에서 문제의 핵심은 교사의 생각과 지도방식을 어떻게 전달하고 공유하느냐의 문제이지, 교사와 학부모가 어떻게 해야 편해지느냐의 문제가 아니라는 겁니다.

그럼에도 불구하고 저 역시 학부모들이 단체로 학교에 찾아와서 격렬하게 항의하거나 선생님이 대통령이라도 되냐고 거세게 몰아붙이는 학부모를 대할 때면 무척이나 힘들었습니다. 다양한 학생만큼 다양한 학부모들을 경험한 후 유연하게 대처하는 나름의 방식을 찾게 된 것 같습니다.

이와 관련해서 선생님들이 자주 묻는 질문들을 제가 경험한 사례 위주로 소개해 봅니다.

유형에 따른 학부모 상담하기

1. 나이가 한참 많은 학부모가 반말을 해요.

학부모가 교사보다 나이가 많을 경우 반말을 하는 학부모도 더러 만납니다. 저도 전체 학년에서 가장 나이가 많은 어머니 한 분이 만날 때마다 저에게 반말로 이야기한 적이 있습니다. 듣다 보면 반말하는 것이 거슬려서 자꾸만 귀를 바짝 세우고 듣게 되더라고요.

그러나 교사가 비인격적인 상대의 언행을 참아야 할 이유는 어디에도 없습니다. 세 번까지 참다가 네 번째 만났을 때는 그 부분에 대해 명확하게 말했습니다.

> 학부모: 아니, 내가 전에도 그렇게 말했잖아. 우리 애는 원래 그렇다니까. 그렇게 생각할 거야. 안 그래?
>
> 교사: 아, 그렇군요. 그 부분은 충분히 이해했습니다. 말씀해 주셔서 고맙습니다. 그런데 어머니, 지금 저에게 혹시 반말하시는 건 아니지요? 아무리 제가 어머니보다 어려도 학부모가 교사에게 반말을 하는 건 아니잖아요? 게다가 어머니, 원래 교양 있으시고 훌륭한 인격을 가진 분이니까 이건 제가 잘못 들었을 것 같아요. 어머니, 제가 잘못 들은 것 맞지요?
>
> 학부모: 아, 그런 게 아니라, 그게……
>
> 교사: 네, 그래요. 제가 잘못 들었겠지요. 설마 교사에게 어떤 학부모가 아무렇지 않게 반말로 이야기하겠어요. 교사에게 반말로 이야기하는 학부모를 어머님은 어떻게 생각하세요?
>
> 학부모: 네. 그럼요. 선생님에게 아이 맡겨놓은 부모가 그러면 안 되지요.

이때 직설적으로 "지금 저에게 반말하셨어요?"라고 물어볼 수도 있었지만 "설마 학부모가 교사에게 반말하겠어요? 이 문제를 어떻게 생각하세요?"라고 물었기 때문에 학부모 스스로 그럴 수 없다고 자연스레 말할 수밖에 없는 것이지요. 사실 저는 이 말을 하는 내내 얼굴에 웃음을 띠고 있었습니다.

침착하고 부드럽게 웃으면서도 할 말을 다 하는 교사에게 그 어떤 학부모도 함부로 대하지 않습니다. 이 학부모는 이후로 반말을 하지 않았을 뿐 아니라 오히려 다른 학부모들에게 선생님에게 깍듯하게 말하라고 야단을 했지요.

2. 우리 애는 내가 제일 잘 알아요.

학부모와 면담하다 보면 가장 자주 듣는 말 가운데 하나입니다. 문제 상황에서 학부모가 "우리 애는 내가 제일 잘 안다"고 말하는 것은 어쩌면 당연한 것입니다. 이 말의 뒤에는 진실이 아닌 것도 진실로 믿고 싶은 자기방어의 심리가 숨겨져 있습니다. 아이를 부모가 편들지 않으면 누가 편들겠습니까. 이 부분은 그럴 수 있다고 인정하는 게 차라리 마음 편합니다.

부모의 반응에 긍정적으로 공감한 다음, 부모의 감정이 어느 정도 누그러졌을 때 교사가 하고 싶은 말을 하는 게 좋습니다. 무작정 학부모와 감정적인 실랑이를 벌이는 게 아니라 객관적인 행동 기록을 내놓고 설명하는 것이 더 효과적이고요.

기록도 긍정적인 내용과 부정적인 내용을 모두 적어둡니다. 학부모를 만났을 때 긍정적인 기록을 가지고 먼저 칭찬하면서 부정적인 것은 살짝 곁들이듯 말해야 학부모의 거부감을 최소화할 수 있습니다.

> 학부모: 선생님, 우리 애는 제가 제일 잘 알아요. 그 애가 그렇게 할 리 없어요. 어릴 때도 벌레 한 마리 못 죽일 정도로 착한 애였어요. 그런 애가 다른 친구를 괴롭힐 수 없지요.

교사: 네, 그래요. 어머님 말이 맞습니다. 저도 이런 행동을 한 걸 보고 사실 많이 놀랐어요. 어머님은 얼마나 놀라셨을까요. 놀라신 거 충분히 이해합니다.

학부모: 그렇다니까요. 우리 애는 그런 애가 아니거든요.

교사: 네. 맞습니다. 지혜가 그런 애가 아니죠. 그런데 어머니, 사람은 누구나 실수해요. 저도 실수하고 어머니도 마찬가지죠.

학부모: 그렇죠. 실수하죠.

교사: 그럼요. 우리 지혜도 충분히 실수할 수 있어요. 그런데 이 실수가 반복되면 다른 아이에게 피해가 될 수 있고, 지혜 본인도 힘들어질 수 있지 않을까요? 어떻게 생각하세요?

학부모: 그것도 좀 그렇긴 하네요.

교사: 어머니, 여기 한번 보실래요? 네, 봐주셔서 고맙습니다. 이건 제가 그동안 적어놓은 행동 기록들이에요.

3. 우리 아이 좀 많이 예뻐해 주세요.

자녀를 특별하게 사랑해 주길 대놓고 기대하는 학부모도 많습니다. 제가 경험한 바로는 이런 학부모는 자녀에게도 관심이 매우 많았습니다. 저학년 담임을 할 때 많이 볼 수 있었고요. 부모 입장에서는 아이를 특별하게 사랑하는 것이 당연하지만 교사 입장에서는 한 아이만 편애할 수 없지요. 저학년 교실을 운영하다 보면 학부모와 이런 문제로도 갈등을 빚을 수도 있습니다.

이런 학부모에게는 감정적인 공감을 보여주고, 충분히 사랑받고 있으니 안심하라는 메시지를 전달해 줄 필요가 있습니다.

학부모: 선생님, 우리 재민이를 좀 많이 예뻐해 주세요. 지난번에 급식

실에서 선생님 옆 자리 앉고 싶었다던데, 못 앉아서 속상했다고 하더라고요. 다음엔 옆에 좀 앉혀주세요.

교사: 재민이 참 예쁘고 사랑스러운 아이죠. 저도 재민이가 맘에 쏙 든답니다. 마음도 따뜻하고 친절해서 저에게도 얼마나 잘해주는데요. 엄마 닮아서 재민이가 그렇게 다정한가 봐요.

학부모: 어머, 선생님. 그렇게 봐주시니 감사해요.

교사: 그래서 말인데요. 우리 재민이는 정말 많이 사랑받고 있거든요. 저에게도 그렇고 친구들에게도 그렇고요. 그러니까 우리 재민이가 학교에서 교사에게 사랑받지 못하면 어쩌지, 하는 걱정은 안 하셔도 돼요. 저 믿으시지요?

학부모: 그럼요, 선생님. 정말 고맙습니다. 그렇게 얘기해 주시니까 마음이 좀 놓이네요.

교사: 그런가요? 전 사실만 이야기했는데요. (웃음) 어머니, 제가 제일 좋아하는 게 뭔 줄 아세요?

학부모: 글쎄요.

교사: 저는 모든 아이들을 고르게 예뻐해 주고 싶어요. 재민이를 비롯해서 우리 아이들 모두를 똑같이 사랑해 주고 싶거든요. 재민이 어머니가 많이 도와주실 거죠?

4. 그거 제가 허락했어요.

교사와 학부모의 소통이 원활하지 않거나 학부모가 교사의 철학을 인정하지 않으려 할 때 이런 반응이 더러 나타납니다. 학부모의 이 말은 '내가 다 알고 허락했는데 교사가 간섭할 권한이 있냐'는 뜻입니다. 교사 입장에서는 여간 불편한 게 아닐 겁니다. 이런 학부모와 누가 더 교육적인가를 겨루면 교사가 백전백패합니다. 교사가 학부모보다 몰라서

가 아니라 교사가 해야 하는 일은 아무리 힘들어도 학부모와 동행하는 것이기 때문입니다.

학부모와 등을 돌리고 서로 다른 방향을 바라보고 있으면, 그 피해는 고스란히 아이와 교사에게로 되돌아옵니다. 그보다 어떻게 해야 이런 학부모의 이해를 구할 수 있을지 고민하는 것이 발전적인 방법이겠지요.

학부모의 마음이 엇나간 부분이 어디인지 그 시작점을 찾아보고, 이야기를 차근차근 풀어가는 것이 좋습니다.

> 학부모: 선생님, 제가 염색해도 된다고 했어요. 뭐 잘못됐나요? 아이의 자율성을 인정해야 좋잖아요.
>
> 교사: 아, 그렇군요. 어머님 생각은 충분히 이해했어요. 그런데 우리 학교에서는 염색하지 않는 것을 이미 교칙으로 정했어요.
>
> 학부모: 그건 몰랐네요. 설사 알았다고 하더라도 요새 누가 염색을 규제하나요. 아이의 자유를 제한하지 않는 것이 교육적인 것이죠.
>
> 교사: 네, 그래요. 맞는 말씀입니다. 저도 그렇게 생각해요. 그런데 아이들에겐 학교 규칙을 지켜야 할 의무도 있어요. 염색을 맘대로 할 자유가 있듯이, 학교의 규칙을 지켜야 하는 의무도 있는 것이지요.
>
> 학부모: 저는 아이의 개성이 더 중요하다고 생각해요.
>
> 교사: 네, 충분히 그렇게 생각하실 수 있어요. 규칙을 지키는 것과 개성을 표현하는 자유가 부딪친다면 어떤 것을 먼저 지켜야 한다고 생각하세요?
>
> 학부모: 둘 다 중요하지만 개인의 개성이 더 중요해요.
>
> 교사: 아, 그래요. 그렇게 생각할 수도 있어요. 어머님의 생각은 저도 더 새겨볼게요. 어머님, 학교에서는 왜 염색을 금지했을까요? 여

러 이유가 있겠지만 학생 건강에도 좋지 않고, 아직은 염색을 하는 것이 좋지 않다고 생각했기 때문에 이것을 학생 모두가 약속으로 정한 거예요. 함께 정한 약속인데도 지키지 않는다면 다른 학생들이 어떻게 생각할까요. 약속을 지키지 않는 아이라고 여길지도 몰라요.

아이들은 함께 공동체를 이루고 있습니다. 그러니 학교에서 정한 약속도 중요하다고 말씀해 주시면 어떨까요? 교육적인 것이 무엇인지 늘 고민하시는 분이니 아이의 교육을 위해 고민하는 제 마음을 그 누구보다 잘 아실 거예요.

어머님, 깊은 관심 늘 고맙게 생각합니다. 앞으로 조금만 더 학교 방침을 이해하고 아이들에게도 그렇게 이해할 수 있도록 도와주시면 좋겠어요.

5. 혼자 이야기하고 제 말은 듣지도 않아요.

소정방과 김유신이 만났을 때 일입니다. 둘은 말하지 않고 서로를 바라보기만 했습니다. 한참을 바라보다가 소정방이 참지 못하고 말했습니다.

"나이가 몇이냐?"

김유신이 이렇게 답했다고 합니다.

"먼저 얘기해라."

둘의 이야기에서 주도권이 누구에게 있었을까요? 김유신이었습니다. 왜 그럴까요? 이야기를 먼저 하게 하고 조용히 듣는 것은 카드게임을 할 때 내가 가진 패를 남에게 보여주지 않는 것과 같기 때문입니다. 카드를 먼저 보여주는 사람이 지게 돼 있는 것과 같은 원리죠.

상대가 먼저 이야기하면 주도권이 넘어간다고 생각하지만, 그렇지 않습니다. 학부모가 편하게 이야기할 수 있게 분위기를 만들되, 이야기의 주도권을 교사가 쥐고 있어야 합니다. 맞장구 쳐주면서 듣되, 교사가 해야 할 이야기가 있을 경우 메모해 놓고 빠짐없이 합니다. 교사에게 말할 기회가 오면, '다 듣고 나중에 질문하도록' 제한조건을 두고 이야기를 시작합니다.

> 학부모: 그래가지고요. 이렇게 저렇게 해서 이렇게 저렇게 됐는데 말이에요.
>
> 교사: 아, 그렇군요. 네. 그럴 수도 있겠네요.
>
> 학부모: 우리 집에서는 이렇게 저렇게 하니까 잘 안 되더라고요. 그래서 말이에요.
>
> 교사: 그래요. 알겠습니다. 어머님은 이야기를 참 재미있게 하시네요. 시간 가는 줄도 모르고 들었어요. 고맙습니다. 아참, 어머님. 저도 하고 싶은 이야기가 몇 가지 있는데요.
>
> 학부모: 그럼요. 제가 다른 사람 이야기 듣는 것을 얼마나 좋아하는데요. 그래서 평소에 말이에요.
>
> 교사: 네. 어머님. 잘 알겠어요. 그런데 어머님, 아쉽지만 사실 시간이 많지 않아서요. 제 이야기를 다 듣고 궁금하신 것은 나중에 이야기해 주세요. 메모하시면서 들어도 좋고요. (준비해 둔 펜과 종이를 내밉니다.)
>
> 학부모: 아, 네. 선생님. 말씀해 주세요.

이런 방법으로도 어렵다면, 웃으면서 다 듣고 딱 한 마디만 하면 됩니다. "어머, 아이가 엄마 닮아서 그렇게 총명했군요. 참 좋으시겠어요."

교사가 가르치는 방식이나 생각과 방향이 전혀 다른 학부모를 만나면 편치 않은 것은 당연한 일입니다. 그러나 학부모가 원하는 것은 결국 자녀가 학교에서 행복하게 잘 지내는 것입니다. 저도 이 사실을 정확하게 이해한 다음에는 학부모에게 휘둘리지 않으면서도 부드럽게 웃으면서 할 소리는 다 할 수 있게 되었습니다.

어려운 학부모일수록 학부모의 부정적인 감정을 존중해 주되, 교사로서 해야 할 이야기를 다 해야 합니다. 미리 적어두었던 내용을 빼놓지 않고 이야기하면서, 학생 지도가 가정과 함께 이루어져야 함을 강조했습니다.

학부모와의 관계가 어려운 이유는 수백 가지가 있을 것입니다. 그렇지만 그 어려운 수백 가지의 이유를 넘어설 단 하나의 방법은 꾸준한 노력뿐입니다.

학부모에게 학교와 담임 선생님은 늘 어렵습니다. 저도 학부모로서 아이의 담임 선생님을 만날 때면 긴장이 된답니다. 담임 선생님의 입을 통해서 아이 칭찬만 듣고 싶은 게 엄마 마음이지만 그건 엄마의 바람일 뿐이라는 걸 저 역시 잘 알기 때문이죠.

아이의 학교생활이란 게 실수도 있고, 사고도 치는 게 당연한 것임에도 불구하고 엄마 마음이란 다 그렇습니다. 학부모의 마음을 교사가 먼저 조금만 헤아려준다면 학교의 문턱이 교사와 학부모 모두에게 조금은 낮아질 수도 있지 않을까요.

학부모 상담주간에 어떤 옷을 입고 가야 하는지 '학부모 상담 의상'이 포털 사이트의 인기 검색어로 올라온 적이 있다고 합니다. 학부모도 그만큼 교사가 어렵다는 것을 꼭 기억해 주세요. 교사가 학부모에게 먼저 손 내밀지 않는다면 사사건건 부딪칠 수밖에 없답니다.

교사가 학부모 위에 군림해서는 안 되지만, 학부모에게 함부로 휘둘리지도 말아야 합니다. 민주적인 인간관계는 서로에게 상처주지 않습니다. 함께 나아가고 발전적인 방향을 찾아내지요.

우리 반 아이와
다른 반 아이가 다퉜어요

우리 반 아이가 다른 반 아이와 싸웠습니다. 옆 반 선생님과 이야기해 사건을 해결하긴 했는데, 껄끄럽고 힘들었습니다. 이럴 때 어떻게 해야 서로 기분 상하지 않으면서 효과적으로 지도할 수 있을까요?

A 아이들 싸움이지 교사들이 감정 다툼을 할 일이 아닙니다. 학년에서 공통으로 지도가 필요한 부분을 협의해서 모든 학급에서 함께 지키는 게 더 효과적입니다.

오래전 일입니다. 6학년 아이들을 가르칠 때였는데 옆 반 아이와 우리 반 아이가 잘못을 크게 저질렀습니다. 주된 잘못의 원인이 옆 반 아이에게 있었기 때문에 그 아이를 불렀습니다. 그런데 마주한 아이의 태도가 너무 불량한 겁니다.

점점 화가 나다가 "흥, 그래서요? 선생님이 뭔데요?" 소리에 머리끝까지 화가 났습니다. 참지 못하고 아이들이 보는 데서 옆 반 아이의 종아리를 때렸습니다. 불행 중 다행이라고 해야 할까요. 아이 부모님에게서는 별 말이 없었지만, 그날 오후 옆 반 선생님이 교실로 찾아왔습니다.

"선생님이 우리 반 아이 때렸어요? 처음 있는 일이니까 딱 한 마디만 할게요. 선생님이 나중에 같은 일을 경험하면 그게 얼마나 불쾌한 일인지 알게 될 거예요. 다시는 그렇게 하지 마세요. 같은 일이 다시 있을 때는 정식으로 이 일을 문제 삼겠습니다. 우리 반 아이에게 지도가 필요하다면 먼저 담임인 저에게 상의를 했어야지요. 아이 집엔 잘 이야기해 뒀습니다."

그 선생님은 학부모와 신뢰관계가 잘 쌓인 분이었습니다. 덕분에 아이의 학부모가 저에게 항의를 하지 않았던 것이죠. 저는 그 선생님 앞에서 죄송하다는 말만 연신 되풀이했지요.

몇 년 뒤, 같은 일이 있었는데 이번에는 우리 반 아이가 다른 반 선생님에게 뺨을 다섯 대를 맞았습니다. 우리 반 아이의 뺨을 때린 선생님을 찾아가 저도 같은 이야기를 했습니다. 그러고도 불쾌감이 가시지 않아서 한동안 그 선생님을 볼 때마다 그 일이 생각나면서 기분이 썩 좋지 않았습니다.

담임교사는 학교에서 아이들에게 엄마와 같은 존재입니다. 위의 두 상황에서 교사가 느낀 감정도 부모가 자녀에게 느끼는 것과 같은 것이지요. 그런데 아이들이 있는 곳에는 사건과 사고가 끊이질 않으니 교실에서 담임교사가 아무리 잘 지도해도 이런 문제는 얼마든지 생길 수 있습니다.

학년 공동으로 함께 지도하면 효과가 커집니다

그 뒤에도 비슷한 일을 또 겪었습니다. 그런데 그땐 대응이 많이 달랐습니다. 마찬가지로 6학년을 가르쳤는데 우리 반 아이와 다른 반 아이가 심하게 싸웠습니다. 제가 생각할 때는 우리 반 아이가 잘못된 일에 우연히 얽히게 된 것 같았습니다. 처리를 놓고 고민하는데 옆 반 선생님이 교실로 찾아왔습니다. 그러고는 이런 이야기를 했습니다.

"지금 어느 반의 누가 더 잘못했나가 중요한 게 아니에요. 아이들이 앞으로 안 싸우는 것이 중요하죠. 선생님이나 나나 지금 기분이 언짢긴 하지만 문제의 본질을 교사들의 감정싸움으로 훼손해서는 안 돼요. 앞으로 어떻게 지도할지 이야기하는 게 좋겠어요."

정신이 번쩍 드는 이야기였습니다. 교사끼리 감정싸움을 할 게 아니었습니다. 아이들이 싸운 것에는 두 담임교사의 책임도 있다는 것을 서로 인정하고, 두 아이가 싸우게 된 원인에 따라 앞으로의 지도 방향을 한참 동안 이야기했습니다.

우리가 그때 내린 결론은 학년 공통의 문제에 해당되는 것은 함께 지도하되, 교실에서 먼저 지도해야 할 부분은 충분히 지도하자는 것이었습니다.

우리 반 아이들을 잘 가르친다고 해도 학원이나 등하굣길에 만나는 다른 반 아이와의 문제까지 해결되는 것은 아니니, 학급에서의 생활 약속을 공유해서 우리 반에서는 안 되는 것이 그 반에서는 되는 일이 없도록 하자는 데에도 의견을 모았습니다. 또한 어느 반의 학생인가 따지지 말고 앞으로 공동 지도가 필요한 부분을 찾아서 함께 지도하자고 이야기를 나누었지요.

당시 저희 학년에는 세 학급이 있었습니다. 세 반 담임이 한자리에 모여서 이런 부분을 자주 이야기 나누다 보니 어느 반에서는 되고 어느 반에서는 되지 않던 지도가 자연스레 해결되더군요. 세 반이 함께 같은 지도를 한 덕분에 복도에서 뛰어다니는 아이들이 없어졌고, 어느 반 담임이 출장을 가거나 교실에 문제가 생겨도 지도에 빈틈이 없었습니다. 서로 서로 옆 반을 잘 챙겼으니까요.

1. 다른 교실 복도에서도 조용히 걷게 합니다.

우리 교실 복도를 비롯해서 다른 교실 복도에서도 조용히 걷게 합니다. 무엇보다 복도에서 안전사고가 많이 난다는 점을 강조하는 것이 좋습니다. 학생들이 뛰어다니다가 부딪쳐서 사고가 나는 경우가 많으므로 다른 교실 복도에서도 조용히 걸어 다니도록 지도합니다.

2. 쉬는 시간을 함께 지킵니다.

될 수 있는 한 쉬는 시간과 수업 시간은 다른 반에 맞춰서 함께 지키는 게 좋습니다. 만약 블록수업을 해서 다른 반과 쉬는 시간이 달라진다면 이를 옆 반과 사전에 협의하는 게 좋습니다. 우리 학급 학생들이 다른 반을 방해하는 일이 없도록 꼼꼼하게 살피는 것입니다. 이는 교사끼리 지켜야 하는 최소한의 예의인 것이지요.

3. 우리 교실에서는 가능한 약속인데 다른 교실에서는 불가능하다면 한 번 더 생각해 보세요.

우리 교실에서는 용인되는 행동이 다른 반에서는 용인되지 않는 경우도 더러 있을 수 있습니다. 만약 옆 반에서는 안 되는 행동이라면, 한 번 더 고민해 보는 게 좋습니다. 옆 반 선생님이 왜 그렇게 지도하는지 물어보고 내가 해오던 지도를 돌아볼 기회로 삼는 게 발전적이겠지요.

4. '그 반은 이런 거 한대요'에 흔들리지 마세요.

아이들이 다 다르듯이 교사도 저마다 개성이 다르고 중요하게 생각하는 교육 철학도 다 다릅니다. '저 반에서 재미있는 것을 하는데, 우리 반은 왜 안 하는지' 투덜대는 아이가 있다면, 아이를 탓하기에 앞서 그 선생님에게서 배울 것이 무엇인지 고민하는 게 먼저입니다.

아이의 말에 휘둘려 감정적으로 "그 반은 그 반이고, 우리 반은 우리 반이지"라고 말하는 것보다 우리 교실에선 미처 하지 못했던 좋은 지도 방법이 있다면 배워서 함께하는 것이 더 좋은 일이겠지요.

그 해에 졸업한 아이들은 우리 반이 아니었어도 가끔 저희 교실로 찾아왔습니다. 비록 다른 반이었지만 아이들은 제게 "선생님도 꼭 우리 담임 선생님 같아요"라고 말하곤 했지요. 제자가 갑자기 세 배로 늘어난 것 같아 저도 덩달아 기분 좋았습니다.

자신의 학급만 잘 지도하면 편하기는 합니다. 그러나 학년에서 함께 지도해서 모든 반이 같이 행복한 것만은 못 합니다. 여럿이 함께 가는 길은 더뎌도 클 수밖에 없답니다. 이 과정에서 우리 반 아이와 옆 반 아이가 다퉈도 불편하지 않게 잘 해결할 수 있는 것은 덤으로 얻어지는 것이지요.

Q

옆 반 선생님과의 관계가
너무 힘들어요

옆 반 선생님 한 분이 너무 힘들게 합니다. 사사건건 시비를 걸고,
별것 아닌 일로 우리 반 아이를 불러서 혼내기도 합니다. 이 선생님
과의 갈등 때문에 학교에 가기도 싫을 정도입니다. 어떻게 해야 할
까요?

A 직장에는 잘 맞지 않고 싫은 사람도 있을 수 있습니다. 학교도 마찬가지입니다. 충분히 그럴 수 있다고 생각하되, 당당하고 현명하게 행동하는 것이 좋습니다.

선생님, 학교에서 그런 동료 교사와 마주치는 일, 정말 힘들지요? 충분히 이해합니다. 저에게는 잊지 못할, 신규 교사 시절의 이야기를 하나 해드릴게요. 이야기는 무려 19년 전으로 거슬러 올라갑니다.

선생 하기 싫은 날

신규 교사로서 첫 운동회를 했던 날입니다. 작은 시골학교 운동회였으니 교사들이 직접 이것저것 나르고 옮기고 치우느라 땀도 많이 흘렸지요. 뒷정리까지 끝내고 나니 너무 피곤했습니다.

읍내로 나가 간단하게 회식을 했습니다. 유난히 큰 술잔이 돌려졌는데 그날따라 평소 사이가 좋지 않던 직원 하나가 옆에서 자꾸 술을 마시라고 강요하는 겁니다. 다른 날 같으면 어떻게든 넘겼을 텐데, 그날은 너무 피곤했기 때문일까요. 술을 안 마시는 사람을 이상한 사람으로 몰아가는 분위기가 점점 언짢아졌습니다. 직원들 모두 커다란 2,000cc 맥주잔을 분위기에 못 이겨 마시고 있었습니다. 그렇게 세 번째쯤 차례가 왔을 때 그 직원이 이런 말을 하는 겁니다.

"야, 넌 막내가 돼서 잘하는 게 뭐야? 능력이 없으면서 술도 못 먹냐? 안 먹을 거면 머리에 부어."

그 순간, '나는 이런 소리를 들으려고, 이런 자리를 참으려고, 그렇게 어렵게 공부해서 교사가 된 게 아니다'라는 생각이 들자, 더는 참을 수 없었습니다. 벌떡 일어나 앞에 놓여 있던 맥주잔을 들어 제 머리에 부어버렸습니다. 2,000cc 맥주가 머리에서 뚝뚝 떨어져 내렸지요.

19년 전 일이지만 저는 아직도 그 순간이 생생하게 기억납니다. 머리에선 맥주가 방울방울 떨어져 내리면서 그렇게나 시끌벅적하던 호프집에 한순간 정적이 흘렀습니다. 모두가 입을 벌리고 멍하니 저를 보던 그 짧은 순간의 적막감. 저는 옆에 있던 다른 직원의 맥주잔까지 들어서 머리에 부었습니다.

"술 마시기 싫다니까!"

그때 맞은편에 있던 남자 선생님 한 분이 일어나서 커다란 원형 테이블을 뒤집어 엎어버렸습니다.

"새파랗게 어린 신규 주제에 어디 지금 교감 선생님 계신 데서 지랄이야!"

생전 처음 듣는 욕과 함께 테이블 위에 있던 맥주잔이 나뒹굴었습니다. 자리에 있던 모든 사람들이 비명을 지르면서 일어나 쏟아져 내린 맥

주방울들을 털어냈습니다. 난리도 그런 난리가 없었습니다. 그날 집에
어떻게 왔는지 잘 생각나지 않습니다.

정당하게 자신을 보호하지 못했던 시절

그날 이후로 아무도 저에게 말을 걸지 않았고, 저도 아무에게도 말
을 걸지 않았습니다. 학교 안의 누구와도 말을 하지 않고 철저히 혼자
인 채로 몇 달을 지냈습니다. 교사라는 직업 특성상 교실 문을 닫으면
아침부터 저녁까지 다른 동료의 얼굴을 볼 일이 없는 게 그나마 다행이
었습니다.

그 시절을 어떻게 극복했냐고 물으면 뭐라고 대답해야 할까요. 극복
한 게 아니라, 그저 견뎠다고 해야 할까요. 저는 지금도 그 시절 누구와
도 마주치고 싶지 않아서 학교 가는 길 새벽 첫 버스를 기다리며 서 있
던 제 모습이 선명하게 떠오릅니다. 세상 그 누구에게도 굽히지 않던 스
물세 살의 어린 저는 그 시절 참으로 외롭고 쓸쓸하고 슬펐습니다.

그때 밤이면 밤마다 꿈을 꾸었습니다. 제가 살던 아파트 6층 꼭대기에
서 매일 밤 철망을 찢고 뛰어내리는 꿈이었습니다. 그해 겨울, 사표를 쓴
것에는 그 일이 크게 한몫 했습니다. 그럼에도 불구하고 저는 끝까지 알
량한 자존심을 지키고 싶었습니다. 사표를 들고 교장실에 가자, 교장 선
생님이 물었습니다.

"한 번 더 생각해 보게. 혹시 학교에서 누가 많이 힘들게 했나?"

물었을 때도, 딱 잘라 말했지요.

"아니요. 그런 사람 없습니다."

사실 그땐 그런 저항 외엔 할 줄 아는 게 없었습니다. 뭘 어떻게 해야 저를 보호하는지도 몰랐습니다. 그래서 소중한 내 머리에 내 손으로 맥주를 붓는 일 따위를 한 것입니다. 지금이라면 분명히 정당한 방법으로 자신을 보호할 것입니다. 아닌 건 아니라고 말할 것이며, 부당한 것은 부당하다고 말할 테니까요.

저는 동료 직원과 고약한 인간관계가 맺어질 경우 폐쇄적인 교사 문화가 보태어져 얼마나 지치고 힘들게 하는지를 너무 잘 압니다. 『선생 하기 싫은 날』을 펴낸 다음 저와 비슷한 일로 힘들어하는 선생님들도 많이 만났습니다. 그러나 중요한 것은 이런 일로 선생님들이 마음을 다치면 안 된다는 것입니다. 교실 바깥의 문제 때문에 학생에게 집중하기 어려워지고, 학교에서 마음이 떠날 것이 걱정됩니다. 다음은 제가 경험한, 어려운 동료와의 관계 극복 사례들입니다. 무엇보다 당당하고 현명하게 행동하는 선생님이 되었으면 좋겠습니다.

어려운 동료와도 잘 지내는 교사가 되기

1. 힘든 선배, 이기지 말고 이해하세요.

자신보다 단 한 살이라도 많은 선배 교사와 껄끄러운 관계가 되면 극복이 어렵습니다. 그런데 어려운 선배는 이겨야 하는 대상이 아닙니다. 이기려고 하면 저처럼 학교 안의 모두가 자신에게서 등을 돌리는 것을 보게 될 겁니다. 선배는 선배고, 후배는 후배라는 생각이 초등학교의 교직 문화에는 깊이 뿌리내리고 있으니까요. 그보다 있는 그대로 그를 인정하고 이해하는 게 더 낫습니다.

껄끄러운 사람의 비위를 맞출 필요는 없지만 그렇다고 자리를 박차고 나갈 필요도 없다는 뜻입니다. 선배를 이기려고 하지 말고, 있는 그대로를 인정하다 보면 서먹했던 관계도 서서히 좋아질 것입니다. 선배와 다투려고만 할 것이 아니라 자신이 그만큼 어려운 사람으로 보이는 것은 아닌지 한 번쯤 되돌아보는 기회로 삼는 것도 발전적인 방법이겠지요.

2. 그가 잘하는 것을 가르쳐달라고 하세요.

한 번은 어려운 수업안을 짜다가 평소 껄끄럽던 동료에게 해결 방법을 물어보게 됐습니다. 사실 다른 누구도 대답할 수 없는 것이었기에 물어볼 수밖에 없었지요. 그런데 그 일 이후로 어렵던 관계가 나아진 것을 느꼈습니다. 곰곰이 생각해 보니 이유는 딱 하나였습니다. 그가 잘하는 것을 제가 물어봤기 때문이죠. 뜻하지 않게 제가 그의 능력을 인정한 셈이었습니다.

교사라면 누구나 잘하는 게 한두 가지씩은 있게 마련입니다. 평소에 그가 잘하고 자신 있어 하는 것을 물어보세요. 이는 간접적으로 그의 능력을 인정하고 칭찬하는 것이 됩니다. 게다가 상대는 가르치는 것을 직업으로 삼고 있는 교사입니다. 자주 물어볼수록 관계가 좋아질 수밖에 없습니다.

3. 착한 교사 프레임은 나를 보호하지 못합니다.

모든 사람이 언제나 착해야 하는 건 아닙니다. 교사는 친절해야 한다는 생각 때문에 상대의 모욕마저도 참고 견디는 분이 많습니다. 그러나 나를 함부로 대하는 사람에게까지 착해야 할 필요는 없습니다.

상대가 나를 이유 없이 비난하거나 무턱대고 화를 낼 때 그걸 참으면 겉은 괜찮을지 몰라도 내면의 자아는 이미 다친 다음입니다. 내가 나를 지키기 위해 아무것도 하지 않았으니까요.

껄끄러운 상황을 넘기기 위해 억지로 참고서 괜찮다고 위안하지 마세요. 한두 번은 괜찮을지 모르지만 이런 일이 반복되면 그 누구보다 내가 더 상처받고 다친답니다. 나 자신을 위해서라도 한 번쯤은 강하게 아닌 것은 아니라고 말하세요.

사람들은 만만하고 나약한 상대를 비인격적으로 대하는 경향이 있습니다. 심리학에서는 이를 비인간화(dehumanization) 현상이라고 합니다. 쉽게 말해 사람 취급을 안 하는 것이죠. 우리 생각과는 다르게 이런 행동을 하고 있는 상대는 함부로 행동하면서도 죄책감마저 느끼지 않습니다. 비인간화를 깨는 유일한 방법은 만만해지지 않는 것입니다. 나약하지 않은 사람이라고 여기면 그 누구도 함부로 할 수 없습니다. 보편타당한 정의가 아닌 경우까지 착해서는 안 될 것입니다.

4. 주체적이고 당당하게 목소리를 내세요.

학교에서 교사들의 의견을 수렴할 때, 아무 말 하지 않다가 뒤에서 이야기하는 이가 있는가 하면 무슨 이야기든 함께 나눠보길 바라는 이가 있습니다. 어떤 교사가 더 당당해 보일까요.

설사 신규 교사라 할지라도 자신이 아이들을 책임지고 있는 교사라는 사실을 그 어떤 순간에도 잊어서는 안 됩니다. 목소리를 내야 하는 상황에서 주저하거나 침묵하지 말고 당당하게 의견을 내세요. 학교에서 당당하게 주체적인 목소리를 낼 수 있다면 그에게 비인격적인 대우를 하는 이는 없습니다.

5. 나 자신을 돌아보세요.

자신의 장점과 단점을 잘 알고 있으면, 의도적으로 사람을 가까이할 수도 있고 멀리할 수도 있게 됩니다. 필요 이상으로 나를 내세우지 않아도 자연스레 상대가 존중할 수밖에 없게 만드는 것입니다.

그러나 남이 나보다 나를 더 잘 알고 있으면 거꾸로 남이 나를 이용하는 상황에 놓이게 됩니다. 그러니 그 누구보다 나 자신을 잘 알고 있어야 하고 내가 잘하는 것, 못하는 것, 사람들과 마찰을 자주 빚는 부분 등을 평소 잘 파악하고 있어야 합니다.

불필요한 갈등 상황을 만들고 있다면 그것에서 빨리 빠져나오는 게 좋습니다. 그 문제에 마음을 쏟으면 우리 교실 아이들에게 쏟아야 할 마음이 그곳으로 분산돼 버리니까요. 사람들과 자꾸만 갈등을 빚을 때는 왜 그런지 깊이 돌아볼 기회가 왔다고 생각하는 게 좋습니다.

선생님, 도나우 강 아시지요.

푸른 도나우 강으로 널리 알려진 이 강의 수원(水原)은 아주 작은 샘이라고 해요. 퐁퐁퐁 올라오는 작은 샘물 한 줄기가 작은 물줄기들과 만나고 만나 유럽 대륙을 가로질러 몇 천 킬로미터를 흐르고 흐르는 거대한 물줄기를 이루는 것이지요.

우리의 교직 문화를 바꾸려면 나부터 달라져야 합니다. 큰 그림을 그리며 아주 작은 것부터 실천해 가는 겁니다. 그른 것에는 저항하고, 옳은 것은 지켜가면 됩니다. 당당하고 주체적인 교사로 살아가면 학교에서 주눅들 일도 없고, 필요 이상으로 착해질 필요도 없습니다. 선생님은 저처럼 거친 방법이 아닌 부드럽고 세련된 방법으로 헤쳐 나가실 거라고 믿습니다. 무엇보다 이런 일로 상처를 입고 교단에서 마음이 떠나는 일은 없길 바랍니다. 선생님의 삶을 응원합니다.

Q

교장, 교감 선생님과
갈등을 겪고 있어요

교장 선생님과 심하게 갈등을 겪고 있습니다. 학교를 떠나고 싶다
는 마음뿐입니다. 선생님도 이런 일을 경험하셨나요? 경험하셨다
면 어떻게 극복하셨는지 궁금합니다.

302

A 저도 수없이 경험했습니다. 그렇지만 인간은 존중하고 인정할 뿐이지 극복해야 하는 대상이 아닙니다. 그건 나와 갈등을 빚고 있는 교장, 교감 선생님이어도 마찬가지입니다.

한 번은 이렇게 질문하셨던 선생님이 있습니다.

"선생님은 빈틈없이 학급 운영도 하셨고, 수업도 잘하셨으니까 교장, 교감 선생님과 갈등을 겪을 일은 없었겠지요. 그런데 저는 교장, 교감 선생님이 너무 힘들어서 학교를 옮기고 싶다는 생각뿐입니다. 선생님은 이런 교사들을 보면 한심스러우시지요?"

그 말에 이런 이야기를 해드렸습니다.

교장 선생님과 사사건건 부딪치게 된 사건

교장 선생님 한 분과 정말 어려웠던 적이 있습니다. 학기 초에 우연히 점심시간에 함께 식사를 하다가 아이들 이야기가 나왔습니다. 그런데 교장 선생님이 한 아이를 예로 들어 말씀하셨어요.

"이 학생이 학습부진이 심하다고 해서 교사들이 힘들다고 포기해선 안 됩니다."

저는 그때 '그 아이는 부진이 아니라 지진'이라면서 교장 선생님의 이야기를 전면 부정했습니다. 부진 학생을 지도할 때는 포기해서는 안 되지만 이 학생에게는 특수한 지도가 필요하다고 의견을 내놓기까지 했습니다.

이때 누구의 의견이 맞았을까요. 제 의견이 맞았습니다. 그 학생은 지능이 다른 학생에 비해서 한참 떨어지는 학생으로 특수 교육이 필요했습니다. 부진이 아니라 지진인 것이지요. 하지만 제가 맞고 틀린 게 중요한 게 아니었습니다.

나중에야 그때를 돌아보았지요. 정면에서 자신의 의견을 전적으로 부정하는 저를 보면서, 그 교장 선생님이 어떤 감정을 가졌을지 생각하게 됐습니다.

그후에 제가 교사 동아리 관련 공문을 급하게 보내야 할 때, 교장 선생님은 동아리 직인이 없다면서 공문을 반려시켰습니다. 도교육청에 등록도 안 된 사적인 교사 동아리이니 직인이나 기관 등록이 돼 있을 리 없는데도 말입니다. 뻔히 알면서도 일부러 그런 것이라고 생각하니 너무 화가 나서 펑펑 울었지요.

저 역시 교장 선생님에게 감정이 좋을 리 없었습니다. 그 이후에도 함께 근무하면서 교장 선생님과 사사건건 부딪쳤고 몹시도 껄끄러웠습니다.

304

여름철 반바지 문제로 갈등하는 교사를 보면서

시간이 흐르면서 제 생각도 많이 달라졌습니다. 나였으면 어땠을까, 생각하면서 달라진 것입니다. 교장, 교감 선생님은 극복하고 넘어서야 하는 산이 아니라는 생각이 들었습니다. 단지 내가 가는 멀고 긴 길에서 잠깐 만나는 인연이라고 여기게 되었습니다. 그 인연을 좋은 인연으로 만드는 것도 내 몫이고, 나쁜 인연으로 만드는 것도 결국은 내 몫이라고 생각하게 된 것입니다.

잠깐의 인연이 두고두고 원망하고 후회하는 악연이 될 수도 있지만, 반대로 잊지 못할 감사한 인연으로 남을 수도 있습니다. 어떤 인연이든 흐르면 흐르는 대로 지나면 지나는 대로 떠나 보내주는 것이 훨씬 유익한 것이지요.

얼마 전, 여름철에 남자 교사가 반바지를 입는 문제로 학교에서 교감 선생님과 심하게 갈등을 겪은 경우를 보았습니다. 교감 선생님은 남자 교사가 반바지를 입으면 맨다리를 보고 여학생들이 혐오스러워할 거라면서 안 된다고 했고, 이 선생님은 교감 선생님의 생각을 인정할 수 없다고 했습니다. 제가 무척 아끼고 좋아하는 후배의 고민이어서 저라면 어떻게 할까 많이 고민해 보았습니다.

분명히 지난 시절의 저라면 물러서지 않고 울고불고 해서라도 끝까지 제 고집대로 밀고 나갔을 것입니다. 어떻게든 설득했을 것이고, 설득이 어려우면 교직원 전체가 모인 데서 토론이라도 했을 것입니다. 그러나 지금의 저라면 반바지를 입지 않을 것 같습니다. 왜냐하면 교사가 반바지를 입고 안 입고는 깊이 고민할 교육적인 문제는 아니라고 생각하기 때문입니다.

교실에서 학생을 어떻게 가르칠 것인가의 문제를 놓고 갈등한다면 그 것은 충분히 논의하고 토론을 해야 하겠지요. 하지만 그런 일이 아니라면 군이 이런 문제로 누군가와 힘들여 싸울 필요도 없는 것이지요. 사실 이 문제의 본질을 그 교감 선생님이 먼저 알아주고 생각을 달리 해주면 좋겠지만 그걸 알아줄 분이었다면 애초에 갈등 상황이 생기지도 않았을 것입니다.

작은 트집에는 마음 그릇을 키워요

프랑스의 프로 암벽 등반가 르네 장에게 어느 기자가 물었다고 합니다.

"등반하다가 암벽 한가운데에서 강한 비바람을 만나면 어떻게 하나요?"

선생님도 이 문제의 답을 생각해 보셨으면 좋겠습니다. 이를 앞의 반바지 문제에 대입해 본다면 '어떻게 해야 남자 교사가 여름철에 반바지를 혐오스럽지 않게 입을 수 있을 것인가'의 해결 방법을 내놓아야 할 것입니다.

르네 장은 이렇게 답했다고 합니다.

"로프에 몸을 맡기고 바람이 멈추기를 기다립니다. 비바람에 지칠 필요가 없기 때문입니다. 저는 비바람을 이기려고 산에 오른 것은 아니니까요."

프로 도박사와 게임을 하면 대부분의 사람들이 지게 됩니다. 왜냐하면 프로 도박사들은 이길 수 있는 상대만 골라서 게임을 하니까요. 이길 수 있는 싸움이 아니라면 군이 힘을 낭비할 필요도 없다는 것이 프로 도박사의 생각인 것입니다.

아닌 게 아니라 저도 학교에서 교장, 교감 선생님과 갈등을 겪을 때마다 몹시 피곤했습니다. 저와 맞지 않는 생각에 부딪칠 때마다 좌절했고 상대를 탓했습니다. 나중에는 그 화가 제 자신에게로 되돌아와서 저를 원망하는 지경까지 갔습니다.

그런데 어느 날 문득 그런 감정 소비를 하느라 수업 준비도 못하고 아이들에게 마음도 잘 쓰지 못하는 제 자신을 보게 됐습니다. 내가 당연히 해야 할 일조차 제대로 하지 못하면서 남을 어찌 탓할까 생각하니 불평이 저절로 들어가더군요.

물론 그렇다고 해서 교장, 교감 선생님의 부당하고 정의롭지 못한 지시마저 무조건 수용하라는 뜻은 결코 아닙니다. 만약 학생을 지도하는 것과 관련된 교육적인 문제로 다툰다면, 저는 그 누구에게도 양보하지 말라고 감히 말할 것입니다. 그게 학생을 위한 선택이라면 교사에게 어느 순간에도 포기하지 말라고 할 것입니다.

그러나 작은 것으로 트집을 잡는 정도라면 흘려듣는 포용력을 키우는 기회로 삼아도 좋을 거라고 생각합니다. 그 사람은 그런가 보다 하는 정도로만 받아들여도 매사 부딪치는 일은 한결 줄어듭니다. 귀한 시간과 마음을 필요 없는 곳에 나눠주지 마세요.

고백하자면 저도 아직 한참 부족합니다. 그러니 우리 함께 마음 그릇을 키워봐요. 훗날 돌아보면서 그 갈등이 나를 키웠다고 웃으면서 말할 날이 올지도 모르니까요.

1. 수업, 학급 관리, 업무 처리를 빈틈없이 하세요.

잘못했다는 지적을 들을 일 자체를 만들지 않는 게 좋습니다. 빈틈없이 학급을 관리하고, 수업도 열심히 하고, 업무도 척척 해내도록 노력하는 겁니다. 열심히 하는 교사를 무작정 몰아세우는 것도 쉬운 일은 아닙니다. 누가 잘못을 지적하고 싶어도 지적할 것이 없을 정도로 노력하다 보면 그 과정에서 오히려 자신의 능력이 업그레이드 돼 있을 것입니다.

2. 감정을 소모하지 마세요.

교사의 감정을 소모할 일은 그런 일 말고도 무척이나 많습니다. 계속 부딪치면서 갈등을 겪을 게 아니라 그들은 그들대로 내버려두고, 차라리 교실과 학생에게 더 집중하세요. 아이들과 학부모가 교사를 지지할 때 교사는 힘을 얻습니다. 그리고 그때의 힘은 누구도 함부로 넘볼 수 없는 강력한 방패가 된답니다.

3. 배울 부분이 있으면 과감하게 받아들이세요.

그 누구에게든 배울 부분이 있으면 과감하게 받아들이는 게 좋습니다. 교장, 교감 선생님이 이야기할 때 어떤 부분이든 귀 기울여 듣고 내가 받아들여야 할 부분이 있으면 수용하는 것입니다. 교사는 잘 배우는 사람이어야 합니다. 이 경우라면 다른 사람에게 상처가 되는 말과 행동이 무엇인지도 배울 수 있겠지요.

포용할 수 있는 부분이 조금이라도 있다면 자신의 발전에 밑거름으로 삼고, 더욱 실력을 높이겠다고 다짐하면 됩니다. 오늘은 내가 부족하지만 이 일을 계기로 더 나아질 것이라고 마음먹는 겁니다. 아이들에게 좌절하지 말고 다시 도전해 보자, 말하듯이 자신에게도 말해 주세요.

4. 정의롭지 못한 것까지 수용하지 마세요.

누가 봐도 그른 것을 맞다고 해서는 안 됩니다. 아닌 것은 그냥 아닌 겁니다. 누구나 인정하기 어려울 만큼 정의롭지 못한 일은 아니라고 말하세요. 정말로 아닌 것을 말할 때는 이미 본인도 잘못된 부분을 알고 있답니다. 간단해 보여도 인간관계에서 가장 어려운 것이 "No!"라고 말하는 것입니다. 그럼에도 불구하고 용기를 내서 아닌 것은 아니라고 말해야 합니다. 선생님 자신과 선생님을 바라보면서 자라고 있는 학급의 아이들을 위해서 말입니다.

5. 이유 없는 비난을 내 것으로 만들지 마세요.

내가 비난을 끌어안기 전까지 비난은 내 것이 아닙니다. 그걸 내 것으로 인정할 때 그 비난이 나를 다치게 하는 것이지요. 아이들끼리 노는 모습을 가만히 바라본 적이 있습니다. 한 아이가 친구에게 이렇게 말하더군요.

"에이, 바보. 넌 이것도 모르니?"

바보라는 소리를 들은 아이가 당연히 화를 낼 줄 알았는데 그 아이는 이렇게 말했습니다.

"반사!"

그러자 주변의 아이들 모두 까르르 웃었습니다. 바보라는 말을 던진 아이도 멋쩍다는 듯 웃었고요. 아이들 언어로 '반사'는 거울처럼 상대의 말을 그대로 튕겨낸다는 뜻입니다.

상대의 비난에 대응하는 가장 좋은 방법은 화를 내면서 상대를 더욱 몰아세우는 것이 아니라, 그 비난이 나에게 상처를 주지 않도록 나 자신을 내가 먼저 감싸주는 것입니다. 무턱대고 날아온 이유 없는 비난이 나와 전혀 상관이 없는 것이라면 스스로에게 말해 주세요. '반사'라고.

Q

공문이
너무 많아요

공문 처리를 하다 보면 수업을 제대로 못할 정도입니다. 끝없이 밀려드는데 아직 어떤 것이 중요하고 덜 중요한지 가려서 할 정도로 경력이 많은 것도 아니라서 힘드네요.

A 쉽고, 빠르고, 효율적으로 요령껏 하세요. 잘 모를 땐 전임자에게 물어보세요.

1999년, 교사 2년차 때 복식 학급을 맡게 됐습니다. 복식 학급 운영도 어려웠지만, 업무는 심지어 어려운 데다가 많기까지 했지요. 지금이야 해당 없는 공문은 보고를 안 하면 되지만, 그때만 해도 양식을 다 갖춰서 '해당 없음'이라고 적어서 보내던 시절이었습니다. 공문이 어찌나 많았는지 하루에 열 건 넘게 발송하기도 했습니다. 혼자 A4 200장짜리 노란 공문 폴더를 한 학기에 스무 개 넘게 만들 정도였지요.

공문만 처리하다 보면 교사가 맞나 싶었지요

그때 저는 수업을 하다가 시간을 내서 공문을 처리하는 게 아니라, 공문을 처리하다가 시간이 남으면 수업을 했습니다. 공문은 늦으면 교육청에서 독촉 전화가 오지만, 수업은 안 해도 아이들이 항의하지 않았지요. 그렇게 하루 종일 공문만 처리하다 보면 내가 교사가 맞나 싶었습니다.

경력이 쌓이면서 학교에서 점차 비중 있는 업무들을 맡게 되었습니다. 공문 내용은 어려워지고, 만들어내야 하는 계획서들은 늘어났습니다. 특히 연구학교 계획서는 어렵고 분량도 많습니다. 학교에서 이를 도맡아 해내는 연구부장이나 교무부장 교사들의 워드 실력은 거의 타의 추종을 불허하죠. 선생님의 경력이 많아진다고 해서 학교 일이 줄어들거나 처리하는 공문이 적어지지는 않습니다. 이 문제는 대한민국 교육계의 철저한 개혁과 변화 없이는 해결되지 않습니다. 교사 한 사람이 열정을 갖고 노력해서 좋은 교실을 만드는 것과는 전혀 다른 차원의 문제인 것입니다.

북유럽 선진국에서는 교사가 받는 공문이 연간 10건이 채 안 된다고 합니다. 우리도 교사가 처리해야 할 공문의 수가 확실하게 줄어들어야 합니다. 위로는 교육부에서 아래로는 교육지원청에 이르기까지 어떻게 해야 학교를 돕고 교사를 수업에 전념하게 할 수 있을 것인지 고민하는 일에 머리를 싸매고 노력해야 합니다.

공문 처리는 요령껏, 효율적으로

이미 변화는 시작되었습니다. 제도가 뒷받침되지 않아 아직은 갈 길이 멀지만 적어도 공감대는 형성되었습니다. 교사가 처리하는 잡무의 양이 지나치게 많고, 공문 처리에 시간을 뺏겨서는 안 된다는 인식을 모두가 하고 있다고 생각합니다.

교사들의 잡무를 덜어주기 위해 학교 차원에서 노력하는 경우도 많아졌습니다. 예를 들어 구미의 봉곡초는 교과전담교사 7명이 오전에 공문 처리를 도맡아서 하고, 오후 5교시와 6교시에 수업을 한다고 합니다. 담임교사는 오전 수업만 하고, 오후에는 수업이 없는 대신 학년 단위로 모여서 수업을 반성하고 준비하는 학습공동체를 운영한다고 합니다.(《매일신문》, 2016. 8. 15.) 이런 학교가 되려면 학교구성원 모두의 인식 전환과 공감이 필요합니다. 이런 사례를 적극 발굴해서 교사들의 업무 부담을 최소한으로 만들기 위해 노력해야겠지요.

그러나 아직 그렇지 못한 학교에서 공문 처리 업무에 허덕이고 있다면, 적어도 공문 처리만큼은 최대한 요령을 부리면서 효율적으로 하라고 조언하고 싶습니다.

쉽고, 빠르게, 효율적으로 공문 처리하기

1. 쉽고
작년 공문에 기준해서 작성합니다. 공문의 성격상 전혀 새로운 것을 요구하는 일은 많지 않습니다. 저는 시간 여유가 있을 때 한두 달 분량의 공문을 작년 공문에 근거해서 미리 작성해 놓곤 했습니다. 한 번 해보면 새로운 것을 요구하는 공문이 와도 많이 어렵지는 않습니다.

2. 빠르게
어떤 문제든 가장 빨리 해결하는 방법은 나보다 잘 아는 사람에게 물어보는 것입니다. 막힐 때마다 전년도 업무 담당자에게 물어보세요. 학기 초에 한 번 업무를 인계받은 것으로 끝난다고 생각하지 말고, 모를 때마다 주저하지 말고 물어보는 겁니다. 저는 담당자가 다른 학교로 옮겼어도 전화로 물어봤습니다. 어차피 그 선생님에겐 쉬운 일이고 저에겐 어려운 일이니 전화로 물어보는 게 훨씬 빨랐지요. 그래도 잘 모르면 담당 장학사에게 전화해서 물어보면 됩니다. 교육청은 전화받는 것도 업무입니다. 망설이지 말고 물어보세요.

3. 효율적으로

새롭게 만들지 말고 잘된 양식을 구해서 쓰세요. 같은 업무를 담당하는 다른 학교 선생님들에게 물어보면 파일을 구할 수 있습니다. 어떤 공문이든 틀은 비슷하고 그 안에 담긴 내용과 질의 차이만 있습니다. 새로운 것을 멋지게 만들기 위해 수고할 게 아니라 잘된 양식을 응용하는 게 좋습니다.

해당 업무로 유명한 학교를 검색해서 학교 홈페이지에 들어가보면 매우 잘된 보고서나 계획서도 올라와 있답니다. 홈페이지에서 자료를 구하기 어려울 때는 전화로 해당 학교의 업무 담당자에게 물어보거나 공문으로 자료를 요청하면 관련 양식을 쉽게 얻을 수 있습니다.

스티븐 코비는『성공하는 사람들의 7가지 습관』에서 효율적인 시간 관리를 위해 해야 할 일을 네 가지로 나누어 생각해 볼 것을 이야기했습니다.

긴급하고 중요한 일	긴급하지 않고 중요한 일
긴급하고 중요하지 않은 일	긴급하지 않고 중요하지 않은 일

교사에게 공문은 긴급하고 중요하지 않은 일입니다. 지난날 제가 수업을 뒷전으로 하고 공문 처리를 열심히 했던 것도 공문이 가진 긴급성 때문이었습니다. 그러나 긴박함이 드러나지 않아도 수업은 교사에게 가

장 중요한 일입니다. 수업에 열중해야 할까, 공문에 열중해야 할까 하는
문제의 답은 정해져 있는 것이지요.

공문을 처리하는 팁

저는 하루 중 집중해서 공문을 처리할 수 있는 시간을 계산해서 딱
그 시간에만 공문을 처리했습니다. 설사 공문 제출 시한을 넘겨서 누군
가가 재촉해도 그 이상은 공문에 시간을 뺏기지 않았습니다.

한 가지 팁을 더 드린다면, 학교에선 공문 처리가 늦어지면 큰일 나는
줄 알지만 꼭 그런 것도 아니랍니다. 항상 그렇다고 말할 수는 없지만 긴
급하지 않은 공문일 경우, 교육부에서 도교육청으로 공문을 보내면, 도
교육청에서는 교육지원청으로 자료 제출을 요구하는 공문을 보냅니다.
이때 보통은 수집이 늦어질 것을 예상해서 넉넉하게 공문 제출 날짜를
정하죠. 교육지원청에서 학교로 공문을 보낼 때도 비슷합니다.

학교에서 공문을 제 날짜에 보내지 못했다고 해도 교육지원청이나 도
교육청으로 전화해서 이런저런 사정으로 늦어졌다고 말하고, 그때라도
바로 처리해서 보내면 되는 것이지요.

장학사는 공문으로 말합니다. 장학사가 공문을 제대로 작성하지 못하
면 학교에 혼란을 가져오기 때문에 정말로 큰일이 날 수 있습니다. 반면
에 교사는 수업으로 말합니다. 공문 처리는 조금 못 해도 됩니다. 그건
행정 업무니까요. 행정은 행정을 하는 사람에게 맡기고 교사는 수업에
집중하면 됩니다. 당장은 아니어도 곧 공문 없이 수업만 하는 세상이 우
리에게도 오지 않을까요.

엄마 선생님을 위한
응원의 메시지를 부탁해요

교사맘입니다. 엄마이자 교사로서 살아가는 게 쉽지 않네요. 엄마
선생님을 위한 응원의 메시지를 부탁합니다.

A 선생님 자신을 위해 혼자 있을 수 있는 시간을 갖고 작은 선물을 해보세요. 때로는 내가 나 자신에게 위로를 해주어야 해요.

2013년 첫 책 『학급 경영 멘토링』 출간을 앞두었을 때입니다. 출판사 대표에게서 전화가 왔습니다.

"선생님, 프로필 사진이 필요해요. 없으면 혼자 찍은 것 중 잘 나온 걸로 한 장만 보내주세요."

전화를 끊고 나서 사진을 찾아보았습니다. 그런데 혼자 찍은 사진이 단 한 장도 없었습니다. 그날 처음 혼자 찍은 사진이 없는 이유를 곰곰이 생각해 보았습니다.

아이가 아장아장 걷기 시작할 때, 처음 이가 났을 때, 맛있는 걸 먹으며 환하게 웃었을 때, '엄마' 하고 불렀을 때, 첫 생일이 되었을 때, 그 모든 순간을 엄마로서 놓치지 않고 다 찍었는데, 교실에서 학생들이 노래할 때, 모둠활동을 할 때, 현장학습에 가서 김밥을 입에 넣을 때, 큰 소리로 웃을 때, 그 모든 순간을 교사로서 다 담았는데, 정작 제 사진은 한 장도 없었습니다. 거울 속의 내 얼굴을 들여다보지 않고 산 것도 무척 오래되었다는 것도 그날에서야 깨달았습니다.

아이 엄마가 된 다음에는 아이를 언제든 안을 수 있게 면으로 된 옷을 입었고, 아이가 뽀뽀할 때 화장이 묻을까 봐 맨얼굴로 다녔습니다. 높은 힐 대신 아이를 업기 편한 굽 낮은 신발을 신었습니다. 그렇게 몇 년을 살았을까, 기억도 잘 나지 않습니다. 아이 둘을 키우는 내내 그랬으니 짧은 시간은 아니었습니다.

학교에서는 재미있고 행복한 교실을 만들고 싶어서 온갖 학급 운영 방법을 고민했습니다. 주말에는 아이들을 만나서 두레 데이트도 하고, 식목일에는 나무도 심고, 크리스마스에는 아이들을 집으로 불러서 쿠키도 만들었습니다. 그런데 정작 그 시간 속에 저는 없고 선생 김성효와 엄마 김성효만 있었던 거죠.

결국 프로필 사진은 집 근처 커피숍에서 대충 찍은 스마트폰 사진으로 해야 했습니다. 그 일이 있은 다음 가끔 SNS에 혼자 찍은 사진들을 올립니다. 나이 마흔에도 셀카를 찍냐고 놀리는 사람도 있는데, 상관없습니다. 어차피 내가 좋으면 그걸로 충분하니까요.

자신을 위해서도 시간을 내주세요

아주 가끔 제 삶을 돌아볼 때 마음이 짠하면서 괜히 미안할 때가 있어요. 바쁘게만 사느라 나 자신에게 시간을 많이 내지 않았던 것 때문에요.

선생님은 저처럼 하지 말고, 자신에게 멋진 선물을 주면 좋겠습니다.

가끔 예쁜 옷도 입고, 맛있는 것도 먹으러 가고, 비싼 립스틱도 하나 사서 자신에게 선물해 주세요. 셀카도 찍고, 좋은 데 여행도 다니시고요. 그리고 무엇보다 자신을 위한 쉼을 선물하라고 이야기하고 싶어요.

엄마로서의 자신, 교사로서의 자신도 정말 중요합니다. 그렇지만 그보다 중요한 것은 나 자신의 정체성을 잃지 않고 좋아하는 일을 손에서 놓지 않고 꾸준히 즐기면서 나만의 삶을 만들어가는 것입니다. 그 안에서 수고한 자신에게 애썼다고 토닥이는 손길이 반드시 필요하지요.

그걸 언제 다 하냐고요? 다 할 수 있습니다. 대신 한 박자씩 천천히 가야 돼요. 지금보다 한 박자 느리되, 행복하기를 포기하지 않는 삶을 선택하는 겁니다. 즐겁고 행복하게 웃으면서 삶을 즐기는 것입니다. 남보다 앞서 갈 필요도 없고, 뒤처졌다고 불안해할 필요도 없습니다. 내 삶은 내 것이고 내 나름의 최선을 다하고 있으면 그 이상도 이하도 없으니까요.

그러니 그 누구보다 먼저 선생님이 자신을 사랑하고 아껴주고 돌봐줘야 합니다. 아플 땐 잠시 일을 놓고, 지쳤을 땐 다른 이에게 기대어 쉬고, 슬플 땐 울어야 합니다. 억지로 참고 견디고 모든 걸 감수하며 자신을 늘 희생하려고만 하지 마세요. 선생님은 사랑받아야 하는 존재니까요.

그 어느 순간에도 사랑받는 멋진 사람으로 살아가세요.

그러기 위해서 자신을 위해 시간을 내는 일에 인색해지지 마세요. 그건 이기적인 것도 아니고 남에게 피해 주는 일도 아닙니다. 그건 그저 자신을 사랑하고 돌보는 일이지요. 어린 아기에게 엄마의 손길이 필요하듯이, 우리의 영혼에게도 따스한 위로의 손길이 늘 필요합니다. 다른 사람보다 나 자신에게 주는 위로가 가장 크고 따뜻한 것이지요.

선생님이 스스로 행복한 삶을 선택할 때, 선생님의 아이들도, 선생님 반의 학생들도, 행복해진답니다.

학교 친목회와
육아 사이에서 힘들어요

학교에서 친목회를 하는데 자꾸 빠지게 되어서 갈등을 겪고 있습니다. 매번 육아를 선택하지만 입에서 말이 잘 안 떨어집니다. 선생님은 어떻게 극복하셨나요?

A 어떤 상황에서도 육아가 우선입니다. 죄책감 갖지 말고 당당하게 이야기하세요.

선생님, 많이 힘들지요. 육아는 정말 힘듭니다. 저는 어린 자녀를 돌보는 선생님들에게 늘 똑같은 조언을 해드립니다.

내 아이 잘 키우는 게 우리 반 아이들을 잘 가르치는 것 못지않게 중요하다고요. 그러니 내 아이에게 많이 신경 쓰시라고, 그 일에 죄책감 갖거나 부담 가질 필요 없다고.

교사이기 전에 엄마잖아요. 내 아이 기르다가 힘 빠지고 지치는 것에 대해서도 너무 괴로워하지 마세요. 엄마이기 전에 우린 사람이잖아요.

그 어떤 상황에서도 육아는 우선되어야 합니다. 학교와 육아 사이에서 갈등하는 상황에 놓일 때에도 당당하고 자신 있게 선택하세요. 어떤 것이 더 중요한지는 선생님도 학교도 이미 그 답을 알고 있답니다.

낮이고 밤이고 그냥 계속 힘들던 시절

육아휴직을 하고 1년 반 동안 큰딸 성연이를 키웠습니다. 성연이는 까다로운 아이였어요. 한 번 울기 시작하면 좀처럼 그치지도 않아서 성연이와 둘이 지내는 시간은 결코 편치 않았습니다. 누가 그랬던가요. 신이 갈 수 없는 곳에 어머니를 보냈다고. 깨어 있는 대부분을 우는 아이를 웃으면서 돌보는 건 정말로 인간이 할 일이 아닌 것 같았습니다.

학교로 돌아가면 육아에서 조금 자유로워질까 싶어서 복직을 신청했습니다. 1년 반의 휴직을 끝낸 뒤에 돌아간 학교는 낯설었습니다. 낯선 만큼 힘들었고요. 집에서 보는 내 아이도 힘들고, 학급에서 보는 우리 반 아이들도 힘들었어요. 낮이고 밤이고 그냥 계속 힘들던 날들이었습니다.

하지만 진짜 힘든 건 바로 육아는 끝이 없다는 것이었습니다. 학교에서 퇴근하면 집에 다시 출근하는 것 같았습니다. 당장 저녁도 해야 하고, 아기 기저귀도 갈아야 하고, 청소도 하고, 빨래도 해야 하는데다 남편이라도 늦게 오는 날이면 아기와 육아전쟁을 하게 되는 겁니다.

그뿐인가요. 아침엔 어린이집 근처에만 가도 어느새 알고는 울음부터 터뜨렸지요. 아이의 울음은 어쩌면 그렇게도 힘이 있던지 그 울음소리가 종일 뒤통수에 달라붙어 있는 것만 같았습니다. 적응 기간이 필요하다고는 하지만, 우리 아이는 왜 이렇게 적응도 더딜까 아이가 원망스러울 때도 있었습니다.

한 술 더 떠서 친목회 회식 날은 왜 그리 자주 돌아오는지. "이해하지만"으로 시작해서 "사정 없는 사람이 어디 있나"로 끝나는 학년부장 선생님의 레퍼토리는 외울 정도였습니다. 그 시절 가장 어려웠던 건 다른 무엇보다 학년부장 선생님에게 아이 때문에 회식에 빠져야 한다고 말하는 일이었습니다. 그리고 그날이 왔습니다.

회식 날 벌어진 사건

성연이를 친정엄마에게 맡기게 됐습니다. 엄마도 모임이 있다는 걸 어렵게 졸랐고, 엄마가 식당에 아이를 데리고 갔지요. 회식을 하는데 시끌벅적한 속에서 휴대전화 벨소리가 얼핏 들렸습니다. 전화를 받자 다급한 엄마의 목소리가 들려왔습니다.

"야, 성효야, 큰일 났다."

목소리가 심상치 않았습니다. 왠지 불길한 예감에 가슴이 쿵쾅거리기 시작했습니다.

"왜? 연이가 다쳤어?"

그때 제가 상상할 수 있는 한계는 거기까지였습니다.

"아니. 그게 아니라, 어떻게 하냐. 성효야."

다음 엄마의 말을 듣는 순간 정말로 심장이 터져버리는 줄 알았습니다.

"성연이가 없어졌어."

그 말 한마디에 그렇게나 시끄럽던 회식 장소가 일순간 고요해지는 것 같았습니다. 눈물이 제 의지와는 상관없이 고이기 시작했습니다. 그대로 벌떡 일어나 차까지 달려갔습니다. 그런데 자동차 문을 열 수가 없었습니다. 사실은 열쇠 구멍에 제대로 열쇠를 꽂을 수 없을 정도로 손을 떨고 있었던 겁니다. 그때 뒤따라 나온 친한 선생님이 문을 열어주고 시동을 걸어주었습니다.

"성효야, 그러다가 사고 난다. 조심해라. 이럴 때일수록 정신 차려야지. 너 엄마잖아."

아아, 그때 선배가 했던 그 한 마디.

'너 엄마잖아……'

그 말에 다시 눈물이 솟으면서 눈앞이 뿌옇게 흐려졌습니다. 어떻게 운전을 했는지도 모르겠습니다. 엄마가 성연이를 잃어버렸다는 곳까지는 꼬박 삼십 분이 걸리는 거리였습니다. 모든 신호를 무시하고 달려가면서 경찰에 신고, 남편에게 전화, 그 와중에도 할 건 다 하느라고 학년부장에게 전화까지 했습니다. 달려가는 내내 눈물을 손등으로 닦아가며 한없이 기도했습니다.

그렇게 달려간 곳은 외딴 거리의 낡은 주유소. 문을 열자 외할머니 손을 붙잡고 울고 있는 어리고 작은 성연이가 눈에 들어왔습니다. 그때 친정엄마 얼굴은 십 년은 더 늙어 보였습니다.

알고 보니 엄마가 잠든 성연이를 차에 둔 채 식당에 들어갔는데, 그 사이 잠에서 깬 성연이가 밖으로 나와 외할머니를 찾으러 다닌 겁니다. 어린 아이 혼자 울면서 걸어 다니는 걸 보고 주유소 사장님이 경찰에 신고를 했고, 보호자가 올 때까지 사무실로 데려가 보호하고 있었다는 겁니다. 아이를 찾아서 지켜준 주유소 사장님에게 이루 말할 수 없이 고마웠습니다. 그냥 눈물만 자꾸 나왔습니다.

회식보단 육아가 먼저지요

"하나님, 엄마는 힘이 세다면서요. 그런데 왜 저는 이렇게 눈물만 많은 엄마인가요……."

잠든 성연이 옆에서 한없이 울었습니다.

하지만 선생님, 엄마는 정말로 힘이 세더라고요. 인간 김성효는 못했던 일들을 그 이후로 엄마 김성효는 할 수 있게 됐습니다.

"수요일 회식은 특별히 모두 참석해야 하는 자리이고."

이렇게 시작하는 학년부장 선생님의 말에 정확하게 의견을 말하게 되었습니다. 전 같으면 '죄송합니다'를 쏟아냈을 일이었지요.

육아는 변명하거나 핑계를 대면서 누군가에게 미안해 할 일이 아니라 우리 사회 구성원이라면 누구나 돕고 함께해야 하는 일이지요. 오히려 그들이 제게 "미안한데 같이하면 좋겠어"로 말해야 한다고 생각을 바꾼 것입니다.

물론 이런 생각이 마냥 편한 것만은 아니었어요. 학교에서 친하게 지내는 동료 선생님 한 분이 이런 말을 하기도 했습니다.

"회식에 자주 빠지면 학교에서 고립될 수 있어."

평소에 제게 따뜻했던 사람이었지만 저는 그 말에 이렇게 답했습니다.

"생각해 주신 건 고마운데 전 지금 제가 할 수 있는 최선을 다하고 있어요. 이 일로 학교에서 고립이 된다면 고립시키는 사람이 이상한 거예요. 참석할 수 있을 때가 오면 그때는 맘 편하게 회식에 참석할게요."

고군분투하는 육아의 길에 손잡아 준 이들

선생님, 저는 학교 일이 어마어마하게 많았던 국립부설초등학교에서 둘째 유진이를 낳았습니다. 당시 친목회 조항에 출산 항목이 없어서 임

시회의를 열었지요. 개교하고 처음으로 아이를 낳은 선생님이 근무한다는 소리를 들어가면서도 꿋꿋하게 버텨냈습니다. 육아는 죄 짓는 일도 아니고 미안한 일도 아니라는 걸 제 삶을 통해 아이들에게 보여주고 싶었습니다. 부모의 삶은 말이나 글이 아닌 삶을 통해 보여주는 것이라고 믿었기 때문입니다.

학교 업무에선 누구보다 열심히 노력했습니다. 제 시간에 칼같이 퇴근하는 대신 아이들이 잠든 다음부터 일을 했습니다. 엄청난 업무를 해나가면서 교과서 분석을 하고, 연중 수업을 공개하고, 교생 지도까지 해내던 그 5년 동안 저는 마음껏 자본 적이 없습니다. 매일같이 수면 부족과 피곤에 시달렸지요. 그렇게 하지 않고서는 남들보다 잘하는 것이 없고 특별한 재주도 없는 제가 그 시간을 견딜 수는 없었습니다.

그때 고군분투하는 제 곁에서 저를 응원하고 이해해 준 사람들이 있었습니다. 아마 지금 선생님 곁에도 그런 이들이 분명히 있을 겁니다. 제가 『선생 하기 싫은 날』에서 천사라고 부른 이들 말이에요. 선생님이 그런 이들과 함께 이 길을 꿋꿋하게 걸어 나가길 진심으로 기도합니다.

선생님, 이제 성연이는 열네 살, 둘째 유진이는 아홉 살입니다. 드디어 둘이서도 놀고 혼자서도 놀 수 있는 나이가 된 겁니다. 넓은 의미에서 육아는 평생이겠지만, 좁은 의미에서 24시간 아이 곁에 있어야 하는 시기는 지나갔지요.

저녁에 아이들은 아이들대로 놀고, 저는 저대로 혼자 글도 쓰고 책도 읽습니다. 모르는 문제도 가르쳐주고 재잘대는 이야기도 들어주지만, 엄마에게도 혼자 있는 시간이 필요하다고 말하고 오롯이 혼자만의 시간을 갖기도 합니다.

선생님, 모든 터널에는 그 끝이 있습니다. 다만 육아라는 터널은 다른 터널과는 다르게 혼자서는 짙은 어둠 속을 걸어 나가기가 힘들어요. 누군가 곁에서 함께 손잡고 돕는 이가 반드시 있어야 돼요. 그게 가족이든 동료든 우리 사회든 할 것 없이 육아를 하는 모든 엄마들을 위해 손을 내밀어야 합니다.

무엇보다 엄마에게 자녀를 사랑하는 것은 언제나 가장 우선되어야 하는 일입니다. 힘내세요, 선생님.

5장

교사도
성장한다

5장에서는 선생님들이 고민하는 자존감, 성장 등에 관련된 질문들을 주로 다루었습니다. 교사로서 살아온 시간 동안 가장 힘들었을 때는 다른 게 아니라 나 자신을 믿기 어려울 때였습니다. 무엇보다 제 스스로 저를 낮춰 생각하기 시작하면, 걷잡을 수 없이 무너지게 됨을 여러 번 경험했습니다. 좌절은 또 다른 좌절을 낳곤 했습니다. 그럴 때마다 되뇌었던 말이 '내일은 오늘보다 나을 것이다'였습니다. 지금은 조금 못해도 내일은 오늘보다 나을 겁니다. 아이들만 성장하는 게 아니라 교사도 매일 조금씩 성장하니까요. 물론 성장하는 길을 택한다면 말이지요.

Q
좋은 수업을 해야 한다는 부담이 큽니다

수업도 잘하고 싶고, 학급 운영도 잘하고 싶습니다. 아이들과의 관계도 좋았으면 좋겠고, 학부모도 제 말을 잘 따라주길 기대합니다. 모든 것을 완벽하게 잘하고 싶지만 현실은 말처럼 간단한게 아니어서 자주 지칩니다. 무엇보다 좋은 수업에 대한 부담이 커요.

수업에는 살짝 빈틈을 남겨두어야 아이들과 행복으로 채울 수 있답니다. 100점 말고 90점 수업을 해보세요.

고등학교 때 친한 친구 중에 아주 다재다능한 친구가 있었습니다. 어느 정도였냐면 국어 시간에는 소설가가 되라는 소리를 듣고, 미술 시간에는 미대를 가는 게 좋겠다는 소리를 듣고, 체육 시간에는 선생님 대신 시범을 보였습니다. 공부라도 못하면 공평할 텐데, 이 친구는 수능 모의고사에서도 전교 1등을 할 정도로 공부도 잘했습니다.

한 번은 제가 이런 말을 했습니다.

"너는 뭐든 다 잘하니 좋겠다. 부러워."

그러자 이 친구가 정색을 하며 말하는 겁니다.

"아니야. 난 잘하는 게 아니야."

"그게 잘하는 게 아니면 뭔데? 아니면 넌 머리가 좋은 거겠지."

"난 정말로 최선을 다해서 노력하고 있거든. 피아노도 매일 연습하고,

테생도 연습해. 주말이면 운동도 하고. 남들보다 몇 배는 열심히 연습하지. 매일매일 말이야. 그런 내가 머리가 좋아서 잘한다고 하면 정말 억울해."

"정말로 그게 다야?"

"아. 하나 더 있어."

이 친구의 비밀은 그 다음 말에 있었습니다.

"난 말이야. 모든 과목을 백점 맞으려고 하지 않아. 그냥 90점만 맞자, 생각하지. 백점 맞으려고 하면 백점 못 맞아. 마음을 살짝 비우고 90점만 맞자, 하면 오히려 마음이 편해져서 더 좋은 점수를 얻지. 기분도 훨씬 좋고 말이야."

'백점 말고 90점만 맞자'

그때는 친구의 말을 이해하지 못했습니다. 백점이 아니라 90점을 목표로 하는 것은 제 기준에서는 있을 수 없는 일이었으니까요. 그런데 교사가 된 다음에 그 친구의 말이 이해됐습니다. 저는 백점 교사이고 싶었지만, 현실은 백점하고는 한참 거리가 멀었습니다. 그런 제 자신에게 매일 다짐했습니다.

'괜찮아. 그 누구도 처음부터 잘할 수는 없어. 언젠가 잘하게 되는 날이 오려면 지금 이 순간에 최선을 다하자. 그러려면 가르치는 일 자체를 즐기고 행복해지자.'

평범한 우리들의 마음에는 백점 인생을 살고 싶어 하는 욕심이 있습니다. 누구에게도 욕먹지 않고, 학생들이 웃으면서 천사처럼 잘 따라주면 좋겠고, 학부모에게는 존경받고 싶고, 동료관계도 원만하길 바라고,

이왕이면 교장, 교감 선생님하고도 잘 지냈으면 싶지요. 게다가 집에서도 백점 엄마나 백점 아빠가 되기를 바라는 것까지, 말 그대로 우리는 모든 일에서 완벽한 백점 인생을 살고 싶어 합니다.

그런데 이 순간을 즐기자, 90점만 맞자, 마음먹으면 오히려 백점을 맞는 것이 교사의 삶이고, 엄마의 삶이었습니다. 그 친구는 그걸 빨리 깨달은 것이었지요. 저 역시 어느 순간부터는 90점 엄마, 90점 교사로 사는 삶을 선택하기로 마음먹었고, 실제로도 그렇게 살았습니다.

좋은 수업을 해야 한다는 부담을 가지고 계신 선생님에게 다음과 같은 이야기를 들려드리고 싶습니다.

좋은 수업을 해야 한다는 부담에서 벗어나기

1단계: 누구나 완벽할 수 없음을 인정하기

수업과 교실이 연중 공개되는 부설초등학교에서 5년 동안 근무하면서 제가 얻은 가장 귀중한 교훈은 그 누구도 매 시간 훌륭하고 완벽한 수업을 할 수는 없다는 것입니다. 잘할 때가 있으면 못할 때도 있는 것이죠. 평범함을 인정하고 나면, 배우고 공부할 틈도 생길 것입니다. 그 틈을 채우는 노력을 꾸준히 하는 것으로도 매일 조금씩 더 나아질 것입니다.

2단계: 나만의 수업 브랜드 찾기

저는 이야기하는 걸 좋아합니다. 아이들에게 수업 시간마다 어린 시절 이야기, 자녀들 이야기로 학습 문제를 제시하고, 나라면 어떻게 할까, 해결 방법을 물었습니다.

교사: 어제 성연이랑 길을 건너는데, 선생님이 잠깐 고민했어. 횡단보
도가 너무 멀었거든. 너희들이라면 어떻게 할 것 같아?

학생 1: 성연이한테 조심하라고 해줘야겠네요.

교사: 왜? 바로 건너면 훨씬 편하잖아. 성연이가 왜 그래야 하냐고 물
으면 넌 뭐라고 말해 줄 거야?

이건 이야기하는 것을 좋아하는 제 스타일의 스토리텔링 수업이었죠.
이런 수업이 거듭되면서 스토리텔링은 서서히 저만의 브랜드로 굳어지
게 됐습니다. 스토리텔링 문제 제시―문제 해결 방법 토의―발표―전
체토의 식으로 수업을 진행하게 된 것입니다.

만약 다른 교사가 잘하는 수업을 흉내내려 했다면 저만의 수업 브랜드
를 만들어내지 못했을 것입니다. 선생님이 자신 있고 잘하는 것을 하면
됩니다. 내 스타일에 맞는 나만의 수업 브랜드를 찾아내시기 바랍니다.

3단계: 성장의 길을 선택하기

성장의 길을 선택할 수만 있다면 그 교사는 어제보다 오늘이 분명히 낫
습니다. 매일 배우고 공부하는 교사에게 성장은 이미 삶의 일부이니까
요. 그러기 위해서는 의도적으로 배우고 공부하고 묻고 찾아야 합니다.
다른 선생님의 수업을 볼 때도 배우려고 해야 합니다. 나보다 나은 점이
무엇이고, 어떤 것을 우리 교실에 받아들여야 할지 적극적으로 찾아내
야 합니다. 책을 읽어도 배우고 익힐 것이 무엇인지 찾아서 기록하고, 수
업에 반영하는 것입니다.

매일 발전하고 성장하는 길을 선택하다 보면 노력하는 정도에 따라 백
점 수업은 아니어도 90점 수업은 얼마든지 해낼 것입니다.

4단계: 즐기기

열심히 노력해라, 열심히 해야 한다, 최선을 다해라, 수도 없이 듣는 말입니다. 그런데 이 최선 속에 나를 위한 최선도 있는지 돌아보아야 합니다. 나를 무작정 소비하고 희생하는 수업을 한다면 그건 잘못된 수업입니다. 교사는 학생과 함께 수업에서 행복해야 합니다. 너무 애써서 고달픈 것 말고, 수업 자체가 즐길 수 있을 만큼 재미있는 것이어야 합니다. 어떻게 해야 교사가 먼저 더 재미있고 즐거울지 고민하세요. 그러면 곧 학생도 그 교실 안에서 더 행복해질 것입니다.

선생님, 그 누구도 매일 모든 시간을 완벽하게 준비해서 수업할 수 없습니다. 수업에는 약간의 빈틈을 남겨놓아야 그걸 아이들과 교사가 채웁니다. 가정에서도 어느 정도의 빈틈이 남아 있어야 마음 편하게 쉴 수 있습니다. 모든 게 꽉 들어차면 비워야 하지만, 약간의 빈틈을 남겨놓으면 그만큼 채울 것도 있지요. 바로 행복을 채울 수 있습니다.

선생님, 오늘부터는 90점 교사가 되세요.

모든 게 빈틈없이 준비되어 있어서 일체의 일탈도 허용할 수 없을 정도로 완벽한 교실이 아니라, 약간의 틈을 남겨놓고 그 안에서 교사가 먼저 재미있고 유쾌한 환경을 만들어보세요. 수업과 학급 운영을 충분히 즐기게 될 겁니다. 그 어떤 공개수업도 두려워지지 않을 거고요.

Q

저와 뜻이 같은 교사들을
만나고 싶어요

열정적인 편이어서 학교에서도 열심히 노력합니다. 그런데 학교에는 저와 같은 사람이 없어서 오히려 왜 그렇게까지 하냐는 소리도 듣습니다. 그럴 때마다 기운이 빠져요. 어딜 가야 저와 비슷한 뜻을 가진 교사들을 만날 수 있을까요?

A 실천교육교사모임을 추천합니다. 선생님과 뜻이 같은 교사들을 만나실 수 있을 거예요.

선생님, 사람은 끼리끼리 만난다고 하지요. 정말로 사람은 자신을 닮은 이를 은연중에 찾으려고 합니다. 선생님이 누군가를 만나고 싶어 하고, 같은 뜻을 가진 사람들과 함께하고 싶어 하는 것은 당연한 일이에요. 다행스러운 것은 그런 이들이 있다는 겁니다. 그것도 아주 많이요.

한 달에 스무 끼의 점심을 혼자 먹은 까닭

재작년 일입니다. 한 달 스물다섯 끼의 점심 중 스무 번을 혼자 먹은 적이 있습니다. 그 누구와도 어울리고 싶지 않았고, 그 누구에게도 속내를 이야기하고 싶지 않았습니다. 그때 저는 딱 고슴도치 같았습니다.

그땐 정확한 이유조차 모를 정도로 무턱대고 힘들었는데, 이젠 그 이유를 알 것 같습니다. 저는 자존감에 상처를 입었던 것입니다. 그 어떤 순간에도 흔들림 없이 저 스스로를 지켜주던 단단한 내면의 힘, '나는 교사다'라는 자존감 말입니다.

교실에서 수업할 때의 자신감과 당당함이 곧 사라지고 그 자리에 대신 혼란이 찾아왔습니다. '내가 교사인가?'라는 생각부터 흔들리기 시작하자 걷잡을 수 없이 힘들었습니다. 하루에도 수십 번씩 '내가 왜 교육청에 와 있지?' 생각했습니다.

저는 후회하고 있었습니다. 교실을 떠나고, 아이들 곁을 떠나고, 현장을 떠난 선택을 끝없이 후회하고 있었습니다. 아이들이 무척이나 그리웠습니다. 교실 칠판에 사각사각 써내려가던 분필의 감촉, 운동장에서 들려오던 아이들 떠드는 소리, 강의 시간에 만나던 선생님들의 빛나던 눈동자, 심지어는 재미없던 학교 회식도 그리웠습니다. 그럼에도 불구하고 입 밖으로 후회한다는 말을 꺼내기조차 힘들었습니다. 그렇게 말해 버리는 순간 모든 게 다 무너질 것 같아서요.

저를 언제나 든든하게 지켜주던 아이들과 학부모가 더는 제 곁에 없었습니다. 제가 교사로 살아오는 내내 그들에게 얼마나 큰 마음의 빚을 졌는지 새삼 깨달았습니다. 교사로 살아왔던 매일이 끝없이 그리웠고, 누군가에게 위로받고 싶었습니다.

'괜찮아. 충분히 애쓰고 있어. 그러니까 너무 힘들어하지 마.'

이런 소리를 누군가에게 듣고 싶었습니다. 교사로서의 자존감을 잃지 말라고 책과 강의를 통해서 수없이 말해 오던 제가 오히려 그런 소리가 절실해진 상황이 됐으니 사람 일이란 정말로 알 수가 없는 것 같습니다.

교사로서 자존감을 놓치면 삶이 흔들립니다

그러던 중 세종시에서 열린 '교사가 만들어가는 교육 이야기 1' 강연 제의가 들어왔습니다. 내가 나 자신도 못 추스르면서 '교사로서의 자존감을 지켜라'와 같은 소리를 누군가에게 감히 할 수 있을까 생각하니 무척 망설여졌습니다.

수백 번 고민하다가 마지막에 마음을 바꾸어 강의를 하게 됐습니다. 그날 강단에 섰을 때 제 앞에는 전국에서 모여든 삼백 명의 선생님들이 앉아 있었습니다. 저는 그날 선생님들에게 '위로'에 대해 이야기했습니다. 교사가 교사에게 줄 수 있는 위로를 말했지요.

"위로는 그리 크고 대단한 것이 아닙니다. 많이 힘든 사람의 어깨에 손을 올려 가볍게 두드려주는 것, 울고 있는 사람에게 휴지 한 장을 건네주는 것, 그런 것이 위로입니다. 교실의 벽은 높습니다. 가까이에 있는 여러분의 동료에게 먼저 따뜻한 말을 건네주세요. 선생님이 먼저 다가가주세요. 우리가 그렇게 서로에게 따뜻한 세상을 같이 만들어갔으면 좋겠습니다."

이야기를 마치고 강단에서 내려오는 순간 깨달았습니다. 제가 무엇을 하고 싶어 하는지. 저는 눈앞에 앉은 삼백 명의 교사가 아닌 바로 저 자신에게 말하고 있었습니다.

'선생님이 먼저 다가가주세요. 우리가 따뜻한 세상을 함께 만들어가요.'

박웅현은 『여덟 단어』에서 이렇게 말했습니다.

"교육에서 가장 중요한 것은 자존감이다. 자존감을 갖느냐 갖지 못하느냐가 교육의 본질이다."

그동안 읽어온 많은 교육 관련 서적들이 그 한마디로 압축된다는 것을 알았습니다.

교사에게도 자존감은 정말 중요합니다. 너무나 중요해서 때로는 존재의 목적 혹은 의미가 되기도 합니다. 스스로를 중요한 사람이고, 위대한 일을 하고 있다고 생각한다면 교사의 삶 역시 달라집니다. 제가 그랬으니까요. 저 자신이 누구보다도 잘 알고 있었고 깊이 겪었으면서도 저 역시 자존감을 놓친 순간부터 삶이 흔들려버린 것이었습니다.

우리는 중요한 사람이고, 위대한 일을 하고 있습니다

그날 저는 세종시에서 대단한 강연을 한 게 아니었습니다. 자존감과 위로에 대해 15분이라는 짧은 시간 이야기한 게 다였습니다. 그런데 위축됐던 자존감이 그곳에 다녀온 날부터 서서히 회복되기 시작했습니다. 신기했습니다. 저와 똑같은 상처를 가진 교사들을 만나 함께 눈물 흘리면서 저도 모르게 말라비틀어졌던 자존감이 다시 살아나기 시작했던 것입니다. 다음 학기도 만만치 않게 힘들었지만 잘 버텼습니다. 마음 한 구석에서 '나는 아이들에게 사랑받던 훌륭한 교사다'라는 생각이 자리하고 있었기 때문입니다.

그 마음 한 자락을 붙들고 원고를 다시 쓰기 시작했습니다. 그 전까지 써놓았던 것은 전부 버리고 새로, 열심히 썼습니다. 2015년에 펴낸 교육에세이 『선생 하기 싫은 날』은 그런 우여곡절 끝에 나온 책입니다.

책을 읽는 이들에게 "나도 많이 아팠거든" 하면서 위로해 주고 싶었습니다. 한 달에 스무 끼를 혼자 밥 먹는 사람이어도 괜찮다고 말하고 싶었습니다.

책이 세상에 나온 다음 많은 선생님들이 책을 통해 위로를 얻었다고 했고, 또 울어주셨습니다. 좋은 책을 썼다고 스스로 믿습니다. 모두가 그날의 모임 덕분입니다.

마음이 지친 교사, 선생 하기 싫은 교사, 자존감에 상처를 입은 교사라면 여길 꼭 가야 합니다. 열정이 있는 교사, 잘 가르치고 싶은 교사, 아이들이 좋아 죽겠는 교사라면 반드시 가야 합니다. 그냥 사람이 좋고, 사람 만나는 게 행복한 교사라면 놓치지 말고 가야 합니다.

바로 실천교육교사모임(http://koreateachers.org)입니다.

전국의 많은 선생님들이 함께하고 있습니다. 눈덩이 불어나듯 계속해서 회원 수가 늘고 있어 모임의 원년 멤버로서 무척 뿌듯합니다. 노래 좋아하는 이, 동화 좋아하는 이, 시 좋아하는 이, 연극 좋아하는 이, 글쓰기 좋아하는 이, 연수 좋아하는 이, 영화 좋아하는 이 등등이 모여 있습니다. 아마도 선생님들이 원하는 거의 모든 콘텐츠가 이 안에 있습니다.

선생님, 드라마 〈드림하이〉 혹시 보셨나요. 드라마 후반에 이런 장면이 있습니다. 주인공들이 길거리에서 하나둘 같은 춤을 반복해서 계속 추니 주변을 둘러싸고 있던 많은 사람들이 결국 함께 무리가 되어 춤을 추지요.

이 플래시 몹이 '실천교육교사모임'과 많이 닮아 있습니다. 각자 다른 생각과 배경을 가지고 살아온 교사들이 주체가 되어 한 목소리를 내는 자리입니다. 저마다 다른 목소리로 외쳐도 결국 같은 소리를 내는 우리들인 것이지요. 우리는 같은 길을 함께 가고 있으니까요.

Q

교사의 자존감을 높이려면
어떻게 해야 할까요

교사에게도 자존감은 정말 중요한 것 같습니다. 그런데 학교에서 이런저런 일을 경험하다 보면 그렇게 안 되고 지칠 때가 많아요. 교사의 자존감을 높이려면 어떻게 해야 할까요?

A 교사는 교육의 꽃입니다. 꽃이 될 운명을 스스로 포기하지 마세요. 꽃이 될 길을 선택하는 순간, 이미 선생님은 충분히 아름다운 삶을 살고 있는 겁니다. 자존감이 높은 삶, 아름다운 삶, 행복한 삶을 말이에요.

선생님, 교육을 이야기하는 단 하나의 키워드를 꼽는다면 그건 다름 아닌 자존감이라고 생각합니다. 행복한 교실, 신뢰받는 교육 공동체, 전국의 시·도 교육청마다 내걸고 있는 표어들은 제각각이지만 그 모든 내용은 결국 단 하나의 단어, 자존감으로 압축할 수 있으니까요.

정신과 전문의인 윤홍균은 『자존감 수업』에서 자존감을 이렇게 설명하고 있습니다.

자존감(self-esteem)

정신과 의사들이 차트에 적는 용어, 사전적 의미로는 자신을 어떻게 평가하는가, 얼마나 자신을 사랑하고 만족하고 있는지에 대한 지표를 뜻하는 단어.

인간은 독특하게도 스스로를 평가하는 존재입니다. 스스로 자신을 업신여기기도 하고 높이 세우기도 하면서 외부의 평가 말고도 내부의 평가에 끝없이 귀 기울입니다. 그래서 스스로를 낮춰 생각하기 시작하면, 인간은 삶의 의미도 함께 상실합니다. 인간을 인간답게 지켜주는 내면의 힘, 저는 그걸 자존감이라고 생각합니다. 스스로의 삶에 만족한 상태, 그것이 행복이고요.

선생님,
교육의 꽃은 교사입니다.
학생이 아니라
학부모가 아니라
교사.

교사가 행복할 때 교실이 행복해지고 학생들도 행복해지고, 교사가 웃어야 아이들도 웃습니다. 교사가 무표정한 교실에서 밝고 환한 표정으로 지내는 아이들은 찾아보기 힘들어요. 그런데 정작 교사들은 자신의 행복에 대해서는 깊이 생각하지 않습니다. 심지어는 아이들을 어떻게 하면 웃게 해줄까 고민하느라 자신이 지치고 힘든 것은 돌보지 않는 교사들도 많이 봤습니다. 그런데 과연 그게 옳은 걸까요.

'선생님' 하고 부르고, 물끄러미 보다 가던 아이

언젠가 제가 가르쳤던 아이 하나가 떠오릅니다. 아이는 가끔씩 제 곁에 와서는 저를 물끄러미 바라보곤 했습니다. 아무 말 없이 그냥 가만히 보고만 있다가 가고, 갑자기 다가와서 또 물끄러미 보고만 있다가 가고.

"선생님."

하고 부르면,

"응."

하고 대답했습니다.

"선생님."

하고 또 부르면,

"응?"

하고 목소리를 조금 높여 대답했지요.

"선생님."

하고 또 부르면 그땐 조금 귀찮아져서

"왜?"

하고 말하면,

"선생님."

하고 가는 겁니다.

그러기를 하루에도 여러 번.

말수가 없지만, 딱히 아이들하고 잘 지내지 못하는 것도 아니고, 수업 시간에도 문제 행동 같은 건 하지 않는 몹시도 평범한 아이였습니다. 그런데 그렇게 가끔 곁에 와서 말없이 보고 있다가 그냥 가고 그냥 가고 하는 거예요.

학기 초라서 다른 아이들은 부산스러운데, 이 아이만은 한없이 고요해서 곁에 막이라도 하나 씌워져 있는 것 같았습니다. 뭐랄까, 딱히 이유는 없는데 그냥 느낌이 그랬습니다. '가까이 오지 마세요'라고 보이지 않는 글씨가 아이 곁에 씌어 있는 것처럼 보였어요. 학부모 상담을 기다렸습니다. 아이 엄마가 찾아오셨습니다.

"선생님, 이런 말씀을 드려야 하는 건지 모르겠습니다."

"네, 괜찮으니까 말씀하세요."

"사실은……전학 오기 전, 작년에 말이에요."

아이는 올봄에 우리 교실로 전학을 왔지요.

"작년 선생님을 아이가 너무 좋아했어요."

저는 순간 그때 선생님과 지금의 저를 비교하는 말이 나올 거라고 지레짐작하고는 살짝 언짢아졌습니다.

"아, 작년 선생님을 너무 좋아해서 지금 적응이 좀 어려운가요?"

"아니요. 선생님, 그런 게 아니라, 그 선생님이……."

아이 엄마는 거기까지 말하고 울먹였습니다. 그러고는 긴 한숨 끝에 뜻밖의 말을 꺼냈습니다.

"하아, 그 선생님이 11월에 그만 돌아가셨어요. 자살…… 하셨더라고요. 저희도 처음에는 교통사고인 줄 알았는데 나중에 자살이라는 거 알고, 반 아이들 충격이 엄청 컸어요. 저희 아이는 전학을 시켰는데 그때 일에 대한 충격이 너무 커서 선생님을 잘 못 따르는 거 같아요. 사실은 며칠 전에 혹시 선생님도 그 선생님처럼 되는 건 아니냐고 물어보더라고요. 그날 방과 후에 아이들 아이스크림도 사주셨다고 했는데, 퇴근하고 집에 가서서 그렇게…… 하, 아이가 워낙 좋아하고 잘 따랐는데 갑자기 그렇게 돼서 상처가 너무 컸어요. 저도 힘들었고요. 정말 믿고 좋아했던 선생님이 갑자기 그렇게 가셨으니까요."

순간, 무슨 말을 해야 할지 몰랐습니다. 아이 엄마를 보내고 나니 아이가 제게 와서 선생님, 하고 부르던 게 이해가 됐습니다. 그 아이는 이런 말을 하고 싶었던 거죠.

"선생님."

"응."

"선생님(은 어디 안 가죠?)"

"응?"

"선생님(은 어디 가지 않을 거죠?)"

"왜?"

"선생님(은 어디 가지 마세요.)"

그 선생님이 자신을 소중하게 여겼다면

선생님, 그때 아이 곁에 둘러진 눈에 보이지 않는 얇은 그 막은 그리움이었습니다. 잃어버린 선생님에 대한 그리움.

아아, 아이들에게 상처 주는 선택을 했으니 그 선생님더러 나쁜 선생이었다고 해야 할까요. 전 아니라고 생각합니다. 생(生)의 마지막 날에 자기 반 학생들에게 아이스크림을 사주는 선생이 어떻게 나쁜 선생이겠습니까. 다만 그 선생님이 스스로를 세상 그 누구보다 소중한 존재라고 다시 돌아볼 기회가 있었으면 어땠을까 생각해 봅니다.

『선생 하기 싫은 날』을 펴냈을 때 악플로 마음고생을 했던 적이 있습니다. 연예인들이 악플로 자살한다는 말이 이해가 됐습니다. 저도 그 리뷰에 마음을 많이 다쳤으니까요. 그런데 말이에요. 그 즈음부터 독자들이 메일을 보내오기 시작했습니다. 그들의 사연이 하나같이 슬프고 안타까워서 메일을 읽을 때마다 울곤 했습니다. 누구에게도 말해 본 적 없는 고민과 사연이 제 앞에 하나 둘 쌓여갔습니다.

　제 책이 혼자 힘들어했을 어느 이름 모를 교사에게 위로가 되고 힘이 되어서 내일 아침 교실 문을 다시 열 용기를 주었다고 생각하니, 제게도 조금씩 용기가 생겨났습니다. 내가 틀린 게 아니다, 나는 나쁜 교사로 살지 않았다, 생각하면서 무너져 내린 자존감을 하나하나 다시 쌓아올렸습니다. 제게 상처를 주었던 것이 독자였듯이, 힘을 주었던 것 역시 독자였던 것입니다.

　선생님, 인간은 그런 존재입니다. 스스로에 대한 평가가 낮아질 경우 언제든 자신의 목숨도 버릴 수 있고 또 언제든 진흙탕 같은 구렁텅이에서도 다시 일어설 수 있지요. 그 강력한 힘이 내면을 단단하게 키우기도 하고, 때로는 극단적으로 자신의 목숨마저 앗아갈 수 있는 양날의 검이 되는 것입니다.

　자존감이 극도로 낮아진 날, 제가 견뎠던 방법을 몇 가지 소개합니다. 선생님에게도 도움이 되었으면 좋겠습니다.

자존감 끌어올리기

1. 감정을 존중하세요.

자신의 감정을 인정하지 않고 버티다 보면 그 누구보다 자신이 힘들어집니다. 기쁨이 있으면 슬픔도 있고, 즐거움이 있으면 고통도 있게 마련입니다. 아이들에게 감정을 솔직하게 표현하라고 말하듯이, 교사도 자신의 감정에 솔직해지는 게 좋습니다.

자신이 어떤 기분을 느꼈는지를 떠올려보고 기록해 보세요. 어떤 말에 어떻게 반응했는지, 어떤 말이 상처가 됐는지 알 수 있습니다. 그리고 좀 더 성숙한 대응을 다짐해 보는 겁니다. 이렇게 감정을 다스리고 차분해지는 것으로도 한결 나아집니다.

영화 〈인사이드 아웃〉처럼 부정적인 감정도 나의 모습입니다. 부정적인 감정이더라도 회피하지 말고 마주하려는 노력을 해야 합니다. 분노, 슬픔, 안타까움, 두려움 모두 자신의 소중한 감정이라고 여기고, 아끼는 마음으로 그 감정들을 들여다봐 주세요.

2. 나에게 말을 걸어보세요.

저는 힘든 날, 앞에서 소개했던 '빈 의자 놀이'를 저 자신하고 합니다. '성효야, 오늘 많이 힘들었지. 잘하려고 했지만 그게 생각처럼 안 됐던 것뿐이야. 그게 그렇게 큰 잘못은 아니야. 그러니까 이제 그만 편해져도 돼.'

외부의 시선이나 말과 행동이 나를 힘들게 하는 게 아닙니다. 외부의 시선이나 말과 행동에 내가 어떤 반응을 하는가에 따라 힘들어지기도 하고 힘들지 않기도 한 것입니다. 나를 객관적으로 차분하게 바라보는 시간을 갖고 왜 기분이 언짢았는지 살펴보세요.

침착하고 부드럽게 내면의 나에게 말을 걸어보세요. 그리고 괜찮다고 이야기해 주세요. 내가 나에게조차 말을 걸어주지 않으면 그 외로운 자아는 어디에서 위로받을까요. 내면의 숨겨진 자아에게는 누구보다 나 자신의 위로가 절대적으로 필요하답니다.

3. 감사 일기를 써보세요.

저는 너무 힘들어서 차라리 증발해 버리고 싶은 날이면 감사 일기를 썼습니다. 다이어리에 감사 일기가 많을수록 자주 힘들었다는 뜻이죠. 감사 일기를 쓸 때 저를 둘러싼 작고 사소한 것을 떠올려봅니다.

하늘이 파래서, 오늘 읽은 책이 재미있어서, 자판기에서 커피가 많이 나와서, 엘리베이터가 내 앞에서 제때 멈춰줘서 감사하다고 씁니다.

감사는 정말로 그 힘이 아주 큽니다. 마음 아프고 고단한 상황에서도 감사할 수 있다면 그 사람의 내면은 단단해진답니다. 내가 나의 장점과 재능을 아낌없이 칭찬해 주고 격려하세요. 내가 나를 아끼면 다른 이도 나를 아끼게 됩니다.

4. 나는 교사다.

교사의 자존감을 지킬 수 있는 다섯 글자입니다. 어떤 순간에도 스스로 교사임을 포기하지 마세요. 배우고 공부하고 나아가는 교사의 길을 선택하세요. 그 가운데 가끔 비바람이 몰아치고 눈보라가 휘날려도 내 길을 내가 끝까지 가겠다는 각오로 교단에 서세요. 위대한 일을 하는 훌륭한 교사라고 믿고 아이들 앞에 서는 것과, 자주 실패하는 형편없는 교사라고 생각하고 아이들 앞에 서는 것은 하늘과 땅 차이입니다. 위대한 교사라는 자아를 지금부터라도 만들어보세요. 어제와 다른 나를 발견하실 겁니다.

저에게 힘든 날은 어떻게 견디느냐 묻는 분들이 가끔 있습니다. 저는 그때마다 이렇게 말합니다.

"많이 힘든 날은 그냥 울어요."

선생님, 저는 힘든 날 억지로 웃지 않습니다. 남은 속일 수 있어도 저 자신을 속일 수는 없으니까요. 그런 날은 학생들에게도 솔직하게 말했습니다.

"선생님이 오늘은 좀 많이 힘들어. 선생님도 사람이잖아. 사람에게는 기쁜 날이 있으면 슬픈 날도 있어. 오늘은 웃기고 재미있는 거 말고 조용하고 차분한 수업 하고 싶어. 이해할 수 있지?"

그러면 아이들은 제게 말해 주었습니다.

"저희도 슬픈 날 있어요. 이해해요."

선생님, 아이들에게만 괜찮다고 하지 마세요.

선생님 스스로에게도 괜찮다고 말해 주세요.

힘든 날 힘들다고 말하기.

너무 하기 싫은 건 억지로 하지 않기.

울고 싶을 땐 울어버리기.

선생님, 너무 많이 힘든 날 거짓으로 웃지 말고 실컷 울어버리고 일어나서 이 길 같이 걸어가요. 그 길 끝에서 돌아보며 '아, 행복했다' 웃을 수 있도록 저도 글로 도울 겁니다.

우리가 다시 일어설 때 서로의 단단한 자존감이 따뜻한 손이 되어 어깨를 두드려주고, 눈물을 닦아줄 수 있다면 더 바랄 게 없을 거예요.

선생님, 교사는 교육의 꽃입니다. 선생님은 꽃이 될 운명을 타고났답니다. 모든 씨앗의 운명이 그러하듯 말이에요.

해외 교육 봉사에
관심이 있습니다

해외에서 교육활동으로 봉사하는 일에 관심이 많습니다. 그런데
막상 어떻게 해야 봉사를 할 수 있는지 몰라서 실천하지 못하고 있
어요. 어떻게 해야 할까요?

A <u>〈책씨앗 보따리〉를 소개합니다. 함께하시면 좋겠어요.</u>

가끔 생각해 보곤 합니다. 인간에게 닥치는 시련이나 어려움이 또 다른 삶으로 나아가는 창구는 아닐까 하고요.

2015년 초등학교 교장으로 퇴임하신 아버지의 오랜 투병 생활이 끝나가고 있었습니다. 제게 교사가 되라고 했던 아버지가, 장학사가 되는 것을 너무나 보고 싶어 했던 아버지가 매일 조금씩 죽어가고 있었습니다. 아버지와 끈질긴 암의 동행이 끝나가는 즈음, 저는 『선생 하기 싫은 날』의 악플에 시달리고 있었습니다.

엎친 데 덮친다고 해야 할까요. 거기에 시어머니의 교통사고와 수술까지 겪으면서 삶이 거의 밑바닥을 쳤을 때 저는 인생이 내 뜻대로 되는 게 하나도 없다는 것을 어렴풋이 깨닫고 있었습니다.

책과 연필만 가지고 가르치는 교실

그때 동남아시아 한글학교 연합 교사 연수회에 초청을 받게 됐습니다. 멀리 쿠알라룸푸르에서 한글학교 교사들을 대상으로 하는 연수에서 학급 경영과 진로 교육을 강의하게 됐지요.

한글학교는 교민들이 자발적으로 운영하는 야학 비슷한 주말학교입니다. 아이들은 잠시 이주하다가 떠나기도 하지만 학교는 그 자리에 그대로 남아 또 다른 아이들에게 한글과 한국사를 가르칩니다. 그래서 붙박이로 일할 수 있는 선교사나 현지 교포들이 한글학교에서 봉사합니다.

교육부에서 교과서를 보내주는 타이밍이 항상 한 박자가 늦어서 학기가 한참 지난 다음에야 책을 받는다는 이야기를 들었습니다. 교장 선생님들끼리 모여서 밤늦게까지 대책을 의논하는 자리에서, 제가 한 번도 겪어보지 않은 먼 이국 땅의 이야기에 점점 마음이 끌렸습니다. 현지 사정이 열악해서 칠판도 없고 분필도 없이 책과 연필만 가지고 가르친다는 말을 들었을 땐, 대한민국 교실에 남아도는 분필을 가져다가 나눠주고 싶었습니다.

끼니를 걱정하면서도 감사하며 봉사하는 사람

이튿날 강의가 끝나고 저녁 늦은 시간 보르네오 섬에서 오셨다는 어떤 선생님과 이야기를 나누게 되었습니다. 40대 후반쯤 되어 보였고, 길 가다 만나면 금방 잊힐 것 같은 평범한 얼굴을 하고 있었습니다.

"선생님은 한글학교에서 몇 년째 봉사하고 계시는 건가요?"

"13년째 하고 있어요."

"와, 긴 시간이네요. 힘들진 않으셨어요?"

그는 잠시 말을 잇지 않고 저를 물끄러미 보았습니다.

"음……. 힘든 날 참 많았지요. 선교사 파송을 받고 나와서 얼마 안 되었을 때인데 본국 지원이 끊겼어요. 친척들이며 친구며 할 것 없이 여기저기서 오만 원, 십만 원씩 보내주는 돈으로 근근이 교회를 유지했어요. 남편하고 막 교회 세우고 힘들게 꾸려가는 중에 그렇게 지원이 끊긴 거예요. 나중에는 먹을 걸 걱정하는 지경까지 갔지요. 남편이 그러다가 쓰러졌어요. 돈이 없어서 제때 병원에 못 가서 나중엔 한쪽 몸도 못 쓰게 됐지요. 남편 뒷바라지하랴 교회 꾸리랴 몸이 남아나질 않더라고요.

하루는 쌀이 떨어져서 아침에 '하나님, 이거 다 먹으면 저희는 더는 먹을 게 없어요. 어떻게 하지요' 기도를 하면서 나갔는데 돌아와보니까 쌀독에 쌀이 있는 거예요. 어디서 났는지도 모를 쌀이 항아리에 가득 들어 있더라고요. 한없이 눈물이 나왔어요. 하나님께 너무 감사했지요."

뭐랄까, 그 말을 듣는 순간 가슴 어딘가에서 쿵 하는 소리가 들렸습니다. 저는 제가 처한 상황이 한없이 안됐다고만 생각했는데 말입니다.

"그런데 어떻게 계속 봉사를 하셨어요?"

"그래서 했어요. 너무 힘들고 지칠 때, 한글학교에 아이들을 가르치러 가면 그게 그냥 좋더라고요. 봉사하러 가는 게 아니라 감사하러 갔어요. 한글학교에서 아이들을 가르치지 않았으면 저는 여기까지 못 왔어요. 그때 주말마다 아이들의 얼굴을 보면서 한글 가르치는 일이 감사하고 좋아서 여기까지 온 거예요."

우리는 희망을 심는 사람들입니다

한국에 돌아와서도 그 말이 자꾸 생각났습니다. 당장 점심에 먹을 쌀을 걱정하면서 아침에 집을 나서야 하는 이의 마음에 감사가 없다면 어떻게 살아갈 수 있을까요. 하나님은 이 험한 세상을 살아가는 우리를 위해 어쩌면 사랑과 감사라는 가장 강력한 마음의 무기를 남겨두신 게 아닐까 하는.

어쩌면 나 자신이 마음에 감옥을 만들어두고 그 안에만 갇혀 있던 것은 아닐까 생각했습니다. 그래서 시작하게 된 것이 〈책씨앗 보따리〉 프로젝트입니다. 해외 한글학교에 한글동화책을 보내주고 방학 때에 봉사활동을 하러 가는 것이죠.

2016년 1월에 코타키나발루 한국학교에 여섯 분의 선생님(김다솜, 김민수, 김소현, 장은정, 최서영, 김기수)이 봉사활동을 하고 오셨습니다. 교대생에서 신규 교사, 경력 10년 차의 현직 교사에 이르기까지 다양한 경력의 선생님들이 직접 동화책을 가져가서 나눠주고 아이들과 수업을 했습니다.

저도 2016년 10월에 코타키나발루 한국학교에 가서 학생들과 한국어 수업을 했습니다. 직접 보니 학교 상황은 생각보다 훨씬 더 열악했습니다. 아이들이 그 속에서도 한글을 배우고 익힌다는 게 참 신기하고 대견했습니다.

필리핀 불법 체류자들이 모여서 살고 있는 수상가옥 마을에 있는 눔박소망학교에도 가보았습니다. 정식 이민이 아니기 때문에 불법 체류자의 자녀들은 정규 학교에 다닐 수 없습니다. 눔박소망학교가 아니면 말레이시아 어를 배울 수도 없고, 간단한 셈하기조차 배울 수 없는 것이지요.

눔박소망학교에는 현재 250여 명의 아이들이 공부하고 있다고 합니다. 학교가 재정난으로 문을 닫을 뻔했던 적도 여러 번이지만, 많은 분들이 도움을 주셔서 지금까지 잘 버텨왔다고 합니다.

비가 새는 지붕 아래서 어떤 교구나 재료 없이 배우고자 하는 열정 하나로 아이들이 공부한다는 사실이 무척이나 놀라웠습니다. 배우고 싶어 하는 아이들에게는 그 어떤 곳도 훌륭한 배움의 터전이 된다는 걸 몸으로 배우고 왔습니다.

교육이 무엇이고 학교가 무엇이냐, 책상 앞에서 떠들기만 하는 행정가들이 꼭 한 번 가야 할 곳입니다. 그런 곳에서 글자를 배우고 셈하기를 배우면서 자라는 아이들의 반짝이는 눈빛을 한 번이라도 볼 수 있으면 좋겠습니다.

마음이 가난한 이들은 서로 기대어 서 있습니다.

서로가 서로의 가난한 마음에 기대어 서 있는 것이지요.

마음이 가난한 이들이 봉사도 할 수 있습니다.

선생님, 만약 해외 교육 봉사에 뜻이 있다면 연락주세요.

저는 앞으로도 코타키나발루 한국학교뿐 아니라 그 어떤 지원도 없는 곳에서 가르치는 일을 업으로 삼고 있는 이들을 돕고 싶습니다. 배움이 있는 곳에 희망이 있습니다. 우리는 희망을 심는 사람들이니까요.

Q

기억에 남는 스승의 날을
이야기해 주세요

스승의 날은 교사와 학생 모두에게 의미 있는 날이라고 생각합니다. 적어도 이날만큼은 마음 편하게 교사와 아이들이 특별한 추억을 만들 수 있으니까요. 잊을 수 없는 '스승의 날'이 있으신지 궁금합니다.

교사가 되어 맞는 세 번째 스승의 날이었습니다. 무려 15년 전의 이야기네요.

꽃을 든 아이들, 그리고 숨어버린 아이

복식 학급을 가르쳤습니다. 5학년과 6학년을 다 합해도 고작 일곱이었습니다. 그때 아이들하고 저는 죽이 참 잘 맞았습니다. 유난히 그런 해가 있잖아요. 저는 그 아이들 일곱을 정말로 다 좋아했습니다.

전날 종례 시간에 아이들에게 이렇게 말했습니다.

"선생님은 진짜 꽃 한 송이만 있어도 된다."

딴에는 그렇게 말하면 아이들에게 아무 부담이 없을 줄 알았습니다. 그런데 그게 문제가 될 줄이야.

다음날 아이들이 스승의 날이라고 꽃을 들고 왔습니다. 말 그대로 한 송이씩이었습니다. 아이들에게 둘러싸여 한껏 행복해 있는데 남학생 하나가 안 보였습니다.

"어디 갔지?"

한참 찾았습니다. 운동장에도 없고 특별실에도 없고 계단에도 뒷산에도 없었습니다. 가슴이 철렁하면서 걱정이 되기 시작했습니다. 아이가 사라지는 줄도 모르고 스승의 날 파티를 하고 있었으니 얼마나 철없는 선생인지. 거의 눈물이 날 지경이 돼버렸습니다.

아아. 어떡해.

그리고 마침내 두 시간 만에 한 아이가 그 아이를 찾아냈습니다. 아이는 화장실에 숨어 있었습니다. 그것도 학교 건물 밖에 있는 재래식 화장실에서 두 시간을 숨어 있었던 겁니다.

아이는 울고 있었습니다. 그 냄새나고 비좁은 화장실 안에서 땀에 흠뻑 젖어서 말이에요.

"왜 울어. 내가 울고 싶다. 너 없어져서 선생님이 얼마나 놀랐는지 알아? 오늘 스승의 날인데 꼭 이렇게 속을 썩이고 싶니?"

그러자 아이가 이렇게 말했습니다.

"선생님, 오늘 스승의 날이라서 꽃을 사드리려고 했는데 돈이 없어서요. 꽃을 못 사고 그냥 왔어요. 선생님한테 너무 미안해서 화장실에 가서 숨었어요. 죄송해요."

아아, 그때 가슴에 울컥하고 치밀어 오르는 게 있었습니다.

나 자신이 참 한심한 선생이란 생각, 선생이 지나치며 하는 말 한 마디도 아이들에겐 얼마나 큰 것인지에 대한 깨달음. 그런 한편으로는 아이의 그 마음이 너무 고맙고 사랑스러워서 선생 하기 정말 잘했다는 생각까지.

저도 울고 싶어졌습니다.

"아니야, 선생님이 미안해. 내가 잘못했어. 선생님은 꽃 없어도 되는데 괜히 꽃 이야기해서. 내가 잘못했어."

어떤 아이든 우는 아이의 손은 항상 차갑습니다. 저는 그냥 아이 손을 꼭 잡아주었습니다.

그 아이는 이제 스물아홉이 되었습니다. 그 일을 기억이나 할까요. 스승의 날 꽃 한 송이도 받지 말자, 이런 이야기를 하고 싶은 게 아닙니다. 오히려 저는 감사도 반드시 아이들에게 가르쳐야 하는 것 중 하나라고 생각합니다. 감사를 어떻게 가르칠까 하는 게 가장 어려운 문제이기도 하지요.

이 땅의 수없이 많은 스승들에게 머리 숙여 감사를 전합니다.

"선생님, 당신이 있어 세상이 빛납니다. 힘내십시오."

대한민국의 모든 선생님들을
응원합니다

"자, 책 펴. 수학익힘 책 29쪽 풀어."

커다란 녹색 칠판을 등지고서 교과서를 손에 꼭 쥔 채로 아이들을 바라봅니다. 그런데 아이들은 그 누구도 익힘 책을 꺼내지 않습니다. 심지어는 저를 바라봐주지도 않고 저희들끼리 신나게 떠들어댑니다. 시끌벅적 요란한 속에서 몇 아이들이 말합니다.

"아, 나 수학 수업하기 싫은데."

"저도 안 할래요. 우리 체육해요."

"선생님이랑 공부하기 싫어요."

"아, 공부 안 한다니까요."

아이들하고 실랑이를 벌이는데 아무도 제 말을 안 들어줍니다. 식은 땀이 등에서 흘러내리고 덥지 않은 날씨에도 왠지 더워집니다. 안절부절 못하는 저를 보면서 교실에서 일진으로 손꼽히는 여학생 하나가 아이들에게 이렇게 말합니다.

"야, 우리 그냥 나가자."

"그래. 그러자."

아이들이 우르르 교실 밖으로 몰려 나갑니다.

"뭐 하는 거야? 빨리 돌아와!"

제가 외치는 소리는 아이들 웃음에 파묻힙니다. 멍하니 그 모습을 바라보는데 가슴 한편이 아련하게 아파옵니다. '아이들이 내 말을 아무도 안 들어줘.' 중얼거리다가, 문득 깨어보면 꿈입니다.

군대 다녀온 분들에게는 최고의 악몽이 군대에 다시 가는 거라는데, 제게는 아이들이 말을 안 들어서 수업을 못하고 혼자 우물쭈물하는 게 가장 끔찍한 꿈입니다. 농담처럼 들리겠지만, 정말로 그런 꿈에서 깨고 나면 등 한복판이 축축하게 젖어 있습니다.

이 스토리는 그때그때 조금씩 달라지는데, 어떤 날은 학생들이 모조리 백지 시험지를 내기도 하고, 청소를 하라고 잔소리하는 제 앞에 조그만 아이들 몇이 빗자루를 집어던지기도 합니다.

아이들에게 사랑받는 교사로 살았고 최선을 다해서 열심히 가르쳤다고 해도, 마음 한구석에서는 아이들이 말을 잘 안 들어줄까 봐 혹은 아이들에게서 사랑받지 못할까 봐 겁내는 마음이 남아 있는 모양입니다.

아이들에게 사랑받고 싶고, 아이들에게 인정받고 싶고, 아이들에게 존중받고 싶은 마음 하나로 참으로 열심히 살았던 지난 시간들을 돌아봅니다. 그런 저에게 아이들은 참 이해하기 어려운 복잡한 존재였습니다. 그래서 늘 공부하듯 아이들 하나하나를 생각하고 또 생각했습니다.

그렇게 자세히 들여다보면, 마냥 밝은 듯해도 안은 곪아서 터지기 직전인 아이도 있었고, 완전히 문제다 싶은데 언제 그랬냐는 듯 180도 달라진 모습으로 학년을 마무리하는 아이도 있었습니다. 아이들은 정말로 다양한 모습을 가졌고, 무척이나 가변적인 존재이지요.

그런가 하면 교사의 일상도 참으로 다이내믹합니다. 어떤 날은 아이가 울고, 어떤 날은 옆 반 선생님과 얼굴을 붉히고, 어떤 날은 공문 때문에 교실에서 교무실까지 몇 번이고 오르락내리락 하지요.

저에게는 어느 것 하나 쉽지 않았고, 대충해도 되는 일 역시 없었습니다. 그저 매일 매일 치열하게 한발 한발 앞으로 나아가기 위해 살아왔다고 생각합니다. 가끔 열심히 한다고 했지만, 뜻하지 않게 발을 헛디뎌 개울물에 빠진 것처럼 마음이 온통 축축해진 날에는 눈물이 핑 돌곤 했습니다.

가끔 혼자서만 개울에 빠진 것 같을 때 궁금했습니다. 다른 사람들은 개울을 어떻게 건넜을까 하고. 같이 그 방법들을 나눌 수 있으면 좋겠다고 늘 생각했지요. 그래서 이번 책은 저처럼 차가운 개울물에 빠져 떨지

않도록, 제가 딛고 넘어졌던 돌이 아닌 튼튼한 노둣돌만을 골라내어 발밑에 괴는 심정으로 썼습니다.

아무쪼록 이 책이,
부디 이 땅의 많은 이들에게
더 나은 교실로 가는 노둣돌이 되어
따뜻한 위로가 되고,
마음을 담은 공감이 되고,
외로움을 이겨내는 작은 힘이 되었으면 좋겠습니다.

토토로클래스에 고민을 나눠주신 이성기, 이동민, 박지숙, 김진수, 지태민, 차수현, 김보미, 김동현, 김누리 선생님, 깊이 감사합니다. 선생님들 덕분에 이 책이 세상의 빛을 볼 수 있었습니다.

또한 이번 책은 아동과 교사의 심리에 관련된 부분이 많아서 그에 관련된 감수와 자문을 정신과 전문의에게 받았습니다. 원고를 꼼꼼히 살피고 집필에 도움을 준 김연주 정신과 전문의에게 깊은 고마움을 보냅니다. 언니, 고마워.

원고를 미리 읽어보고 피드백 해주신 친절한 친구 선생님들에게도 마음 깊이 감사합니다. 서준호, 정유진, 이성근, 천경호, 이동민, 이성기, 김보미, 김종보 선생님. 그대들 덕분에 책이 탄탄해졌어요. 고마워요.

해냄출판사의 세심한 배려에 깊이 감동했습니다. 끝없는 조언과 격려를 아낌없이 보내주셨던 김단비 편집자님, 고맙습니다.

책을 쓰는 내내 곁에서 응원해 준 사랑하는 가족들과 항상 마음을 보태주는 나의 친구들, 일상의 세세한 것까지 함께 고민해 주는 전북교육청 비서실 식구들, 그리고 늘 응원해 주시는 김승환 교육감님께도 뜨거운 감사를 전합니다.

끝으로, 이제는 하늘나라에 계시는 아버지.

사실은 아버지가 살아 계실 때 『선생 하기 싫은 날』을 내놓고도 보여드리지 않았습니다. 혹시라도 책 속에 쓴 아버지 이야기가 죽어가고 있는 아버지의 마음을 아프게 할까 봐 걱정했거든요. 그게 참 후회돼요. 그냥 보여드릴 것을……

아버지, 아버지가 생전에 기도하셨던 대로 교육계의 별이 될게요. 하늘나라에서 꼭 지켜봐주세요.

사랑하는 하나님,

제게 글쓰기의 소망을 주셔서 감사합니다.

교사를 돕는 글,

교육을 살리는 글,

아이들을 위한 글,
앞으로도 열심히 쓸게요.

대한민국의 모든 선생님,
감사합니다.
사랑합니다.
늘 응원합니다.

2017년 4월

김성효 씀

선생님, 걱정 말아요

초판 1쇄 2017년 4월 30일
초판 4쇄 2020년 11월 25일

지은이 | 김성효
펴낸이 | 송영석

주간 | 이혜진
기획편집 | 박신애 · 심슬기 · 김다정
외서기획편집 | 정혜경
디자인 | 박윤정
마케팅 | 이종우 · 김유종 · 한승민
관리 | 송우석 · 황규성 · 전지연 · 채경민

펴낸곳 | (株)해냄출판사
등록번호 | 제10-229호
등록일자 | 1988년 5월 11일(설립일자 | 1983년 6월 24일)

04042 서울시 마포구 잔다리로 30 해냄빌딩 5 · 6층
대표전화 | 326-1600 **팩스** | 326-1624
홈페이지 | www.hainaim.com

ISBN 978-89-6574-618-8

이 도서의 국립중앙도서관 출판예정도서목록(CIP)은 서지정보유통지원시스템 홈페이지(http://seoji.nl.go.kr)와
국가자료공동목록시스템(http://www.nl.go.kr/kolisnet)에서 이용하실 수 있습니다.(CIP제어번호:CIP2017008921)